普通高等教育汽车类专业系列教材

汽车试验技术

第 2 版

主　编　何耀华
参　编　杨　灿　刘毅辉
　　　　黄　锋　邓小禾

机械工业出版社

本书共十三章，内容包括汽车试验系统的组成与特性分析、汽车试验系统中常用的典型传感器、信号的调理与补偿、试验数据的采集与处理、虚拟仪器系统、汽车整车出厂检验系统、汽车整车性能道路试验系统、汽车整车室内台架试验系统、汽车试验场试验、汽车 NVH 试验技术、车载试验系统、汽车试验新方法的探索与研究等。

本书从汽车产业的实际出发，力求能反映汽车试验领域的最新发展动态；避免内容过时以及与其他课程的重复；力求让学生能系统而全面地掌握汽车试验技术的全貌和细节。

本书可作为高等院校车辆工程及相关专业的教材，也可供汽车制造、试验及交通管理等领域的工程技术人员使用和参考。

图书在版编目（CIP）数据

汽车试验技术/何耀华主编 . —2 版 . —北京：机械工业出版社，2019.2（2024.8 重印）

普通高等教育汽车类专业系列教材

ISBN 978-7-111-61771-6

Ⅰ. ①汽… Ⅱ. ①何… Ⅲ. ①汽车试验 – 高等学校 – 教材 Ⅳ. ①U467

中国版本图书馆 CIP 数据核字（2019）第 006318 号

机械工业出版社（北京市百万庄大街 22 号　邮政编码 100037）
策划编辑：赵海青　责任编辑：赵海青
责任校对：樊钟英　封面设计：张　静
责任印制：郜　敏
北京富资园科技发展有限公司印刷
2024 年 8 月第 2 版第 11 次印刷
184mm×260mm・17.25 印张・417 千字
标准书号：ISBN 978-7-111-61771-6
定价：49.00 元

电话服务　　　　　　　　　　网络服务
客服电话：010-88361066　　　机　工　官　网：www.cmpbook.com
　　　　　010-88379833　　　机　工　官　博：weibo.com/cmp1952
　　　　　010-68326294　　　金　书　　　网：www.golden-book.com
封底无防伪标均为盗版　　机工教育服务网：www.cmpedu.com

前　言

近些年，我国汽车产销量位居世界第一，汽车试验基地的建设水平和速度也遥遥领先。各大汽车制造公司均投入巨资建设了规模空前、设备领先的试验基地，国内几家汽车专业研究院所、国家级汽车质检中心在汽车试验基地建设上的投入也丝毫不亚于任何一家大型汽车制造公司。由此不难理解"试验"在我国汽车产业中的地位，同时也结束了在过去相当长的一个时期国内对汽车试验工作不太受重视的历史。我国自主品牌不断壮大，并实现自主品牌汽车产销量反超合资品牌，这也是我国实施"制造强国"战略的具体成效，如此也进一步印证了"试验有时是解决工程技术问题的仅有方法"这一重要论断。我国汽车产业界在党的二十大精神鼓舞下，埋头苦干、担当作为，目前已顺利实现了换道超车的发展目标，电动汽车产业技术和产销量均独占鳌头。

汽车试验设备和试验基地在汽车产品研发中固然重要，但若缺少具备理论知识的人员，拥有再先进的试验设备也不可能开发出高质量、高水平、高可靠性的汽车产品。为了适应我国汽车产业快速发展的新要求，借本书再版的机会，对内容作了较大的调整：①取消了与本课程关联度不是特别大的第六章 DSP 技术；取消了第四章信号的传输部分中"同轴电缆传输"。②将汽车噪声试验系统调整为在汽车产业领域越来越重要的包含噪声测试在内的"汽车 NVH 测试与评价"。③新增了近些年逐渐应用于汽车产业领域的一些新的试验系统和试验技术，包括激光雷达测距传感器、NO_X 传感器、电阻应变片式传感器在胎压监测中的应用、CCD/CMOS 图像传感器在振动测试与自动驾驶系统中的应用、相位调制与解调、测试信号抗干扰技术、整流检波解调的频域分析、相敏检波解调的频域分析等内容和车载测试系统构成新的一章第十二章　汽车标定试验。④虚拟仪器系统一章从内容到结构等均作了大幅调整；第五章试验数据的采集与处理，不仅补充了汽车行驶平顺性试验新的标准，而且结构和内容都作了大幅调整。⑤将系统误差的发现与消除部分中找规律的方法改为用数学表达式描述，如此正好用函数补偿与修正的方法处理系统误差；多项式回归部分中用差分法求解 n 改为直接用试算的方法。

本书修订过程中坚持从实际需要出发，本着力戒内容过时和与其他课程重复的原则，及时反映汽车试验技术的最新发展，力求让学生能系统而全面地掌握汽车试验技术的全貌和细节。

本书由武汉理工大学汽车工程学院何耀华主编。编写分工如下：第一、二、四、五、七、八、九、十、十二、十三章由何耀华编写，第三章由何耀华、刘毅辉、黄锋编写，第六章由杨灿编写，第十一章由邓小禾编写。

本书在编写过程中得到了国内同行和汽车试验仪器设备制造商的大力帮助和支持，书中用到了德国杜尔、德国申克、德国达特朗、美国宝克、美国 MTS、美国野马、美国 CRU-

DEN、日本安全自动车株式会社、日本赫瑞巴、日本鹭宫制作所、日本堀场、佛山南华等汽车试验仪器设备制造公司的设备示例，也用到了部分期刊和网络上的资料。在此，对在本书编写过程中给予帮助和支持的同行、汽车试验仪器设备制造公司以及期刊与网络资料的作者表示衷心的感谢！

本书可作为高等院校车辆工程及相关专业的教材，也可供汽车制造、试验及交通管理等领域的工程技术人员使用和参考。

由于编者水平有限，书中难免会有疏漏和不足之处，敬请业内专家、同行和读者批评指正。

目 录

前 言
第一章 概论 ………………………………………………………………………………… 1
　第一节 汽车试验在汽车产业中的地位 ………………………………………………… 1
　第二节 汽车试验的分类 ………………………………………………………………… 3
　第三节 汽车试验系统的组成 …………………………………………………………… 7
　第四节 汽车试验技术与试验设备 ……………………………………………………… 8
第二章 汽车试验基础理论 ………………………………………………………………… 12
　第一节 汽车试验系统的特性 …………………………………………………………… 12
　第二节 试验系统的动态响应 …………………………………………………………… 17
　第三节 试验系统动态特性的试验测定 ………………………………………………… 30
　第四节 试验系统的负载效应 …………………………………………………………… 31
　第五节 试验系统的不失真测量 ………………………………………………………… 36
　第六节 试验误差与精度 ………………………………………………………………… 38
　第七节 试验数据的回归分析 …………………………………………………………… 43
第三章 汽车试验系统中常用的典型传感器 ……………………………………………… 48
　第一节 电阻式传感器 …………………………………………………………………… 48
　第二节 电容式传感器 …………………………………………………………………… 56
　第三节 电感式传感器 …………………………………………………………………… 63
　第四节 气体传感器 ……………………………………………………………………… 66
　第五节 GPS/北斗传感器 ………………………………………………………………… 71
　第六节 压电式传感器 …………………………………………………………………… 74
　第七节 磁电式传感器 …………………………………………………………………… 77
　第八节 热电式传感器 …………………………………………………………………… 80
　第九节 光电式传感器 …………………………………………………………………… 84
　第十节 霍尔式传感器 …………………………………………………………………… 86
　第十一节 CCD/CMOS 图像传感器 …………………………………………………… 87
　第十二节 毫米波雷达与激光雷达 ……………………………………………………… 92
第四章 信号的调理与传输 ………………………………………………………………… 94
　第一节 信号的调制与解调 ……………………………………………………………… 94
　第二节 信号的模拟滤波 ………………………………………………………………… 103
　第三节 信号的数字滤波 ………………………………………………………………… 110
　第四节 试验系统阻抗匹配 ……………………………………………………………… 115

第五节　信号的传输 117
　　第六节　信号的补偿和修正 122
第五章　试验数据的采集与处理 128
　　第一节　数据采集技术基础 128
　　第二节　计算机数据采集系统 129
　　第三节　汽车动态试验数据处理 132
　　第四节　研究汽车行驶平顺性常用的方法 141
　　第五节　动态数据处理中的泄漏 142
　　第六节　动态信号处理的栅栏效应与细化技术 147
第六章　虚拟仪器系统 150
　　第一节　虚拟仪器的组成与特点 150
　　第二节　虚拟仪器的硬件 151
　　第三节　虚拟仪器的软件 158
　　第四节　虚拟仪器系统在汽车试验中的应用 165
第七章　汽车整车出厂检验系统 168
　　第一节　汽车出厂检验的主要内容与设备 168
　　第二节　汽车出厂检验工艺流程 172
　　第三节　汽车出厂检验评价方法 172
第八章　汽车整车性能的道路试验 174
　　第一节　汽车整车性能试验前的准备性试验 174
　　第二节　汽车动力性试验 175
　　第三节　汽车经济性试验 177
　　第四节　汽车制动性能试验 179
　　第五节　汽车操纵稳定性试验 180
　　第六节　汽车行驶平顺性试验 184
　　第七节　汽车噪声试验 186
　　第八节　汽车道路性能试验用仪器设备 188
第九章　汽车室内台架试验系统 192
　　第一节　汽车整车性能室内台架试验系统 192
　　第二节　汽车整车道路振动模拟试验系统 196
　　第三节　汽车排放试验系统 197
　　第四节　汽车主要总成室内台架试验系统 201
第十章　汽车试验场试验 206
　　第一节　汽车试验场简介 206
　　第二节　汽车试验场试验的主要内容 209
　　第三节　汽车试验场试验规范 212
第十一章　汽车 NVH 测试与评价 214
　　第一节　汽车 NVH 性能 214
　　第二节　汽车 NVH 试验场地 215

第三节　汽车NVH试验专用台架 218
第四节　汽车NVH测试系统 223
第五节　汽车NVH性能评价 234

第十二章　汽车标定试验 239
第一节　电控燃油喷射发动机标定试验 239
第二节　EPS系统标定试验 242
第三节　电动汽车制动能量回收系统标定试验 244
第四节　汽车"三高"标定 246

第十三章　试验设计与试验研究 250
第一节　试验设计的一般程序与要求 250
第二节　试验规划与设计 252
第三节　试验新方法的探索与研究 261

参考文献 267

第一章 概论

对车辆工程专业的学生来说，若只学书本知识而不动手实践，就不可能深入了解汽车，更谈不上技术创新；对于汽车而言，若不进行大量广泛的试验，人们就不可能知道其质量、性能优劣。当然，强调实践的重要性，并不意味着可以忽视理论知识学习。科学实验，尤其是现代科学实验，若没有理论的指导、问题的启发便不可能得到发展。科学实验和理论的密切结合是近代科学技术的一个显著特点，二者相互依赖、相辅相成。许多理论上的创新从表面上看似乎是理论自身的发展，但其实都是立足于坚实的试验基础之上。我们并不否认理论有其相对的独立性，理论一旦具备了完整的逻辑形态，也会自然而然地引出新的理论观点和科学预见。试验是理论的主要源泉，理论工作上不去往往是因为缺少试验的推动。试验有了突破，理论就会出现新的发展。在工程技术中，任何一个成功的产品都是设计和试验密切结合的产物。理论为设计提供方法，试验为设计提供依据并对设计出的产品进行验证。在包括汽车在内的许多工程及生产实践中，有时试验是解决问题的唯一方法。

第一节 汽车试验在汽车产业中的地位

在当今社会，有人形象地将城市称为房子和汽车的组合体。由于汽车产品直接面向全球所有的老百姓，又处在极其复杂的交通环境之中，因此，汽车产品在设计和制造方面的任何缺陷都可能会造成严重的后果。为避免存在内部缺陷的汽车产品投放市场，最有效的方法就是做大量广泛的试验。此外，汽车产品的技术进步一直是汽车制造商获得市场竞争力的有力武器。而汽车技术的任何进步，无一例外都需要试验直接推动。因此，业内人士普遍认为，无论是新设计，还是正在生产的汽车产品，也不论在设计上考虑得多么周密、在制造过程中有多么细致认真，都需经过科学而严格的试验。通过试验可以检验产品设计、制造及结构的先进性、设计思想的正确性、制造工艺的合理性、使用维修的方便性和各总成部件工作的可靠性。

汽车工业的发展已有100多年的历史，在早期的手工生产阶段，由于汽车产量小，速度低，人们对其性能和质量提不出具体的要求，因此汽车试验工作处于一种较为原始的状态。汽车试验方法是操作体验和主观评价，主要是与马车比速度和比舒适度。尽管如此，汽车试验工作仍受到制造商和用户的普遍重视，任何一辆汽车在出厂之前都要开到道路上去试一试；用户在购买之前大多也要驾车体验一番；汽车制造商不时还会举行一些展示汽车性能的比赛活动。

20世纪初，亨利·福特在伊利·惠特尼发明汽车"标准化部件"的基础上发明了"汽车流水生产方式"，从此宣告汽车大批量生产阶段的开始。随之而来的汽车使用可靠性、寿命和性能方面的问题日渐突出。为了使"流水生产方式"所带来的高效率、低成本得以充分发挥，各汽车生产厂商开始了大量的有关材料、工艺、可靠性、寿命、磨损和性能等诸多方面的试验研究,推动了汽车标准化工作的长足进步。在此期间的汽车试验,除借助于其他行业比较成熟的技术和方法外,还逐渐形成了汽车行业自己的试验研究体系,研究出了具有行业特色的试验方法,开发出了符合行业发展要求的试验仪器设备,如整车转鼓试验台、发动机性能试验台架、研究汽车空气动力学的试验风洞、各总成部件的闭式试验台和疲劳试验台等。在此阶段,道路试验亦得到足够的重视,1924年美国通用汽车公司在全球率先建起了规模庞大、功能齐全的米尔费德试车场,从此拉开了汽车制造商竞相建设汽车试验场的序幕。1945年9月以后,国际上有影响的汽车制造公司相继建起了自己的汽车试验场。汽车生产方式的变化带来了汽车试验方法的根本变革,汽车试验已由手工生产阶段的操作体验、主观评价发展为仪器检测和客观评价。尽管当时的汽车试验规模不大、范围不是很广、试验设备比较简单,但汽车试验工作的基本方法是在这一时期形成的,且为后期的发展打下了良好的基础。

20世纪80年代,美国国家仪器公司提出并制造出世界上第一套虚拟仪器系统后,汽车试验仪器设备系统的构成发生了根本性的变化。由于虚拟仪器系统成功地将现代计算机技术和信息技术用于汽车试验系统中,为汽车试验的高精度、高效率、自动化和智能化提供了技术和设备的支持。国际性的汽车公司为了提高其自身的竞争力,纷纷投巨资大规模建设汽车实验室和汽车试验场。每个公司长年都有数百辆汽车整车和总成部件在汽车实验室和汽车试验场进行各类试验。图1-1所示是国外某汽车公司整车实验室的一角,该实验室可容纳数十辆汽车同时进行试验,其试验规模可见一斑。

图1-1 汽车整车实验室

第二节 汽车试验的分类

任何一款全新开发的汽车产品,从设计构思到市场化的产品开发全过程中,试验费约占全部开发费的1/3以上,其试验项目累计有千余项。为了帮助读者了解如此复杂的汽车试验内容,下面介绍3种常见的分类方法。

一、按试验特征分类

按试验特征的不同,汽车试验可分为室内台架试验、汽车试验场试验和室外道路试验。

1. 室内台架试验

室内台架试验的重要特征在于,试验不受环境的影响,台架可24h运行,特别适合于汽车性能的对比试验和可靠性、耐久性试验。室内台架试验的突出特点是试验效率高、试验结果的重复性好。室内台架试验不仅适用于汽车的总成部件,也适用于汽车整车。图1-2~图1-4是汽车整车和发动机的室内台架试验场景照片。

图1-2 汽车整车室内台架试验

2. 汽车试验场试验

汽车试验场试验越来越受到汽车界的重视,其原因是汽车试验场上可以设置各种不同的路面,如扭曲路面、比利时砌石路面、高速环道、汽车性能试验专用跑道等(图1-5)。在汽车试验场上,可在不受道路交通影响的情况下完成汽车各项性能试验,尤其是汽车的可靠性、耐久性试验和环境适应性试验。由于在汽车试验场上可以进行高强化水平的试验,因此可以大大地缩短试验周期。

图1-3　发动机室内台架试验

图1-4　变速器室内台架试验

3. 室外道路试验

汽车产品最终都要交到用户手中在不同气候、不同交通状况的地区、不同道路条件的各种路面上行驶。要想使汽车的各项性能都能满足实际使用要求，就必须到实际的道路上进行试验。因此，任何一种新开发出来的汽车产品都必须要经历室内台架试验、汽车试验场试验和室外道路试验这一复杂的试验过程。

由于试验场试验和室外道路试验均在道路上进行，因此业内常将二者统称为道路试验。

图1-5　汽车试验场

二、按试验对象分类

按试验对象的不同,汽车试验可分为整车试验、总成与大系统试验、零部件试验。

汽车由若干个不同的总成、数万个零部件组成。要想制造出性能优良的整车,就必须确保每一个零部件及各大总成的质量。但在此需特别指出的是,即使全部用质量上乘的汽车零部件不等于就一定能组装出性能优良的汽车整车。由此可见,不仅汽车整车应进行全面而苛刻的试验,汽车零部件及各大总成均应进行大量的各类试验,如图 1-2 ~ 图 1-4、图 1-6 ~ 图 1-8 所示。

a) 汽车动力系统的道路模拟试验

b) 全轮驱动汽车的动力系统试验

图 1-6 汽车动力系统试验

图1-7 汽车制动器试验

三、按试验目的分类

按试验目的的不同，汽车试验可分为质检试验、新产品定型试验和科研试验。

汽车试验有各种各样不同的目的，围绕着如何保证汽车产品质量所开展的试验称为质量检查试验，简称质检试验；以考核新开发的汽车产品是否符合设计要求及考核其是否满足汽车法规为目的的试验称为新产品定型试验；为了推进汽车的技术进步所开展的各项试验，如汽车新产品、新结构、新技术、新材料和新工艺的试验以及汽车试验新方法的探索性试验，统称为科研试验。

四、各类试验的关系

对于汽车试验而言，无论是何种试验对象（整车、总成、零部件），还是哪种试验目的（质检、定型、科研），通常均需进行室内台架试验、汽车试验场试验和室外道路试验。其试验顺序是：先进行室内台架试验，若台架试验达到了相关要求则进行试验场试验，试验场试验的结果符合相关要求后，在汽车产品正式投放市场之前，必须要进行道路适应性试验。汽车总成及零部件在试验场无法独立进行试验，必须将其装在整车上试验；汽车总成及零部件室内台架试验均利用专用总成部件试验台架独立进行试验。

图1-8 汽车轮胎试验

第三节 汽车试验系统的组成

汽车试验设备通常分为室内台架试验设备和道路试验设备。由于道路试验设备所处的环境十分恶劣，因此对防尘、防振、防潮和抗环境老化的能力均要求很高。对于室内台架试验设备，由于不可能在室内建设汽车试验所需的道路，因此需要搭建一个台架模拟汽车整车和总成部件的运动与所需的外界环境，以实现其有关参数的测量。由此可见，汽车道路试验设备和室内台架试验设备的功能和构成等方面均存在较大的差异，下面以汽车整车试验为例介绍汽车道路试验设备和室内台架试验设备的组成与原理。

一、汽车道路试验系统的组成与原理

图 1-9 所示是汽车道路试验最常用的仪器系统，它由数据采集与数据处理系统和各种不同类型的传感器组成，该系统可以满足汽车动力性、经济性、制动性和操纵稳定性等各项性能中全部项目的试验要求。现代汽车试验系统最突出的特点是：将信号的前处理功能（信号放大、模数转换、滤波等）全部集成到数据采集与数据处理系统中，需要进行汽车性能试验时，只需配上与之对应的传感器就可以完成相应的试验，即数据采集与数据处理系统是

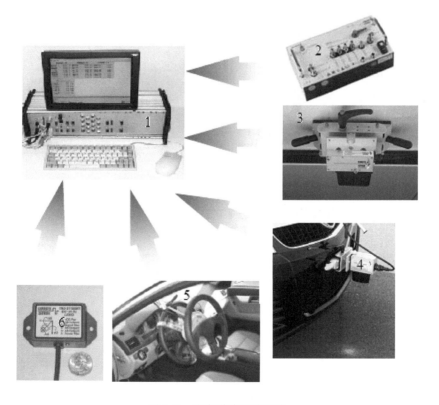

图 1-9 汽车道路试验系统

1—数据采集与数据处理系统 2—燃油流量传感器 3—高度传感器
4—双向速度传感器 5—转向盘转角/转矩传感器 6—陀螺仪

汽车道路试验系统的通用核心部件，试验系统的功能扩充十分简单。若要开发新的试验项目，只需配置与之对应的传感器及对软件作相应的调整；若来不及开发新的软件，将试验系统设置到手动操作模式也可以完成相应的试验。

二、汽车台架试验系统的组成与原理

汽车台架试验系统通常比道路试验系统复杂，除具有汽车道路试验系统中的数据采集与数据处理系统及各种传感器外，还必须配置模拟汽车运行工况的装置及控制该装置按试验要求运行的电控系统，如图 1-10 所示。图 1-10 中的主控计算机除具有控制底盘测功机按试验要求运行及控制自动驾驶仪按试验规程对汽车进行驾驶操作外，还兼有数据采集与试验数据处理的功能。底盘测功机转鼓的转动就像是连续不断的移动路面，汽车在道路上行驶的各种阻力（滚动阻力、坡道阻力、加速阻力、空气阻力）由测功机通过联轴器施加在转鼓上。汽车的动力性、经济性等可以通过对安装在底盘测功机上的转速传感器、转矩传感器及安装在汽车供油管路中的燃料流量传感器测出。汽车底盘测功机通常不用于汽车制动性和操纵稳定性试验，汽车制动性常在专用的制动试验台上进行测试（也有汽车底盘测功机与汽车制动试验台一体化的设备），汽车操纵稳定性一般都在汽车操纵稳定性模拟试验台或汽车试验场专用试车道上进行测试。此外，汽车底盘测功机还是汽车整车室内试验的基础设备，汽车噪声、排放、空调效果及各类与环境有关的试验都要用到汽车底盘测功机。

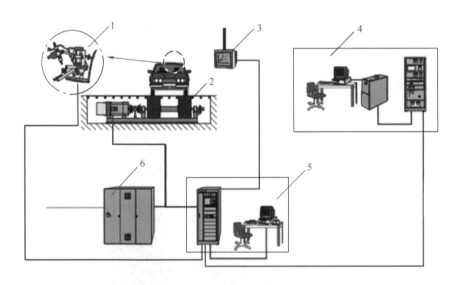

图 1-10　汽车整车台架试验系统

1—自动驾驶仪　2—底盘测功机　3—显示器　4—实验室中心机房　5—主控计算机　6—电源柜

第四节　汽车试验技术与试验设备

汽车试验技术的发展与汽车试验方法的更新、试验仪器设备的完善密切相关。

一、汽车试验方法

谈到汽车试验方法，人们很容易想到国家及行业标准。事实上，国家及行业标准所涉及的试验内容只是其中很少的一部分。汽车试验的内容很广，包括：探索性试验；新结构的原理验证试验；获取原始控制数据的标定试验；为产品、结构改进提供支持的功能试验；生产工艺的改进与验证试验；整车及总成部件的可靠性、耐久性试验；产品质量控制试验；汽车试验技术的探索、研究试验等。汽车试验方法是汽车试验大纲或规范内的重要内容，随着汽车及产业技术的不断进步与提高，汽车试验方法亦随之更新和发展。关于汽车试验方法的发展，主要表现在以下2个方面。

1. 试验内容逐年增加

为了满足人们对汽车要求的日益提高，需要不断地增加试验项目和试验内容；汽车功能的扩展，各种新结构、新技术在汽车上的应用必然要增加新的试验内容。

2. 试验方法的不断更新

高等级公路及高速公路的发展使汽车行驶速度显著提高，汽车进入家庭进程的加快，新手大量上路等不可避免地会带来许多新的问题，为此需要进行更多的试验，需更新和补充新的试验内容与方法；汽车和交通法规日渐严格，需要更新试验方法；试验技术的进步也会带来试验方法的变化。

二、汽车试验仪器设备

为了适应试验方法的变化，必然有更多更新的汽车试验用仪器设备推出。为了提高试验精度、降低试验成本，必须有功能更强、精度更高、效率更高的仪器设备源源不断地取代落后的设备。汽车试验用仪器设备发展的重要特征是：

1. 自动化程度越来越高

现代汽车试验用仪器设备的开发，不仅包括仪器设备自身的结构和功能，还包括对被试对象操控的内容。对于这类仪器设备，不仅仪器设备自身的操作控制已完全实现了自动化，而且对于许多试验项目而言，试验中的车辆或总成部件也由计算机自动操控，如图1-11所示。

图1-11　汽车发动机自动试验系统

2. 功能集成

功能集成包含两个方面的内容。一是一机多功能，如近几年开发的汽车道路试验仪器彻底改变了过去一项性能一套仪器的传统。现在一套仪器几乎可以完成所有的道路试验项目，如图1-9所示。二是根据汽车试验要求的不同，将不同功能的仪器设备进行合理的组合，使之构成一个多功能的汽车试验系统，由计算机进行集中控制，以提高仪器设备的工作效率和降低试验成本，如图1-12所示。该系统包括汽车车轮定位参数检测、整车性能测试、带ABS的制动性能测试、发动机控制系统检测、发动机预热测试和发动机的调试等功能。

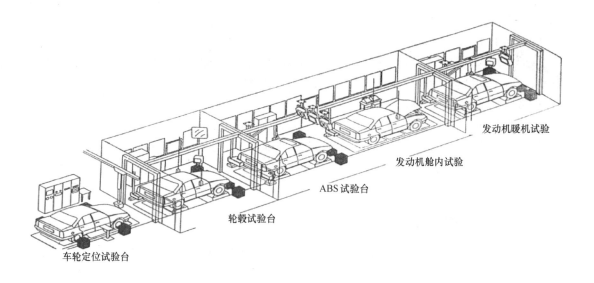

图1-12 汽车试验系统

3. 在实验室内再现各种试验环境

为了全面了解各种不同使用环境对汽车整车及零部件各项性能的影响，许多跨国汽车整车及零部件公司都建有可再现不同使用环境的实验室，如图1-13所示。

4. 高精度、高效率

为了满足日益严格的汽车排放法规要求，最大限度地保护驾驶人及乘客的安全并尽可能地提高汽车的乘坐舒适性，继发动机采用电控系统之后，汽车其他各大总成已逐渐开始采用电控技术。电控的依据除来自于各种不同传感器提供的汽车各总成部件工作状况的信息外，更重要的是，还需在实验室对电控的汽车总成进行原始控制的试验，以采集电控所需的大量数据，只有这样才能保证电控系统高精度地控制汽车各总成部件工作。这种在实验室采集控制所需数据的过程称为标定试验。由于标定试验的内容十分复杂且精度要求很高，因此标定试验所需的时间一般都很长，所用的仪器设备通常都比较复杂。图1-14所示是汽车发动机自动标定系统，主要用于发动机电控燃油喷射系统的开发。

a) 特殊环境试验

b) 适合于噪声测量的室内环境

c) 气候风洞

图 1-13　汽车环境实验室

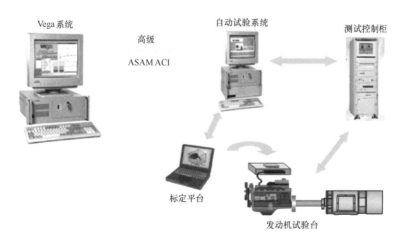

图 1-14　发动机自动标定系统

第二章 汽车试验基础理论

对汽车部件功能、生产工艺的验证,零件形体、成分的检测,汽车整车及零部件性能的测试等统称为汽车试验。汽车试验所涉及的范围十分广泛,渗透到汽车产品研发、样机试制、成品制造的各个环节。试验目的、要求、对象不同,试验系统的复杂与难易程度也存在很大的差异,对于汽车零件形体外形尺寸与质量大小的测量,在此不作讨论。本章所要解决的是一些较为复杂的汽车整车及零部件的性能参数测试问题,往往需要由传感器、信号调理、信号记录、数据采集、数据处理与显示等设备所组成的复杂系统才能完成,如图2-1所示。

图 2-1 汽车试验系统的组成

并非是所有的汽车试验系统都必须包括图2-1所示的全部设备。对于汽车试验而言,由于被测量及所用传感器的不同,其试验系统的组成会有很大的差异。无论是由多少个设备及什么类型的设备所组成的汽车试验系统,其要求只有一个,那就是测试结果应与被测量保持一致。欲做到这一点,就必须深入了解汽车试验系统的特性。

第一节 汽车试验系统的特性

无论什么类型的试验,人们最关心的是测试结果与被测量彼此存在多大的差异。为此可以将前述的试验系统简化为图2-2所示的模型。被测量称为系统的输入或激励,用$x(t)$表示;测试结果称为系统的输出或响应,用$y(t)$表示。所谓试验系统的特性是指系统的输出$y(t)$与输入$x(t)$的关系。

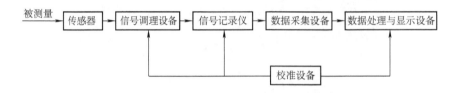

图 2-2 简化的试验系统模型

汽车试验与其他工程测试一样,其输入$x(t)$具有两种不同的特征,即$x(t)$随时间的变化而变化或不随时间变化。若被测量$x(t)$不随时间变化或随时间缓慢变化时,系统的输出$y(t)$与输入$x(t)$之间的关系,称为试验系统的**静态特性,此系统称为静态试验系统**;若被测量$x(t)$随时间的变化而变化,则系统的输出$y(t)$与输入$x(t)$之间的关系,称为试验系统的**动态特性,此系统称为动态试验系统**。

一、试验系统的静态特性

下式是任一静态系统的数学表达式。

$$y(t) = a_0 + a_1 x(t) + a_2 x^2(t) + \cdots + a_n x^n(t) \tag{2-1}$$

式中　　$y(t)$——系统的输出（测试结果）；

　　　　$x(t)$——系统的输入（被测量）；

$a_0, a_1, a_2, \cdots, a_n$——与系统相关的常数。

若 $a_0 \neq 0$，则表示即使没有输入却仍有输出，即当 $x(t) = 0$ 时，$y(t) = a_0$，a_0 称为试验系统的零点漂移。显然，不希望试验系统存在零点漂移。

另外，对于任何一个试验系统，若除 $a_1 \neq 0$ 外，其他常数 $a_0, a_2, \cdots, a_n$ 均为 0，则试验系统的输出与输入的关系最为简单，这是人们追求的目标，所以常将

$$y(t) = a_1 x(t) \tag{2-2}$$

称为理想的静态试验系统，它是一种没有零点漂移的线性系统。

评价试验系统静态特性的指标有：灵敏度、分辨率、重复性、回程误差、线性度、漂移等。

1. 灵敏度

输入量的变化 $\Delta x(t)$ 所引起输出量变化 $\Delta y(t)$ 的大小，称为灵敏度，用 E 表示，即

$$E = \frac{\Delta y(t)}{\Delta x(t)} \tag{2-3}$$

对于非线性系统，灵敏度就是静态特性曲线上各点的斜率。当试验系统输出与输入的量纲相同时，显然灵敏度 E 反映的是输出量与输入量的倍数关系，也称为放大倍数。

放大倍数这一概念在测试领域具有十分重要的工程价值，主要体现在较小量的测试。因为对于较小量（材料的应变、车轮定位参数中的外倾角、前束角等都属于这类量）而言，要想达到高的测试精度，所需要的灵敏度往往会非常高。为了解决这一问题，常借用"放大倍数"这一概念，先将被测量放大若干倍以后再测试。被测量的放大可以采用机、电、光等不同的方式，究竟选用哪一种，视被测量的特性而定。

2. 分辨率

分辨率是指试验系统能测量到最小输入量变化的大小，即能引起输出量发生变化的最小输入变化量，用 Δx 表示。由于试验系统在全量程范围内，各测量区间的 Δx 不一定总是相等，因此常用全量程范围内最大的 Δx（即 $\Delta x_{\max}$）来表示。

3. 重复性

重复性是指用同一试验系统在相同的试验条件下对同一被测量进行多次测量，其各次测试结果的接近程度。重复性的好坏，在很大程度上反映了测量结果中随机误差的大小。换言之，随机误差大，则测试结果的重复性就差。

4. 回程误差

回程误差又称迟滞性。在测试过程中，经常会出现正向输入（输入由小到大）所得到的输出规律与反向输入（输入由大到小）系统的输出规律不一致（图 2-3），二者之间的差值称为回程误差。

5. 线性度

线性度是指定度曲线偏离理想直线的程度。常用定度曲线与理想直线的最大偏差与测试系统量程之比来表示，即

$$\delta_\mathrm{L} = \frac{\Delta L_{\max}}{y_{\mathrm{FS}}} \times 100\% \tag{2-4}$$

式中 δ_L——线性度；
ΔL_{max}——定度曲线与理想直线的最大偏差；
y_{FS}——测试系统的量程。

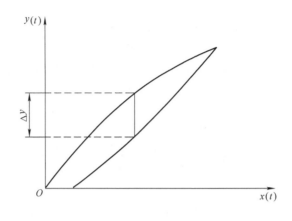

图 2-3 回程误差

6. 漂移

漂移分为零点漂移和灵敏度漂移。漂移通常都是由温度的变化及元器件性能的不稳定所引起。图 2-4 是零点漂移和灵敏度漂移的示意图。对于一般的测试系统，灵敏度越高、测量范围越小，稳定性相对较差，即漂移相对较明显。

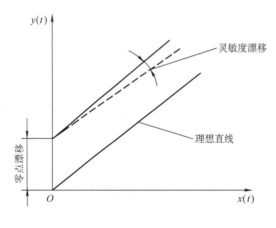

图 2-4 漂移

二、系统的动态特性

在输入随时间变化时，所测得的输出量不仅受研究对象（如汽车）动态特性的影响，还受试验系统动态特性的影响。如进行汽车行驶平顺性试验，在测试条件完全相同的情况下，用同一仪器系统对汽车不同位置进行测试，其结果均不相同；用不同的仪器对汽车同一部位进行测试，其结果也不可能完全相同。

为了获得准确的测试结果，所组成的仪器系统应该是线性的，其原因是：

1）对于动态试验系统，只有当系统是线性的，才便于用数学方法对其进行分析处理；
2）在动态测试中，非线性校正比较困难。

动态线性试验系统可用如下常系数微分方程描述。

$$a_n \frac{d^n y(t)}{dt^n} + a_{n-1} \frac{d^{n-1} y(t)}{dt^{n-1}} + \cdots + a_1 \frac{dy(t)}{dt} + a_0 y(t) = \\ b_m \frac{d^m x(t)}{dt^m} + b_{m-1} \frac{d^{m-1} x(t)}{dt^{m-1}} + \cdots b_1 \frac{dx(t)}{dt} + b_0 x(t) \quad (2-5)$$

式中 $x(t)$——系统的输入；
  $y(t)$——系统的输出；
  $a_n, a_{n-1}, \cdots, a_1, a_0$ 和 $b_m, b_{m-1}, \cdots, b_1, b_0$——与系统结构参数有关的常数。

1. 动态试验系统的性质

（1）叠加性 n 个输入同时作用于系统时的输出，等于这些输入单独作用于系统时系统各输出的和，即：

若
$$x_1(t) \rightarrow y_1(t)$$
$$x_2(t) \rightarrow y_2(t)$$
$$\vdots$$
$$x_n(t) \rightarrow y_n(t)$$

则
$$[x_1(t) + x_2(t) + \cdots + x_n(t)] \rightarrow [y_1(t) + y_2(t) + \cdots + y_n(t)]$$

（2）比例性 由叠加性知，若 $x_1(t) = x_2(t) = x_3(t) = \cdots = x_k(t) = x(t)$

且
$$x(t) \rightarrow y(t)$$

则
$$kx(t) \rightarrow ky(t)$$

即系统的输入增加 k 倍，则输出也增大 k 倍。

（3）微分性 系统输入微分的输出，等于原输入所引起输出的微分，即

若
$$x(t) \rightarrow y(t)$$

则
$$\frac{dx(t)}{dt} \rightarrow \frac{dy(t)}{dt}$$

（4）积分性 若系统的初始状态为零，则系统输入积分的输出，等于原输入所引起输出的积分，即

若
$$x(t) \rightarrow y(t)$$

则
$$\int_0^t x(t) dt \rightarrow \int_0^t y(t) dt$$

（5）频率保持性 若系统的输入为某一频率的简谐函数 $x(t) = x_0 e^{j\omega t}$，则系统的稳态输出亦是与之频率相同的简谐函数，只是幅值和相位有所不同。这一性质简单证明如下：

若
$$x(t) \rightarrow y(t)$$

由比例性得
$$\omega^2 x(t) \rightarrow \omega^2 y(t)$$

据微分性有
$$\frac{d^2 x(t)}{dt^2} \rightarrow \frac{d^2 y(t)}{dt^2}$$

据叠加性有
$$\left[\frac{d^2 x(t)}{dt^2} + \omega^2 x(t)\right] \rightarrow \left[\frac{d^2 y(t)}{dt^2} + \omega^2 y(t)\right]$$

因为
$$x(t) = x_0 e^{j\omega t}$$

$$\frac{d^2x(t)}{dt^2} = (j\omega)^2 x_0 e^{j\omega t} = -\omega^2 x(t) \tag{2-6}$$

$$\frac{d^2(t)}{dt^2} + \omega^2 x(t) = -\omega^2 x(t) + \omega^2 x(t) = 0$$

则
$$\frac{d^2 y(t)}{dt^2} + \omega^2 y(t) = 0 \tag{2-7}$$

解微分方程式（2-7）可得到唯一的解

$$y(t) = y_0 e^{j(\omega t + \varphi)} \tag{2-8}$$

式中　φ——初相位。

线性系统的频率保持性对研究汽车的振动及仪器系统十分有用：

1）可以利用线性系统的频率保持特性消除干扰，若已知某线性系统输入的频率，则该系统输出的频率必然与之相同，显然，其他频率的信号就是来自外界的干扰——噪声。

2）可以利用线性系统的频率保持性判断系统的属性，对于一个未知系统，若输出的频率与输入的频率相同，则该系统一定是线性系统。

2. 动态系统的传递函数

若线性系统的初始条件为零，即当 $t = 0$ 时，

$$\frac{d^n y(t)}{dt^n}\bigg|_{t=0} = \frac{d^{n-1} y(t)}{dt^{n-1}}\bigg|_{t=0} = \cdots = \frac{dy(t)}{dt}\bigg|_{t=0} = 0$$

$$\frac{d^m y(t)}{dt^m}\bigg|_{t=0} = \frac{d^{m-1} y(t)}{dt^{m-1}}\bigg|_{t=0} = \cdots = \frac{dy(t)}{dt}\bigg|_{t=0} = 0$$

则对线性系统微分方程式（2-5）进行拉普拉斯变换的结果为：

$$(a_n s^n + a_{n-1} s^{n-1} + \cdots + a_1 s + a_0) y(s) = (b_m s^m + b_{m-1} s^{m-1} + \cdots + b_1 s + b_0) x(s) \tag{2-9}$$

将输出的拉普拉斯变换与输入拉普拉斯变换的比值 $\frac{Y(s)}{X(s)}$ 称为系统的传递函数，常用 $H(s)$ 表示，即

$$H(s) = \frac{Y(s)}{X(s)} = \frac{b_m s^m + b_{m-1} s^{m-1} + \cdots + b_1 s + b_0}{a_n s^n + a_{n-1} s^{n-1} + \cdots + a_1 s + a_0} \tag{2-10}$$

工程中的试验系统一般均为稳态系统，其传递函数分母中 s 的幂次数总是高于分子中 s 的幂次数，即 $n > m$。因此，分母 s 的幂次 n 代表微分方程的阶数。$n = 1, n = 2, n = 3, \cdots$，所对应的系统分别称为一阶系统，二阶系统，三阶系统……

由式（2-10）不难看出：

1）传递函数中没有输入 $x(t)$，即它与系统的输入无关；

2）传递函数中的各系数 $a_n, a_{n-1}, \cdots, a_1, a_0$ 和 $b_m, b_{m-1}, \cdots, b_1, b_0$ 是由系统结构特征决定的，系统结构和类型的不同，其取值各异；

3）系统的传递函数 $H(s)$ 是由适合任何线性系统的微分方程式（2-5）所得到的，因此它适合于各类系统（电系统、机械系统及机电混合系统等）。

正因为传递函数与系统的输入、输出无关且能够反映系统的全部特征，因此它是分析复杂系统的一个重要工具。

汽车试验用仪器设备通常是由多种不同器件所组成的复杂系统，为此我们必须要研究复杂系统的传递函数。对于任何一个复杂系统，都可以看成是由多个简单系统串联、并联、闭

环或串并联、闭环混合而成的。若能求解串联、并联或闭环系统的传递函数，则可求解任何复杂系统的传递函数。

（1）串联系统的传递函数　图 2-5 是 $H_1(s)$ 和 $H_2(s)$ 组成的串联系统，设其传递函数为 $H(s)$，由传递函数的定义可得

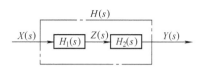

图 2-5　串联系统

$$H(s) = \frac{Y(s)}{X(s)} = \frac{Z(s)}{X(s)} \frac{Y(s)}{Z(s)} = H_1(s)H_2(s) \tag{2-11}$$

推而广之，由 n 个子系统串联在一起的大系统，其传递函数为

$$H(s) = \prod_{i=1}^{n} H_i(s) \quad (i = 1,2,3,\cdots,n) \tag{2-12}$$

（2）并联系统的传递函数　图 2-6 是一并联系统，其传递函数 $H(s)$ 为

$$H(s) = \frac{Y(s)}{X(s)} = \frac{Y_1(s) + Y_2(s)}{X(s)} = \frac{Y_1(s)}{X(s)} + \frac{Y_2(s)}{X(s)}$$

$$H(s) = H_1(s) + H_2(s) \tag{2-13}$$

对于 n 个子系统并联所组成的大系统，其传递函数为

$$H(s) = \sum_{i=1}^{n} H_i(s) \quad (i = 1,2,3,\cdots,n) \tag{2-14}$$

（3）闭环系统的传递函数　图 2-7 是两个子系统 $H_1(s)$ 和 $H_2(s)$ 组成的闭环系统，该系统的传递函数为：

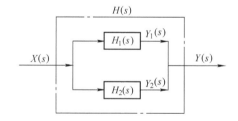

图 2-6　并联系统　　　　　　　　图 2-7　闭环系统

$$H(s) = \frac{Y(s)}{X(s)} \tag{2-15}$$

$$Y(s) = X_1(s)H_1(s) \tag{2-16}$$

$$X_2(s) = X_1(s)H_1(s)H_2(s) \tag{2-17}$$

$$X_1(s) = X(s) + X_2(s) \tag{2-18}$$

将式（2-16）~式（2-18）代入式（2-15）并整理，得

$$H(s) = \frac{Y(s)}{X(s)} = \frac{H_1(s)}{1 - H_1(s)H_2(s)} \tag{2-19}$$

第二节　试验系统的动态响应

研究系统动态特性的目的在于深入地了解试验系统的动态响应（即输出），因为系统的

输出才是试验所要得到的结果。

对于任何一个试验系统，若输入（也称激励）不同，则输出（响应）亦必然不同。为了便于分析又能全面地了解系统的动态响应，人们常利用简谐、阶跃、脉冲等输入来研究系统的动态响应。

一、频率响应函数

若系统的输入是一个常幅简谐函数，对于线性系统而言，系统的输出一定是同频率、定幅、相位差为 φ 的简谐函数，而且其输出与输入的幅值比相位差正好与对线性系统的微分方程式（2-5）进行傅里叶变换，其输出傅里叶变换与输入傅里叶变换之比（频率响应函数）完全等价，即

$$\frac{y_0}{x_0}e^{j\varphi} = H(j\omega) = \frac{Y(j\omega)}{X(j\omega)} = \frac{b_m(j\omega)^m + b_{m-1}(j\omega)^{m-1} + \cdots + b_1(j\omega) + b_0}{a_n(j\omega)^n + a_{n-1}(j\omega)^{n-1} + \cdots + a_1(j\omega) + a_0} \tag{2-20}$$

式中　x_0——输入的幅值；

　　　y_0——输出的幅值；

　　　φ——输出与输入的相位差；

　　　$j = \sqrt{-1}$。

式（2-20）是复函数，任何复函数均可写成如下形式，即

$$H(j\omega) = P(\omega) + jQ(\omega) = A(\omega)^{j\varphi(\omega)} = A(\omega)\angle\varphi(\omega) \tag{2-21}$$

式中　$A(\omega)$——复函数 $H(j\omega)$ 的模，其值为：

$$A(\omega) = |H(j\omega)| = \sqrt{P^2(\omega) + Q^2(\omega)} \tag{2-22}$$

　　　$\varphi(\omega)$——$H(j\omega)$ 的相角，其值为：

$$\varphi(\omega) = \arctan H(j\omega) = \arctan\frac{Q(\omega)}{P(\omega)} \tag{2-23}$$

频率响应函数的模 $A(\omega)$ 和相角 $\varphi(\omega)$ 均是频率的函数，在工程上常将其分别称为幅频特性和相频特性。在直坐标图上画出的 $A(\omega)-\omega$ 和 $\varphi(\omega)-\omega$ 曲线分别称为幅频特性曲线和相频特性曲线。对于动态系统，为了方便表达，常将 $A(\omega)$ 和 $\varphi(\omega)$ 画在对数坐标中，从而便可得到 $20\lg A(\omega)-\omega$ 曲线和 $\varphi(\omega)-\omega$ 曲线，二者统称为伯德图，如图2-8所示。

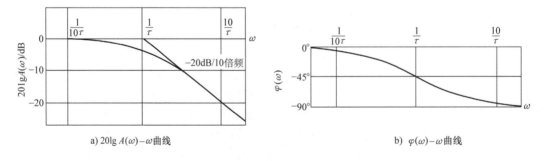

a) $20\lg A(\omega)-\omega$ 曲线　　　　b) $\varphi(\omega)-\omega$ 曲线

图2-8　一阶系统的伯德图

系统幅频特性和相频特性的另一种作图法是，将频率响应函数的实部 $P(\omega)$ 和虚部

$Q(\omega)$ 分别作为横坐标和纵坐标，画出它们随 ω 变化的曲线，称为奈奎斯特图，如图 2-9 所示。图中，自坐标原点到曲线上某一频率点所做的矢量长度便是该频率点的幅值 $|H(j\omega)|$，该矢量与横坐标的夹角便是相角 $\varphi(\omega)$。

1. 一阶系统的频率响应函数

一阶系统的动态数学模型为

$$a_1 \frac{dy(t)}{dt} + a_0 y(t) = b_0 x(t) \tag{2-24}$$

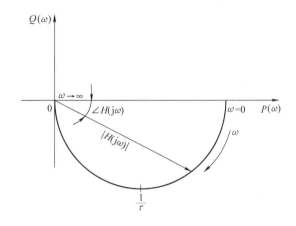

图 2-9 试验系统的奈奎斯特图

将等式两边除以 a_0，并令 $E = \dfrac{b_0}{a_0}$，$\tau = \dfrac{a_1}{a_0}$，得

$$\tau \frac{dy(t)}{dt} + y(t) = Ex(t) \tag{2-25}$$

对式（2-25）做傅里叶变换得

$$(j\tau\omega + 1)Y(j\omega) = EX(j\omega)$$

$$H(j\omega) = \frac{E}{j\tau\omega + 1} = \frac{E}{1 + (\tau\omega)^2} - j\frac{E\tau\omega}{1 + (\tau\omega)^2} \tag{2-26}$$

式中 E ——静态灵敏度；

τ ——时间常数。

静态灵敏度 E 是一个只取决于系统结构且与输入无关的常数，它不影响系统动态特性的变化规律，为了分析更加简洁和方便，常设 $E = 1$，这种处理称为灵敏度归一处理（在后面的分析中，如无特别说明，则均采用灵敏度归一处理）。如此，一阶系统的频率响应函数

$$H(j\omega) = \frac{1}{j\tau\omega + 1} = \frac{1}{1 + (\tau\omega)^2} - j\frac{\tau\omega}{1 + (\tau\omega)^2} \tag{2-27}$$

一阶系统的幅频特性和相频特性分别为：

$$A(\omega) = |H(j\omega)| = \frac{1}{\sqrt{1 + (\tau\omega)^2}} \tag{2-28}$$

$$\varphi(\omega) = -\arctan(\tau\omega) \tag{2-29}$$

由式（2-20）可知，频率响应函数的模就是输出简谐函数 $y(t)$ 的幅值与输入简谐函数 $x(t)$ 的幅值比。在灵敏度归一处理的情况下，希望得到的测试结果应该是 $A(\omega) = 1$，而实际的幅频特性为 $A(\omega) = |H(j\omega)| = \dfrac{1}{\sqrt{1 + (\tau\omega)^2}}$。图 2-10 是一阶系统的幅频特性和相频特性曲线。当 ω 增加时，响应的幅值逐渐减小，相位差逐渐增大。此外，系统的响应还与时间常数 τ 有关，当 $\omega\tau < 0.3$ 时，振幅与相位的失真均很小，这表明：若系统的时间常数 τ 越小，在系统失真很小情况下的 ω 可以增大，即工作频率范围越宽；反之，τ 越大，系统的工作频率范围越窄。

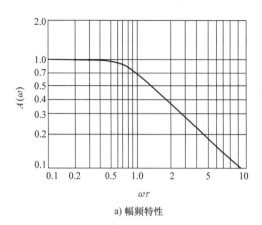
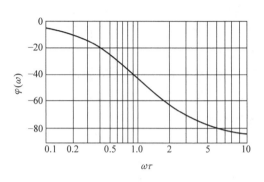

a) 幅频特性　　　　　　　　　　　b) 相频特性

图 2-10　一阶系统的频率响应

2. 二阶系统的频率响应函数

若式（2-5）中除了 a_2、a_1、a_0 和 b_0 不为 0 外，其他各系数均为零，则有

$$a_2 \frac{d^2 y(t)}{dt^2} + a_1 \frac{dy(t)}{dt} + a_0 y(t) = b_0 x(t) \tag{2-30}$$

这便是二阶系统的微分方程。

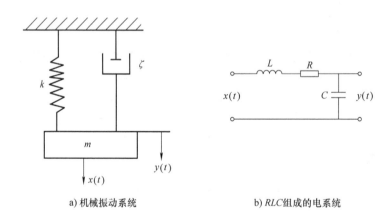

a) 机械振动系统　　　　　　　　b) RLC 组成的电系统

图 2-11　实际的二阶系统

图 2-11 是二阶系统的实例，由弹簧、质量、阻尼组成的机械振动系统和由电阻 R、电感 L、电容 C 组成的电系统的微分方程为：

$$m \frac{d^2 y(t)}{dt^2} + c \frac{dy(t)}{dt} + ky(t) = x(t) \tag{2-31}$$

$$LC \frac{d^2 y(t)}{dt^2} + CR \frac{dy(t)}{dt} + y(t) = x(t) \tag{2-32}$$

式中　　m——系统的质量；

　　　　c——系统的阻尼系数；

　　　　k——系统的刚度；

R、L、C——电阻、电感、电容。

比较式（2-32）和式（2-33）不难发现任意的二阶系统与由弹簧、质量、阻尼组成的机械振动系统具有形式相同的数学模型。下面以机械振动为例分析二阶系统的特征。

令 $E = \dfrac{b_0}{a_0} = 1$、$\omega_n = \sqrt{\dfrac{a_0}{a_2}}$、$\zeta = \dfrac{a_1}{2\sqrt{a_0 a_2}}$ 并将其代入式（2-32）并整理，得

$$\frac{1}{\omega_n^2}\frac{\mathrm{d}^2 y(t)}{\mathrm{d}t^2} + \frac{2\zeta}{\omega_n}\frac{\mathrm{d}y(t)}{\mathrm{d}t} + y(t) = x(t) \tag{2-33}$$

对于上式作拉普拉斯变换，便得到二阶系统的传递函数 $H(s)$，即

$$H(s) = \frac{1}{\dfrac{s^2}{\omega_n^2} + \dfrac{2\zeta s}{\omega_n} + 1} \tag{2-34}$$

对式（2-33）做傅里叶变换，可得到二阶系统的频率响应函数 $H(\mathrm{j}\omega)$

$$H(\mathrm{j}\omega) = \frac{1}{\left(\dfrac{\mathrm{j}\omega}{\omega_n}\right)^2 + \dfrac{2\zeta\mathrm{j}\omega}{\omega_n} + 1} = \frac{1}{\left(1 - \dfrac{\omega^2}{\omega_n^2}\right) + 2\mathrm{j}\zeta\dfrac{\omega}{\omega_n}} \tag{2-35}$$

式中　　ω_n——系统的固有频率，$\omega_n = \sqrt{\dfrac{a_0}{a_2}}$；

　　　　ζ——系统阻尼比，也叫相对阻尼系数，$\zeta = \dfrac{a_1}{2\sqrt{a_0 a_2}}$；

　　　　ω——系统振动的圆频率。

由式（2-35）可得到二阶系统的幅频特性和相频特性，即

$$A(\omega) = |H(\mathrm{j}\omega)| = \frac{1}{\sqrt{\left[1 - \left(\dfrac{\omega}{\omega_n}\right)^2\right]^2 + 4\zeta^2\left(\dfrac{\omega}{\omega_n}\right)^2}} \tag{2-36}$$

$$\varphi(\omega) = -\arctan\frac{2\zeta\dfrac{\omega}{\omega_n}}{1 - \left(\dfrac{\omega}{\omega_n}\right)^2} \tag{2-37}$$

同理，在灵敏度归一处理的情况下，希望得到的测试结果应该是 $A(\omega) = 1$，而实际的幅频特性为 $A(\omega) = |H(\mathrm{j}\omega)| = \dfrac{1}{\sqrt{\left[1 - \left(\dfrac{\omega}{\omega_n}\right)^2\right]^2 + 4\zeta^2\left(\dfrac{\omega}{\omega_n}\right)^2}}$。图 2-12 和图 2-13 分别是二阶系统的幅频特性、相频特性和二阶系统的伯德图。

当 $\zeta = 0$ 时，在 $\dfrac{\omega}{\omega_n} = 1$ 附近，输出的幅值显著增加，即当输入的频率与试验系统的固有频率相等时，系统将产生共振。此时，输出与输入的相位差 $\varphi(\omega)$ 由 0°突然变为180°。为

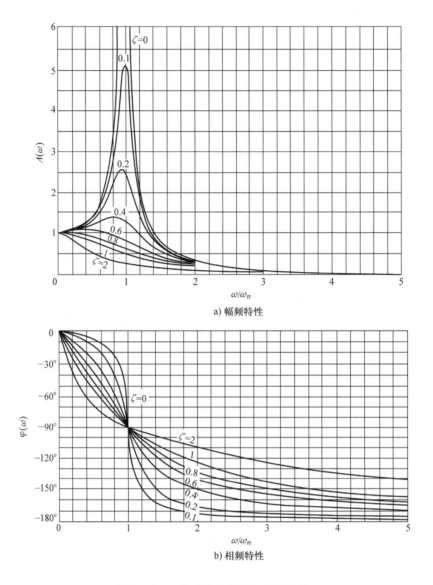

图 2-12 二阶系统的幅频和相频特性

了避免此现象的发生，最有效的方法是增加 ζ；随着 ζ 的增加，在 $\dfrac{\omega}{\omega_n}=1$ 附近，输出的幅值会逐渐减小，但当 ζ 仍较小时，输出的幅值仍会很大，即 $A(\omega)>1$；当 ζ 足够大，即 $\zeta \geqslant 1$ 时，输出的幅值 $A(\omega)<1$，系统不会出现共振现象，但在此情况下，$A(\omega)\approx 1$ 的频率范围较小；只有在 $\zeta=0.6\sim0.8$ 的范围内，$A(\omega)=1$ 的频率范围最宽，且 $\varphi(\omega)$ 与 $\dfrac{\omega}{\omega_n}$ 近似线性关系，即系统稳态响应的动态误差最小。由此可见，ζ 取不同的数值，会对系统的动态响应带来极大的影响。

系统的阻尼比 $\zeta>1$，称为过阻尼系统；$\zeta=1$，称为临界阻尼系统；$\zeta<1$，称为欠阻尼

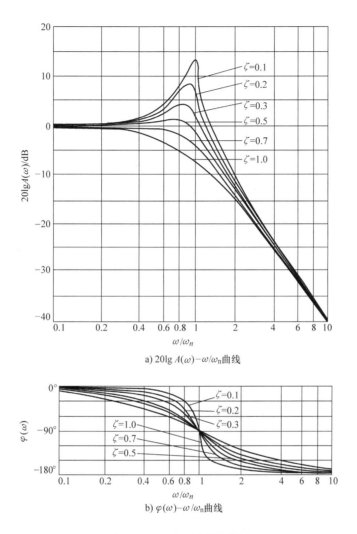

a) $20\lg A(\omega)-\omega/\omega_n$ 曲线

b) $\varphi(\omega)-\omega/\omega_n$ 曲线

图 2-13　二阶系统的伯德图

系统。对于欠阻尼系统，由于当 $\dfrac{\omega}{\omega_n}=1$ 时，系统的输出与输入的相位差 $\varphi=90°$，因此可利用这一特点测定系统的固有频率 ω_n，即：给系统一正弦输入，调节其输入信号的频率，直到输出与输入的相位差 $\varphi=90°$，此时，输入信号的频率 ω 即为系统的固有频率。此测试系统固有频率的方法称为频率共振法。

由图 2-12 和图 2-13 还可以看出，在 $\zeta=0.6\sim0.8$ 时，试验系统固有频率 ω_n 越高，动态误差小的工作频率范围越宽；反之，ω_n 越低，试验系统的工作频率范围越窄。允许幅值误差所决定的试验系统的工作频率范围称为系统的通频带宽。欲提高试验系统的通频带宽，就应提高系统的固有频率 ω_n。

对于高阶系统可用上述方法对其进行分析。

二、试验系统的阶跃响应

当给试验系统一阶跃输入时，其系统的输出称为阶跃响应，如对系统突然加载或突然卸载均属阶跃输入。阶跃输入信号是一种常见的基本信号，其输入方式既简便易行，又能充分揭示系统的动态特性。

阶跃输入信号的函数表达式为

$$x(t) = \begin{cases} A & t > 0 \\ 0 & t \leq 0 \end{cases} \quad (2\text{-}38)$$

式中 A——阶跃幅值，当 $A = 1$ 时称为单位阶跃，工程测试中所谈到的阶跃响应均是指在单位阶跃输入下系统的响应。

1. 一阶系统的阶跃响应

对一阶系统的微分方程式（2-24）进行拉普拉斯变换，并将单位阶跃函数 $x(t)$ 的拉普拉斯变换 $X(s) = \dfrac{1}{s}$ 代入其中，整理得

$$Y(s) = \frac{1}{(\tau s + 1)s} \quad (2\text{-}39)$$

对上式进行拉普拉斯逆变换得一阶系统的阶跃响应函数

$$y(t) = 1 - e^{-\frac{t}{\tau}} \quad (2\text{-}40)$$

在灵敏度归一化（$E = 1$）的情况下，常将系统的输出 $y(t)$ 与输入 $x(t)$ 之差定义为系统的动态误差，用 $e(t)$ 表示，即

$$e(t) = y(t) - x(t) = 1 - e^{-\frac{t}{\tau}} - 1$$

$$e(t) = -e^{-\frac{t}{\tau}} \quad (2\text{-}41)$$

图 2-14 是一阶系统的阶跃响应曲线和误差曲线。一阶系统阶跃响应曲线的重要特点是：

1) 在 $t = 0$ 点的切线斜率 $\dfrac{dy(t)}{dt}\bigg|_{t=0} = \dfrac{1}{\tau}$，据此，在系统参数未知的情况下，由一阶系统阶跃响应的试验曲线可确定其时间常数 τ；

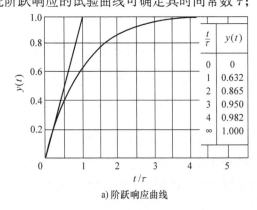
a) 阶跃响应曲线

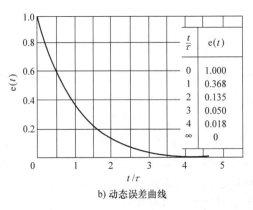
b) 动态误差曲线

图 2-14　一阶系统的阶跃响应和动态误差曲线

2) $t = 4\tau$ 时，$y(t) = 0.982$，此时系统输出值与系统稳态响应值之差不足 2%。因此，工程上常将 $t = 0 \sim 4\tau$ 时间段系统的输出称为瞬态，$t > 4\tau$ 时，认为系统已进入稳态。显然，时间常数 τ 越小，系统进入稳态所需的时间就短；反之，系统进入稳态的时间就长。一般来说，一阶系统的时间常数 τ 越小越好。

2. 二阶系统的阶跃响应

将前述单位阶跃函数的拉普拉斯变换 $X(s) = \dfrac{1}{s}$ 代入二阶系统的传递函数式（2-34）并整理，得

$$Y(s) = \dfrac{1}{\tau\left(\dfrac{s^2}{\omega_n^2} + \dfrac{2\zeta s}{\omega_n} + 1\right)} \tag{2-42}$$

对上式进行拉普拉斯逆变换得

$$y(t) = \begin{cases} 1 - \dfrac{e^{-\zeta\omega_n t}}{\sqrt{1-\zeta^2}}\sin(\sqrt{1-\zeta^2}\,\omega_n t + \varphi) & (\zeta < 1) \\ 1 - (1 + \omega_n t)e^{-\omega_n t} & (\zeta = 1) \\ 1 - \dfrac{\zeta + \sqrt{\zeta^2-1}}{2\sqrt{\zeta^2-1}}e^{-(\zeta-\sqrt{\zeta^2-1})\omega_n t} + \dfrac{\zeta - \sqrt{\zeta^2-1}}{2\sqrt{\zeta^2-1}}e^{-(\zeta+\sqrt{\zeta^2-1})\omega_n t} & (\zeta > 1) \end{cases} \tag{2-43}$$

式中 φ —— 相位差，$\varphi = \arctan\dfrac{\sqrt{1-\zeta^2}}{\zeta}$。

试验系统的动态误差 $e(t)$ 为

$$\begin{aligned} e(t) &= y(t) - x(t) \\ &= \begin{cases} -\dfrac{e^{-\zeta\omega_n t}}{\sqrt{1-\zeta^2}}\sin(\sqrt{1-\zeta^2}\,\omega_n t + \varphi) & (\zeta < 1) \\ -(1 + \omega_n t)e^{-\omega_n t} & (\zeta = 1) \\ -\dfrac{\zeta + \sqrt{\zeta^2-1}}{2\sqrt{\zeta^2-1}}e^{-(\zeta-\sqrt{\zeta^2-1})\omega_n t} + \dfrac{\zeta - \sqrt{\zeta^2-1}}{2\sqrt{\zeta^2-1}}e^{-(\zeta+\sqrt{\zeta^2-1})\omega_n t} & (\zeta > 1) \end{cases} \end{aligned} \tag{2-44}$$

由式（2-43）和式（2-44）知，当试验系统的响应时间 $t \to \infty$ 时，动态误差 $e(t) = 0$，即试验系统没有稳态误差，这一结论对于振动和噪声的测试十分有用。但系统响应在很大程度上由阻尼比 ζ 和固有频率 ω_n 决定，如图 2-15 所示。系统固有频率 ω_n 越高，系统的响应越快。阻尼比 ζ 直接影响响应的超调量和振荡次数。当阻尼比 $\zeta = 0$ 时，响应的超调量为 100%，系统持续振荡而达不到稳态；当 $0 < \zeta < 1$ 时，随着 ζ 的增大，响应的超调量和振荡次数逐渐减少；当 $\zeta = 0.6 \sim 0.8$，响应的最大超调量为 2.5%~10%，系统达到稳态（动态误差 5%~2%）所需的时间最短，为 $\dfrac{3 \sim 4}{\zeta\omega_n}$。这就是许多试验系统在设计时，取 $\zeta = 0.6 \sim 0.8$ 的重要原因之一；当 $\zeta > 1$ 时，系统蜕化为两个一阶系统的串联，此时系统虽无超调量（无振荡），但仍需要较长的时间才能达到稳态。上述结论与二阶系统的频率响应应完全相同。

用上述分析方法可以得到任意高阶系统的阶跃响应。

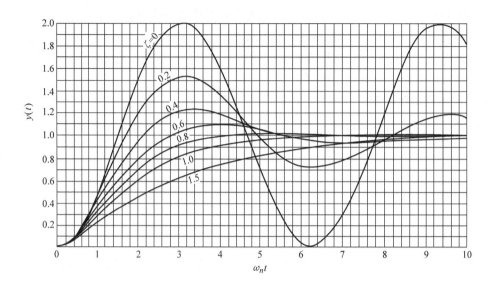

图 2-15 二阶系统的阶跃响应

三、试验系统的单位脉冲响应

单位脉冲函数的表达式为

$$\delta(t) = \begin{cases} \infty & t = 0 \\ 0 & t \neq 0 \end{cases} \tag{2-45}$$

单位脉冲函数的傅里叶变换 $F[\delta(t)] = 1$，拉普拉斯变换 $L[\delta(t)] = 1$。因此，当试验系统的输入为 $\delta(t)$ 时，其输出的拉普拉斯变换和傅里叶变换分别为：

$$Y(s) = H(s)X(s) = H(s) \tag{2-46}$$

$$Y(j\omega) = H(j\omega)X(j\omega) = H(j\omega) \tag{2-47}$$

系统的输出或称系统的单位脉冲响应为

$$y(t) = L^{-1}[H(s)] = h(t) \tag{2-48}$$

$$y(t) = F^{-1}[H(j\omega)] = h(t) \tag{2-49}$$

即系统的单位脉冲响应函数 $h(t)$ 与传递函数 $H(s)$ 及频率响应函数互为拉普拉斯变换对和傅里叶变换对。

1. 一阶系统的单位脉冲响应

对一阶系统的传递函数 $H(s) = \dfrac{1}{\tau s + 1}$ 进行拉普拉斯逆变换得一阶系统的脉冲响应函数，即：

$$h(t) = \frac{1}{\tau} e^{-\frac{t}{\tau}} \tag{2-50}$$

图 2-16 是一阶系统的单位脉冲响应曲线，曲线揭示了和前面提到的其他典型输入相同的规律。时间常数 τ 大的系统，其响应达到稳态所需的时间就长；反之，响应达到稳态所需的时间就短。当 $t = 0$ 时，一阶系统的单位脉冲响应函数 $h(t) = \dfrac{1}{\tau}$，据此在系统参数未知的

情况下,利用试验所测得的单位脉冲响应曲线可求出时间常数 τ。当然,由式(2-45)所给出的单位脉冲函数在实际中是不存在的,工程中常用非常短暂的冲击输入来代替单位脉冲输入,实践表明,当作用时间 $t < \dfrac{1}{10\tau}$ 时,则与单位脉冲很接近。

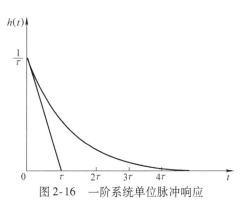

图 2-16　一阶系统单位脉冲响应

2. 二阶系统的单位脉冲响应

对式(2-35)进行拉普拉斯逆变换便得到二阶系统的脉冲响应函数 $h(t)$,即

$$h(t) = \begin{cases} \dfrac{\omega_n}{\sqrt{1-\zeta^2}} e^{-\zeta\omega_n t}\sin(\sqrt{1-\zeta^2}\,\omega_n t) & (\zeta < 1) \\ \omega_n^2 t e^{-\omega_n t} & (\zeta = 1) \\ \dfrac{\omega_n}{\sqrt{1-\zeta^2}}[e^{-(\zeta-\sqrt{\zeta^2-1})\omega_n t} - e^{-(\zeta+\sqrt{\zeta^2-1})\omega_n t}] & (\zeta > 1) \end{cases} \quad (2\text{-}51)$$

从图 2-17 中可以看出,当 $\zeta = 1$ 时,响应无振荡;当 ζ 很小时(如 $\zeta = 0.1$),系统的响应需较长的时间才能进入稳态;当 $\zeta = 0.65$ 时,响应很快进入稳态。这与前面对其他典型输入信号的响应所显示的规律一致。

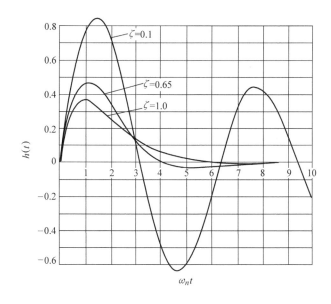

图 2-17　二阶系统的脉冲响应函数

四、试验系统的单位斜坡响应

从前面对频率响应、阶跃响应及单位脉冲响应的分析中,已了解到时间常数 τ、阻尼比 ζ 和系统固有频率 ω_n 对系统响应的影响,但若要更加深入地认识动态系统,我们有必要对

单位斜坡输入下系统的响应进行分析。

单位斜坡函数事实上是单位阶跃函数的积分。由线性系统的积分性可知，单位阶跃响应函数的积分便是单位斜坡响应函数。对式（2-40）和式（2-43）进行积分得到一阶系统和二阶系统斜坡响应函数。

一阶系统的斜坡响应函数为

$$y(t) = t - \tau + \tau e^{-t/\tau} \qquad (2\text{-}52)$$

二阶系统的斜坡响应函数为

$$y(t) = \begin{cases} t - \dfrac{2\zeta}{\omega_n} + \dfrac{e^{-\zeta\omega_n t}}{\omega_n \sqrt{1-\zeta^2}}\sin(\sqrt{1-\zeta^2}\,\omega_n t + \varphi) & (\zeta < 1) \\ t - \dfrac{2\zeta}{\omega_n} + \dfrac{2}{\omega_n}\left(1 + \dfrac{\omega_n t}{2}\right)e^{-\omega_n t} & (\zeta = 1) \\ t - \dfrac{2\zeta}{\omega_n} + \dfrac{1+2\zeta\sqrt{\zeta^2-1}-2\zeta^2}{2\omega_n \sqrt{\zeta^2-1}}e^{-(\zeta+\sqrt{\zeta^2-1})\omega_n t} - \dfrac{1-2\zeta^2\sqrt{\zeta^2-1}-2\zeta^2}{2\omega_n \sqrt{\zeta^2-1}}e^{-(\zeta-\sqrt{\zeta^2-1})\omega_n t} & (\zeta > 1) \end{cases} \qquad (2\text{-}53)$$

式中 φ——相位差，$\varphi = \arctan\dfrac{2\zeta\sqrt{1-\zeta^2}}{2\zeta^2-1}$。

图 2-18 是试验系统的斜坡响应曲线。无论是一阶系统还是二阶系统，斜坡响应 $y(t)$ 总是滞后于输入 $x(t)$ 一段时间，即便是系统进入稳态，仍存在动态误差。

从式（2-52）和式（2-53）中可以看出，一阶和二阶系统的斜坡响应函数中均有三项，其中：第一项等于输入 $x(t)$，显然第二项和第三项便是试验系统的动态误差。第三项中包含有与时间 t 有关的 e^{-kt} 因子，当 $t \to \infty$ 时，此项趋向于零，即该项是系统变化的动态误差，用 $e_s(t)$ 表示；第二项仅与系统的特性参数 τ、ω_n 及 ζ 有关，而与时间 t 无关，即系统进入稳态后它仍然存在，而且其数值始终保持不变，故将其称为固定不变的动态误差，又称稳态误差，用 $e_w(t)$ 表示。如此，式（2-52）和式（2-53）便可改写为如下形式：

$$y(t) = t + e_w(t) + e_s(t) \qquad (2\text{-}54)$$

式中的稳态误差 $e_w(t)$ 和变化的动态误差 $e_s(t)$ 分别为：

一阶系统：
$$e_w(t) = -\tau$$
$$e_s(t) = \tau e^{-t/\tau}$$

二阶系统
$$e_w(t) = -\dfrac{2\zeta}{\omega_n}$$

$$e_s(t) = \begin{cases} \dfrac{e^{-\zeta\omega_n t}}{\omega_n \sqrt{1-\zeta^2}}\sin(\sqrt{1-\zeta^2}\,\omega_n t + \varphi) & (\zeta < 1) \\ \dfrac{2}{\omega_n}\left(1 + \dfrac{\omega_n t}{2}\right)e^{-\omega_n t} & (\zeta = 1) \\ \dfrac{(1+2\zeta\sqrt{\zeta^2-1}-2\zeta^2)e^{-(\zeta+\sqrt{\zeta^2-1})\omega_n t}-(1-2\zeta\sqrt{\zeta^2-1}-2\zeta^2)e^{-(\zeta-\sqrt{\zeta^2-1})\omega_n t}}{2\omega_n \sqrt{\zeta^2-1}} & (\zeta > 1) \end{cases}$$

式中 φ——相位差，$\varphi = \arctan\dfrac{2\zeta\sqrt{1-\zeta^2}}{2\zeta^2-1}$。

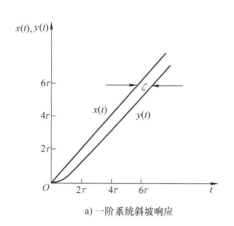
a) 一阶系统斜坡响应

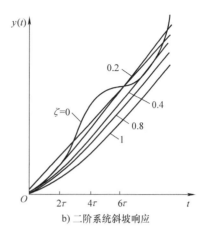
b) 二阶系统斜坡响应

图 2-18 试验系统的斜坡响应曲线应

对于斜坡输入的响应，即使系统进入稳态，固定不变的动态误差依然存在，但由于其数值 $e_w(t) = -\dfrac{2\zeta}{\omega_n}$ 非常小（由前面的分析可知，试验系统的 ζ 在 0.6~0.8 之间，固有频率 ω_n 非常大，通常至少在 10^5 这样的数量级以上），因此可以忽略。

五、试验系统在任意输入下的响应

对几种典型输入下系统响应的分析，使我们对动态试验系统有了一个深入的了解。在工程实际中，系统的输入很少是上述典型函数，实际输入大多是随机的。为此，我们必须研究任意输入下的系统响应问题。

图 2-19 是一任意输入信号 $x(t)$，由系统传递函数及频率响应函数的定义式 $H(S) = \dfrac{Y(S)}{X(S)}$ 和 $H(j\omega) = \dfrac{Y(j\omega)}{X(j\omega)}$ 得

$$Y(S) = X(S)H(S) \quad (2\text{-}55)$$

$$Y(j\omega) = X(j\omega)H(j\omega) \quad (2\text{-}56)$$

若能获得传递函数 $H(s)$ 或频率响应函数 $H(j\omega)$，便可利用式（2-55）、式（2-56）求得系统的输入。在工程测试中，用得较多的是频率响应函数，下面就以频率响应函数为例，介绍任意输入下系统输入的计算方法。

$$Y(j\omega) = \int_{-\infty}^{+\infty} X(j\omega)H(j\omega)e^{-j\omega t}dt \quad (2\text{-}57)$$

对 $Y(j\omega)$ 作傅里叶逆变换得到任意输入下的系统响应，即

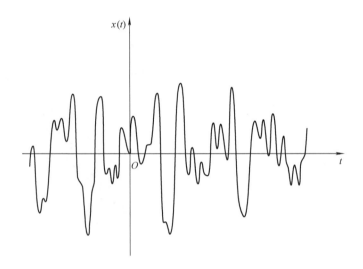

图 2-19 任意输入

$$y(t) = \frac{1}{2\pi}\int_{-\infty}^{+\infty} Y(j\omega)e^{j\omega t}d\omega$$

$$= \frac{1}{2\pi}\int_{-\infty}^{+\infty}\int_{-\infty}^{+\infty} X(j\omega)H(j\omega)e^{j\omega t}dtd\omega \tag{2-58}$$

第三节 试验系统动态特性的试验测定

从前面两节的学习中我们了解到,欲对一个实际的试验系统有一个全面而深入的了解,需要知道系统的动态特性,那么对于由被测对象的汽车和试验仪器组成的实际试验系统,以及试验系统中各个不同的环节(如汽车本体、测试仪器)的动态特性如何获取呢?这便是本节将要重点讨论的问题。

获取试验系统动态特性的办法有很多种,在此着重介绍频率响应法和脉冲响应法。

一、频率响应法

由线性系统的频率保持特性可知,若系统的输入是常幅简谐函数,则系统的输出一定是一个同频率、定幅、相位差为 φ 的简谐函数。设系统的输入为

$$x(t) = x_0 e^{j\omega t} \tag{2-59}$$

则系统的输出为

$$y(t) = y_0 e^{j(\omega t - \varphi)} \tag{2-60}$$

系统的频率响应函数

$$H(j\omega) = \frac{y_0}{x_0}e^{-j\omega} \tag{2-61}$$

由式(2-61)可知,若给系统一系列不同频率单位幅值的简谐波输入,即

$$x_1(t) = e^{j\omega_1 t}$$
$$x_2(t) = e^{j\omega_2 t}$$
$$\vdots$$
$$x_n(t) = e^{j\omega_n t}$$

测出系统与之对应的输出为

$$y_1(t) = y_{01} e^{j(\omega_1 t - \varphi_1)}$$
$$y_2(t) = y_{02} e^{j(\omega_2 t - \varphi_2)}$$
$$\vdots$$
$$y_n(t) = y_{0n} e^{j(\omega_n t - \varphi_n)}$$

在坐标纸上分别绘出输出的幅值 $y_n(t) - \omega$ 曲线和 $\varphi_n - \omega$ 曲线，即为系统的幅频特性曲线和相频特性曲线，然后再利用本章第七节中将要介绍的一元非线性回归分析，便可得到试验系统的幅频特性 $A(\omega)$ 和相频特性 $\varphi(\omega)$，系统的频率响应函数 $H(j\omega)$ 为：

$$H(j\omega) = A(\omega) e^{-j\varphi(\omega)} \tag{2-62}$$

频率响应法获取测试系统动态特性的缺点是既麻烦又费时。因为要想得到频率响应函数 $H(j\omega)$，需对系统进行一系列不同频率的简谐输入，待系统稳定后，测出与之对应的一系列输出。因此这种方法可行，但并不常用。

二、脉冲响应法

由前面的分析知，脉冲响应函数 $h(t)$ 与频率响应函数 $H(j\omega)$ 正好是一个傅里叶变换对，即：

$$H(j\omega) = \int_{-\infty}^{+\infty} h(t) e^{-j\omega t} dt \tag{2-63}$$

$$h(t) = \frac{1}{2\pi} \int_{-\infty}^{+\infty} H(j\omega) e^{j\omega t} d\omega \tag{2-64}$$

由此可见，若给测试系统一个单位脉冲输入，记录下系统的输出 $h(t)$，然后对 $h(t)$ 进行傅里叶逆变换，便可得到系统的频率响应函数 $H(j\omega)$。目前，各类谱分析设备基本上都具有此分析功能。比较频率响应法和脉冲响应法不难发现，脉冲响应法比频率响应法更简单易行。但需指出的是，在工程实际中，标准的单位脉冲是不存在的。但若给系统一作用时间小于 $\frac{\tau}{10}$ 的冲击输入，即可近似地认为是单位脉冲输入。

第四节　试验系统的负载效应

汽车试验用仪器系统通常由传感器、放大器、信号调制解调器、滤波器及信号处理设备等组成。所谓测试系统中的负载是相对前一级设备而言的，即后一级的设备是前一级设备的负载。如放大器是传感器的负载，信号处理设备是滤波器的负载等。在汽车测试过程中，人们都希望被测物理量经传感器测得并转换成的电信号，经过一系列中间设备（如放大器、调制解调器等）的处理后，信号的大小、特征仍能与原被测量保持一致。但事实往往并非如此，信号在多级设备的交换中不可避免地会发生一些变化，这种现象称为试验系统的负载效应。

负载效应这一名词来自于电路系统，其本意是电路的后级与前级相连时，由于后级阻抗的影响而带来系统阻抗变化的一种效应。

图 2-20 是一电压输入型的传感器与放大器相连的示意图，在传感器的输出端子 A 和 B 与放大器相连之前，设传感器的输出电压为 u_0。若端子 A、B 之间的阻抗为 Z_{AB}，放大器的阻抗为 Z_1，若将传感器和放大器连成一个回路，根据戴维南定理，可将其简化成图 2-20b 所示的等效电路。此时，放大器的输入电压 u_1 为：

$$u_1 = Z_1 i = u_0 \frac{Z_1}{Z_{AB} + Z_1} = u_0 \frac{1}{1 + \frac{Z_{AB}}{Z_1}} \tag{2-65}$$

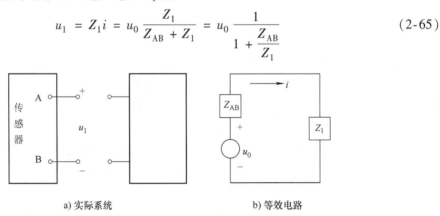

a) 实际系统　　　　　　b) 等效电路

图 2-20　负载效应的示意图

显然，$u_1 \neq u_0$，其原因是阻抗 Z_1 的存在。欲使 u_1 接近 u_0，则应使 $Z_1 \gg Z_{AB}$，即负载的输入阻抗必须远大于前级系统的输出阻抗。将式（2-65）推广到包括非电系统在内的所有系统，则有

$$y_g(t) = \frac{Z_i}{Z_i + Z_0} x_g(t) = \frac{1}{1 + \frac{Z_0}{Z_i}} x_g(t) \tag{2-66}$$

式中　$y_g(t)$——广义变量的输出；

　　　$x_g(t)$——广义变量的输入；

　　　Z_i——广义输入阻抗；

　　　Z_0——广义输出阻抗（或称负载阻抗）。

任何一个试验系统，至少应由被测对象和测量装置二者组成。如图 2-21 所示。$H_1(S)$ 和 $H_2(S)$ 分别是被测对象和测试装置的传递函数。$x(t)$ 为被测量，被测对象的输出量 $Z(t) = L^{-1}[H_1(S)X(S)]$，测试系统的输出 $y(t) = L^{-1}[H_2(S)Z(S)]$。在 $y(t)$ 与 $z(t)$ 之间，由于传感器、信号调理及数据处理等中间环节的影响及系统前、后环节间的能量交换，试验系统的输出 $y(t)$ 很可能不等于被测量，甚至也不等于被测对象的输出量 $z(t)$。在前面对串联、并联系统传递函数的分析中，均没有记入前、后环节间的能量交换因素，而对于实际的测试系统，除光、波等非接触式传感器之外，任何系统的互联均会产生能量交换，因此对于图 2-21 所示的串联系统，其传递函数 $H_1(S)$ 和 $H_2(S)$ 乘积只要不等于1，测试系统的输出就不可能与被测量完全相等，其结果必然会影响测试精度，这种对测试精度的影响称为

测试系统的**负载效应**。图 2-22 是汽车试验中的一个典型的例子,尽管加速度传感器、非接触式五轮仪及数据记录设备的质量 m_1、m_2 和 m_3 与汽车的总质量 m 相比是一个较小的量,但 m_1、m_2 和 m_3 的存在会不可避免地改变汽车的动态特性,即被测对象(汽车)自身的传递函数发生了变化,已不再是原来的 $H_1(s)$,而变成了包含 m_1、m_2、m_3、k_1、k_2、k_3 和 ζ_1、ζ_2、ζ_3 在内的新的传递函数 $H_1'(s)$。由于 $H_1'(s) \neq H_1(s)$,所以必然会带来测试误差,即负载效应。正因为如此,在汽车行驶平顺性试验的标准中,对测点上所坐人的身高、体重及坐姿都作出严格规定。汽车总质量 $m = m_a + m_b + m_c$。

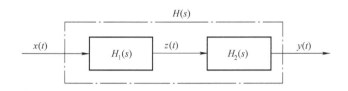

图 2-21 被测对象与测试装置组成的系统

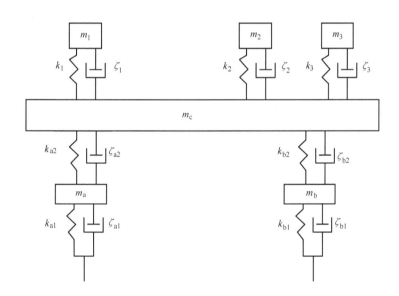

图 2-22 简化的汽车振动模型

m_a、m_b、m_c—汽车前桥、后桥的质量、汽车簧载质量

m_1、m_2 和 m_3—加速度传感器、五轮仪和数据记录设备的质量

k_1、k_2、k_3 和 ζ_1、ζ_2、ζ_3 — m_1、m_2、m_3 安装部位的刚度和阻尼　k_{a1}、k_{b1}—前后轮的刚度　ζ_{a1}、ζ_{b1}—前后车轮的阻尼　k_{a2}、k_{b2}—前后悬架的刚度　ζ_{a2}、ζ_{b2}—前后悬架的阻尼

一、一阶系统的互联

图 2-23a 和 b 是不同的一阶系统,第一个一阶系统的微分方程为:

$$U_x = i_1 R_1 + U_z \tag{2-67}$$

$$i = c_1 \frac{dU_z}{dt} \tag{2-68}$$

将式（2-68）代入式（2-67）并整理，得

$$c_1 R_1 \frac{dU_z}{dt} + U_z = U_x \qquad (2\text{-}69)$$

对上式进行拉普拉斯变化，得第一个一阶系统的传递函数。

$$H_1(s) = \frac{1}{1 + \tau_1 s} \qquad (2\text{-}70)$$

式中　τ_1——时间常数，$\tau_1 = c_1 R_1$。

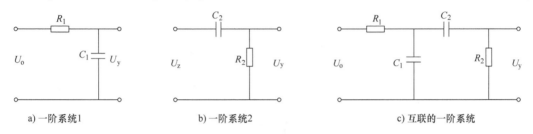

a) 一阶系统1　　　b) 一阶系统2　　　c) 互联的一阶系统

图 2-23　两个一阶系统的互联

用同样的办法可得第二个一阶系统的传递函数

$$H_2(s) = \frac{\tau_2 s}{1 + \tau_2 s} \qquad (2\text{-}71)$$

式中　τ_2——时间常数，$\tau_2 = c_2 R_2$。

若不加任何隔离措施将此两个一阶系统直接串联（图2-23a），则输出电压与联接点的电压比为

$$\frac{U_y(s)}{U_z(s)} = \frac{\tau_2 s}{1 + \tau_2 s} \qquad (2\text{-}72)$$

联接点右侧的阻抗 z_2 为

$$z_2 = R_2 + \frac{1}{c_2 s} = \frac{1 + R_2 C_2 S}{C_2 s} = \frac{1 + \tau_2 s}{C_2 s} \qquad (2\text{-}73)$$

令 z 为 R_1 右边电路的阻抗，其值为

$$z = \frac{\frac{1}{c_1 s} z_2}{\frac{1}{c_1 s} + z_2} = \frac{\frac{1}{c_1 s} \cdot \frac{1 + \tau_2 s}{c_2 s}}{\frac{1}{c_1 s} + \frac{1 + \tau_2 s}{c_2 s}} = \frac{1 + \tau_2 s}{(c_1 + c_2)s + \tau_2 c_1 s^2} \qquad (2\text{-}74)$$

$$\frac{U_z(s)}{U_x(s)} = \frac{Z}{R_1 + Z} = \frac{1 + \tau_2 s}{R_1(c_1 + c_2)s + \tau_2 R_1 c_1 s^2 + 1 + \tau_2 s}$$

$$= \frac{1 + \tau_2 s}{1 + (\tau_1 + \tau_2 + R_1 c_2)s + \tau_1 \tau_2 s^2} \qquad (2\text{-}75)$$

显然，两个一阶系统联接后的传递函数应为

$$H(s) = \frac{U_y(s)}{U_x(s)} = \frac{U_y(s)}{U_z(s)} \cdot \frac{U_z(s)}{U_x(s)} = \frac{\tau_2 s}{1 + (\tau_1 + \tau_2 + R_1 c_2)s + \tau_1 \tau_2 s^2} \qquad (2\text{-}76)$$

而
$$H_1(s)H_2(s) = \frac{1}{1+\tau_1 s} \frac{\tau_2 s}{1+\tau_2 s} = \frac{\tau_2 s}{1+(\tau_1+\tau_2)s+\tau_1\tau_2 s} \tag{2-77}$$

由式（2-76）和式（2-77）可以看出，$H(s) \neq H_1(s)H_2(s)$。其原因是：在两个串联的一阶系统之间有能量交换所带来的负载效应。欲避免此负载效应，最简单的办法是隔离，即在两级之间插入跟随器，跟随器的输入阻抗很大，基本上不从第一级取电流。此外，跟随器的输入内阻极小，不因后端的负载而改变其输出电压。

二、二阶系统的互联

若将图 2-22 所示测量汽车振动的试验系统简化模型进一步简化，便可得到图 2-24 所示的由两个最简单的二阶系统串联的振动模型。根据牛顿第二定律可列出该振动测试系统的微分方程

$$\begin{cases} mx'' + kx + k_1(x - x_1) = f(t) \\ m_1 x_1'' + k_1(x_1 - x) = 0 \end{cases} \tag{2-78}$$

对上式进行傅里叶变换并整理，得

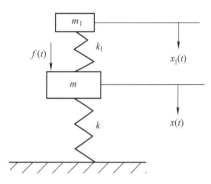

图 2-24 简化的汽车振动测量系统

$$\begin{cases} -m\omega^2 + (k+k_1)X(j\omega) - k_1 X_1(j\omega) = F(j\omega) \\ -k_1 X(j\omega) + [-m_1\omega^2 + k_1]X_1(j\omega) = 0 \end{cases} \tag{2-79}$$

解上述方程组，得

$$X(j\omega) = \frac{F(j\omega)[-m_1\omega^2 + k_1]}{B} \tag{2-80}$$

$$X_1(j\omega) = \frac{F(j\omega)k_1}{B} \tag{2-81}$$

式中

$$B = \begin{vmatrix} -m\omega^2 + (k+k_1) & -k_1 \\ -k_1 & -m\omega^2 + k_1 \end{vmatrix}$$

$$= m_1 m_2 \omega^4 - (mk_1 + m_1 k + m_1 k_1)\omega^2 + kk_1 \tag{2-82}$$

令 $B=0$，并将等式两边同时除以 mm_1 得

$$\omega^4 - \left(\omega_n^2 + \omega_{n1}^2 + \frac{k_1}{m}\right)\omega^2 + \omega_n^2 \omega_{n1}^2 = 0 \tag{2-83}$$

式中　ω_n ——k、m 系统的固有频率，$\omega_n = \sqrt{\frac{k}{m}}$；

ω_{n1} ——k_1、m_1 系统的固有频率，$\omega_{n1} = \sqrt{\frac{k_1}{m_1}}$。

解方程式（2-83）可得两个二阶系统直接串联所组成的大系统的固有频率 $\overline{\omega}$。若将 k、m 和 k_1、m_1 两个系统隔离后串联，则式（2-80）和式（2-81）中的分母（为了便于与未隔离的系统区别，在此用 B' 表示）为

$$B' = mm_1\omega^4 - (mk_1 + m_1k)\omega^2 + kk_1$$

令 $B' = 0$，并将等式两边同时除以 mm_1 得

$$\omega^4 - (\omega_n^2 + \omega_{n1}^2)\omega^2 + \omega_n^2\omega_{n1}^2 = 0 \tag{2-84}$$

比较式（2-83）和式（2-84）可知，直接串联和隔离后串联所组成的系统，其固有频率不相等，因为 ω^2 项前的系数不同。

从式（2-83）中不难看出，若将这两系统互联后，系统的固有频率不再是原两个系统的固有频率，而是向两端偏移，即：一阶固有频率比互联前的低频要低，二阶固有频率比互联前的高频要高。其偏移量的大小由参与能量交换的元件参数（m 和 k_1）决定。这一现象表明，被测对象装上传感器后，系统的动态特性发生了变化。欲提高测量精度，就必须尽可能地减小包括传感器在内的测量系统对系统动态特性的影响。这一点对于汽车试验而言尤为重要。因为试验时，整个测试系统都需要置于车上。因此，汽车道路试验仪器的小型化和非接触测量一直是人们追求的一个重要目标。

第五节 试验系统的不失真测量

关于试验系统的失真问题，主要反映在动态试验系统中。关于静态测量，无论系统多么复杂，由式（2-1）知，若忽略测试误差和漂移的影响，输入与输出之间存在一一对应的关系，不存在失真问题。然而对于动态试验系统，由前面对各种典型输入下系统响应的分析可知，当系统进入稳态后，动态误差很小才可以忽略不计。显然，任何汽车试验，都是不允许失真存在的。那么如何才能避免失真呢？除必须遵循本章第二节有关典型函数输入响应的讨论所得到的结论外，还需要针对被测量和试验系统的不同特点具体问题具体分析。下面用汽车试验的实例来讨论试验系统的不失真问题。

一、汽车振动和噪声测试

汽车振动和噪声测试按其试验目的的不同，大致可分为以下4类：
1）结构的疲劳强度分析；
2）汽车行驶平顺性分析；
3）噪声分析；
4）发动机工作时的爆燃测量。

对于前三类测试，为了避免失真，通常是待系统进入稳态（时间 $t \geq 3\tau$ 或 $t \geq 4\tau$）后才开始采集试验数据。因为系统达到稳态后，输出和输入的误差非常小，可以忽略不计。

对于不能等到系统进入稳态后再取输出值的第四类测量，显然只能取输出的瞬态值进行分析，而瞬态值是存在较大动态误差（失真）的。欲解决这一问题，我们需对测试量的性质和测试目的进行分析。

1. 测试量的性质

发动机爆燃是一种不正常的燃烧现象，爆燃一旦发生，在燃烧室内就会产生高频冲击波，即爆燃的重要特性在于，发动机缸体的振幅和振动频率均会产生突变。

2. 测试目的

测量发动机爆燃，其目的是对发动机的燃烧状况（是正常燃烧还是爆燃）给出一个判

断,并不需要准确地测量其振动量(振幅和相位)的大小。

通过对测试量的性质及测试目的的分析了解到,若安装在发动机缸体上的爆燃传感器输出振动加速度的幅值和频率突然显著增大,发动机便出现爆燃;反之,发动机处于正常燃烧状态,即希望知道发动处于何种燃烧状态(爆燃状态还是正常燃烧状态),实现"状态判断"。

二、速度、转速和位置、位移的测量

速度 v 和位移 s 的关系是:

$$v = \frac{ds}{dt} \tag{2-85}$$

若将线位移 s 换成角位移 θ,式(2-85)就变成了角速度的计算式

$$\omega = \frac{d\theta}{dt} \tag{2-86}$$

若将一旋转的物体沿半径方向剪开并展开,转动便变成为直线运动。由此可见,速度、转速和位置、位移的测量,其实均是对同一量——位移的测量。图 2-25a、b 是两种典型的转速传感器。

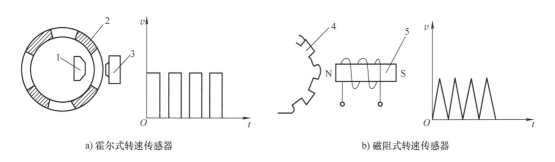

a) 霍尔式转速传感器 b) 磁阻式转速传感器

图 2-25 转速传感器
1—永磁铁 2、4—信号盘 3—霍尔元件 5—磁阻式传感器

尽管两种转速传感器所用的器件不同,但测量原理完全相同,即均是将转速的测量转换为对脉冲数的读取。在测量转速时,转速不同,其脉冲宽度和幅值均会不同,但脉冲数和转速的对应关系永远不会变化。

将转速、速度和位置、位移的测量转换为脉冲数的读取,是实现转速、速度和位置、位移测量不失真常用的一种最有效、最简便的方法。

三、发动机节气门位置的测量

发动机节气门位置是一个经常要变化的量,显然是动态测量。发动机节气门位置是发动机控制中一个十分重要的量,对其测量是不允许失真的。要做到这一点,需要将节气门位置测量的动态问题转换为静态来处理。由静态系统的数学模型可知,静态测量不存在失真问题。

那么如何变动态测量为静态测量呢?动态和静态原本没有一个严格的界限,若试验系统的响应频率 ω_c 远大于被测量的变化频率 ω_b,即 $\omega_c \gg \omega_b$,则被测的动态量相对于试验系统

而言，就是一个缓变量，即属于静态测试问题。

发动机节气门位置传感器常用的形式主要是：电位计式和光电式传感器。这两种传感器的响应频率均非常高，而节气门位置的变化频率较低，完全满足 $\omega_c \gg \omega_b$ 的测试条件。由此可见，用电位计式或光电式传感器来测量节气门位置的变化，就相当于是将动态测量问题转换成为一个静态测量，显然不会失真。

由上述三例不难看出，解决动态测量不失真问题没有一个完全统一的方法。试验对象、试验目的和试验方法不同，解决不失真测量问题的措施亦各不相同。对振动和噪声问题（除系统动态特征测定和分析之外），避免失真的方法是取稳态值；对速度、转速和位置、位移量的测量，解决失真问题的方法常是将被测量转换为脉冲数的读取；对变化频率不是太高的动态量的测量，常用的方法是采用响应频率很高的传感器对其进行测量，即将动态测量问题转换为静态测量。由此可见，解决动态测试中"失真"问题的常用方法有：

1）取稳态值。
2）状态判断。
3）将测试量转换为脉冲的读取（简称转换）。
4）变动态测量为静态测量（简称变换）。

第六节　试验误差与精度

为了使汽车试验工作能有一个满意的结果，就需要十分准确地测出所有的被测量。然而，由于受测试仪器设备自身精度、测试条件等多种因素的影响，测试结果（又称测试值）与被测量的真实值（简称真值）不可避免地会存在一定的差异，这种差异称为测试误差。测试误差越小，即测试值越接近真实值，则说明测试的精度越高。由此可见，测试误差的大小是测试精度的反映，所以每当谈到精度往往不可避免地会涉及误差，若能获知测试误差的大小，便能知道测试精度的高低。

一、测试误差的分类

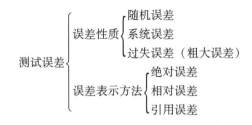

1. 绝对误差

测试值与真值之差，称为绝对误差，简称误差，其表达式为

$$\delta_u = l - X \tag{2-87}$$

式中　δ_u——绝对误差；
　　　l——测试值；
　　　X——被测量的真值。

被测量的真值是无法得到的，为此常用测试结果的算术平均值作为被测量真值的估计值

$\hat{X}$，即

$$\hat{X} = \overline{L} = \frac{l_1 + l_2 + \cdots + l_n}{n} = \frac{1}{n}\sum_{i=1}^{n} l_i \qquad (2\text{-}88)$$

式中　$\hat{X}$——真值的估计值；

　　　$\overline{L}$——测试值的算术平均值；

　　　l_i——同一量第 i 次测试的结果，$i = 1,2,\cdots,n$。

2. 相对误差

绝对误差与被测量真值之百分比称为相对误差 δ_c。

$$\delta_c = \frac{\delta_u}{\hat{X}} \times 100\% = \frac{\delta_u}{L} \times 100\% \qquad (2\text{-}89)$$

3. 引用误差

仪器、仪表示值的相对误差，即仪器、仪表示值的最大绝对误差与量程的比值称为引用误差。

$$\delta_a = \frac{\delta_{u\max}}{Q} \times 100\% \qquad (2\text{-}90)$$

式中　δ_a——引用误差；

　　　$\delta_{u\max}$——仪器示值的最大绝对误差；

　　　Q——仪器的量程。

引用误差是仪器设备精度的反映，我国相关标准规定，工业和电工仪表的精度等级共有 7 级，用引用误差的百分数表示，分别是 0.1、0.2、0.5、1.0、1.5、2.5 和 5.0。

4. 随机误差

在相同的条件下，对同一参数进行多次重复测试，所得到的测定值也不可能完全相同，即每次测试的误差都不相同。测试误差具有各不相同数值与符号，这种误差称为随机误差。

理论和实践表明，大多数测试的随机误差都服从正态分布，正态分布的概率密度函数为

$$f(x) = \frac{1}{\sigma\sqrt{2\pi}} e^{-\frac{(l-\mu)^2}{2\sigma^2}} \qquad (2\text{-}91)$$

式中　μ——测试列的均值；

　　　σ——标准差。

正态分布在测试误差理论中有着极其重要的应用，σ 的大小表征各测试值的离散程度。图 2-26 给出了不同 σ 的正态分布概率密度曲线。从图中可以看出，σ 愈小，正态分布概率密度曲线愈陡峭，幅值愈大；反之，σ 愈大，曲线愈趋平坦。从测试误差的角度看，σ 小表明测试列中多是数值较小的误差；σ 大则表明测试列中数值较大的误差相对较多。

在等精密度测试列中，当测试次数趋于无穷大时，测试列的标准差

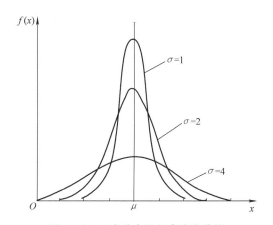

图 2-26　正态分布的概率密度曲线

$$\sigma = \sqrt{\frac{1}{n}(\delta_1^2 + \delta_2^2 + \cdots + \delta_n^2)} = \sqrt{\frac{1}{n}\sum_{i=1}^{n}\delta_i^2} \quad (n \to \infty) \tag{2-92}$$

在实际测试工作中，测试次数是有限的，标准差的无偏估计可用贝塞尔法进行计算，即

$$\hat{\sigma} = \sqrt{\frac{1}{n-1}(\delta_1^2 + \delta_2^2 + \cdots + \delta_n^2)} = \sqrt{\frac{1}{n-1}\sum_{i=1}^{n}\delta_i^2} \text{（有限次测试）} \tag{2-93}$$

由积分概率表可知，绝对值小于 σ 的随机误差出现的概率约为 0.68，而绝对值小于 2σ 和 3σ 的随机误差，出现的概率分别为 0.95 和 0.9973，即绝对值大于 3σ 的随机误差出现的概率仅为 0.0027，也就是说，在约 370 次测试中才可能出现一次。而在一般测试工作中，测试次数远小于 370 次，因此，如果出现绝对值大于 3σ 的误差，有理由认为，该误差属于过失误差。因此，可以把 3σ 作为区分随机误差和过失误差的一种界限。

图 2-27 是标准差与测试次数 n 的关系曲线，从图 2-27 中可以看出，当测试次数较少时，增加测试次数，可明显减小测试误差；但当测试次数超过 15~20 次时，继续增加测试次数，其测试误差几乎不变。正因为如此，为了减小测试误差对同一量进行反复多次测试，其测试次数通常为 15~20 次。

5. 系统误差

保持一定数值或按一定规律变化的误差，称为系统误差。由于仪器标度尺刻画得不准确或测试者观察仪器指针时习惯于斜视等原因引起的误差，就具有系统误差的特性。

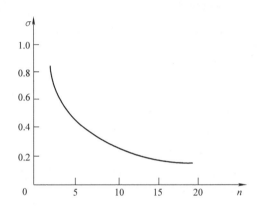

图 2-27 标准差 σ 与测试次数 n 的关系曲线

（1）系统误差的分类　根据系统误差在测试过程中所具有的不同特性，可将其分为定值系统误差和变值系统误差。

1) 定值系统误差：在整个测试过程中，误差的大小和方向始终保持不变。

2) 变值系统误差：在测试过程中，误差的大小和方向按一定的函数规律变化。变值系统误差的种类较多，如：

① 线性变化的系统误差：在整个测试过程中，误差的大小随时间线性递增或线性递减的系统误差。

② 周期性变化的系统误差：在整个测试过程中，误差的大小随时间呈周期性变化（如正弦规律变化）的系统误差。

③ 复杂规律变化的系统误差：在整个测试过程中，误差的大小呈现复杂规律变化的系统误差，如线性与周期性组合的系统误差，按对数或指数规律变化的系统误差等。

（2）系统误差的发现与消除　在测量列 $l_1, l_2, \cdots, l_n$ 中，若存在系统误差，则每个测量值都含有系统误差 $\Delta_i (i = 1, 2, \cdots, n)$ 和随机误差 $\delta_i (i = 1, 2, \cdots, n)$，若真值为 X，则平均值

$$\overline{L} = \frac{1}{n}\sum_{i=1}^{n} l_i = X + \frac{1}{n}\sum_{i=1}^{n}\Delta_i + \frac{1}{n}\sum_{i=1}^{n}\delta_i \tag{2-94}$$

当 n 足够大时，$\frac{1}{n}\sum_{i=1}^{n}\delta_i$ 趋向于 0，则

$$\overline{L} = X + \frac{1}{n}\sum_{i=1}^{n}\Delta_i \tag{2-95}$$

式（2-95）表明：在计算平均值 $\overline{L}$ 的过程中，虽然可使随机误差相互抵消，却不能排除系统误差的影响。因此，如果存在系统误差，则应从测试值的平均值 $\overline{L}$ 中消去系统误差。

测量列 $l_1, l_2, \cdots, l_n$ 中，任意单次测量的绝对误差，在工程上常将其称为残差 v_i，可用下式表达：

$$v_i = l_i - \overline{L} = l_i - \left(X + \frac{1}{n}\sum_{i=1}^{n}\Delta_i + \frac{1}{n}\sum_{i=1}^{n}\delta_i\right) \tag{2-96}$$

将测试列的残差 v_i 按测试顺序列表或作图便可观察系统误差的变化规律，对测试列的残差 v_i 按照本章第七节试验数据回归分析的方法对其进行处理，可以得到残差的数学表达式，然后利用第四章第六节中"测试结果的函数补偿"就可以消除系统误差。

6. 过失误差

由于测试工作的错误、疏忽大意等原因引起的误差，称为过失误差。由于过失误差的数值通常较大，所以有时将其称为粗大误差。

（1）过失误差与异常数据　过失误差是由于在测试过程中某些突然发生的不正常因素（外界干扰、测试条件意外改变，测试者疏忽大意）所造成的与其他误差相比明显偏大。

在某一测试列中，有时可能出现个别过大或过小的测定值，这种包含巨大误差的测定值，通常称为异常数据。异常数据往往是由过失误差引起的，也可能是由巨大的随机误差引起的。

（2）异常数据的取舍准则

1）莱伊达准则，是以随机误差的正态分布规律为依据的。对于某一测量列，如果各测定值仅含有随机误差，根据随机误差的正态分布规律，其残差 v_i 落在 $\pm 3\sigma$ 以外的概率仅有 0.27%，可以认为实际上是不可能发生的。因而，莱伊达准则认为：凡残差超出 $\pm 3\sigma$ 者称为过失误差，即

$$|v_i| > 3\sigma \tag{2-97}$$

由于实际测量的次数有限，因此常用标准差的估计值 $\hat{\sigma}$ 代替 σ。凡误差超出 $\pm 3\hat{\sigma}$ 者，便视为过失误差，应予以剔除。然后重新计算 $\hat{\sigma}$ 值，再次对误差进行判断，直至剩下测定值的误差均小于 $3\hat{\sigma}$。

2）格拉布斯准则，是按顺序统计量的某种规律所提出的一种判别过失误差的准则。格拉布斯准则规定：若有一服从正态分布的测量列，当残差 v_i 中有满足以下关系者：

$$|v_i| > G_0 \hat{\sigma} \tag{2-98}$$

则认为该测定值是一个包含过失误差的异常数据，应予剔除。G_0 为临界值，取决于测量次数 n 和信度 a（通常取 0.05、0.025 或 0.01），可从表 2-1 中查出。

注意：经剔除含有过失误差的异常数据后，要重新计算其余数据的算术平均值和标准误差，再作判别，直至完全剔除含有过失误差的异常数据为止。

表 2-1　临界值 G_0

G_0 \ a \ n	0.05	0.025	0.01	G_0 \ a \ n	0.05	0.025	0.01	G_0 \ a \ n	0.05	0.025	0.01
3	1.15	1.15	1.15	13	2.33	2.46	2.61	23	2.62	2.78	2.96
4	1.46	1.48	1.49	14	2.37	2.51	2.66	24	2.64	2.80	2.99
5	1.67	1.71	1.75	15	2.41	2.55	2.71	25	2.66	2.82	3.01
6	1.82	1.89	1.94	16	2.44	2.59	2.75	30	2.75	2.91	3.10
7	1.94	2.02	2.10	17	2.47	2.62	2.79	35	2.82	2.98	3.18
8	2.03	2.13	2.22	18	2.50	2.65	2.82	40	2.87	3.04	3.24
9	2.11	2.21	2.32	19	2.53	2.68	2.85	45	2.92	3.09	
10	2.18	2.29	2.41	20	2.56	2.71	2.88	50	2.96	3.13	
11	2.23	2.36	2.48	21	2.58	2.73	2.91	60	3.03	3.20	
12	2.29	2.41	2.55	22	2.60	2.76	2.94	70	3.09	3.26	

二、测试精度

测试精度：测试结果与真实值的接近程度。

1. 测试精度的分类

测试精度分为三种（图 2-28），其定义分别是：

1）精密度：多次反复测量，测试值重复性的好坏，是随机误差的反映。
2）准确度：测试结果与真实值的偏离程度，是系统误差的反映。
3）精确度：是精密度与准确度的综合反映，精确度高，系统误差和随机误差都小。

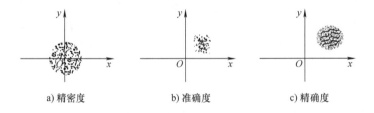

a) 精密度　　b) 准确度　　c) 精确度

图 2-28　测试精度的图式表达

2. 测试精度的保证

前面所述有关测试误差的分析属于经典误差理论中的内容，都必须对同一量进行反复多次测试。然而对于任何一项工程测试包括汽车测试而言，对同一量进行 15~20 次的测试显然是不现实的。那么，不采用经典误差理论所提供的减小测试误差的方法，如何能保证工程测试所要求的测试精度呢？其方法就是科学、合理地选用试验仪器设备，即：在确保测试精度要求的前提下，避免片面追求高精度。欲做到这一点，在选用仪器设备时应遵循以下 2 个原则：

（1）高一个精度等级选用仪器设备的原则　　首先充分了解测试精度要求，选用比测试精度要求高一个精度等级的仪器设备，无须进行多次反复测试就可以较好地满足测试精度的要求。尽管仪器设备的精度等级越高，测试结果的精度亦越高、误差越小，但所选用仪器设备的精度等级越高，所需付出的测试成本和时间代价往往会成倍增加。在此需特别指出的是，高一个精度等级选用仪器设备应有一个前提，那就是在测试过程中没有环境及人为因素对测试结果造成影响。若在测试过程中有环境及人为因素的影响，则应将环境及人为因素影响所带来的误差抛开后，再按此原则选用测试用仪器设备。汽车道路性能试验，驾驶人操作上的偏差、环境温度、湿度、风力、风向、大气压力和道路状况等都会对测试结果构成影响。在进行试验时，一方面要对试验条件（环境、道路）及试验操作作出严格的界定；另一方面还要将在设定的试验条件下可能产生的因试验条件和驾驶操作所带来的最大误差抛开后，再高一个精度等级选用试验仪器设备。

（2）试验仪器设备量程选用的 2/3 原则

由仪器设备精度等级的相关概念可知，同一精度等级的仪器设备，量程越大，测试可能产生的绝对误差越大；反之，量程越小，测试可能产生的绝对误差越小。为了避免因量程选用不合理带来较大的测试误差和被测量超出仪器设备的量程范围，在选用仪器设备之前，应对被测量的最大值进行预估，其预估的最大值应约为仪器设备量程的 2/3。

第七节　试验数据的回归分析

为了便于用数学方法研究汽车试验中各被测量之间的规律，在静态测量数据处理中，寻求用简便的经验公式表达各变量之间的关系显得尤为重要。根据最小二乘法原理确定经验公式的数理统计方法称为回归分析。处理两个变量之间的关系称为一元回归分析。

一、一元线性回归分析

如果对两个变量 x 和 y 分别进行了 n 次测量，得到 n 对测量值 (x_i, y_i)，$(i = 1, 2, \cdots, n)$ 将其描在直角坐标图上，就得到 n 个坐标点。若各点都分布在一条直线附近，则可用一条直线来代表变量 x 与 y 之间的关系。

$$\hat{y} = a + bx \tag{2-99}$$

式中　$\hat{y}$——回归直线上的理论计算值，即试验结果的估计值；

　　　a, b——线性回归方程的系数。

下面利用一个实例介绍一元线性回归分析的方法和步骤。

例如，某车辆在水平道路上直线行驶，根据不同的距离，测出车辆行驶的时间，对应的数值见表 2-2。取距离 s 为自变量，用 x 表示；时间 t 为因变量，用 y 表示。将表 2-2 中的数据画在坐标图上，如图 2-29 所示。

表 2-2　实测汽车行驶距离与时间的关系

序　号	1	2	3	4	5	6	7	8
距离 x/m	70	90	116	119	127	149	162	213
时间 y/s	3.8	4.2	4.7	4.8	4.9	5.4	5.6	5.7

1. 确定函数的类型

从图 2-29 可以看出，测试结果均落在一条直线附近，于是可以利用一条直线来表达变

量之间的关系，即

$$\hat{y} = a + bx \qquad (2\text{-}100)$$

式中 $\hat{y}$——试验结果的估计值；
x——实测的车辆行驶距离；
a, b——线性回归方程的系数。

2. 确定函数中的各系数

计算实测值 y_i 与用回归直线式（2-100）算出的 $\hat{y}_i$ 值的差值 $y_i - \hat{y}_i$，该差值越小，说明回归直线越接近理想直线。回归分析的原则是找出一条直线使其与实测数据之间的误差比任何其他直线与实测数据之间的误差都小。由于差值 $y_i - \hat{y}_i$ 有正有负，因此若该差值的二次方和最小，则拟合出的直线符合前述回归分析的原则，这就是最小二乘法的基本思想。记为

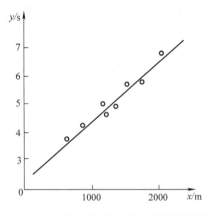

图 2-29 某车行驶时间-距离的关系曲线

$$Q = \sum_{i=1}^{n} (y_i - \hat{y}_i)^2 = \sum_{i=1}^{n} (y_i - a - bx_i) = \min \qquad (2\text{-}101)$$

将 Q 分别对 a、b 求偏导数并令其等于 0，便得到如下方程组

$$\begin{cases} \dfrac{\partial Q}{\partial a} = -2\sum_{i=1}^{n}(y_i - a - bx_i) = 0 \\ \dfrac{\partial Q}{\partial b} = -2\sum_{i=1}^{n}(y_i - a - bx_i) = 0 \end{cases}$$

即

$$\begin{cases} na + \left(\sum_{i=1}^{n} x_i\right)b = \sum_{i=1}^{n} y_i \\ \left(\sum_{i=1}^{n} x_i\right)a + \left(\sum_{i=1}^{n} x_i^2\right)b = \sum_{i=1}^{n} x_i y_i \end{cases}$$

解之得

$$a = \frac{\sum x_i^2 \sum y_i - \sum x_i \sum x_i y_i}{n\sum x_i^2 - (\sum x_i)^2} \qquad (2\text{-}102)$$

$$b = \frac{n\sum x_i \sum y_i - \sum x_i y_i}{n\sum x_i^2 - (\sum x_i)^2} \qquad (2\text{-}103)$$

或

$$a = \overline{y} - b\overline{x} \qquad (2\text{-}104)$$

$$b = \frac{\sum (x_i - \overline{x})(y_i - \overline{y})}{\sum (x_i - \overline{x})^2} \qquad (2\text{-}105)$$

式中 $\overline{x} = \dfrac{1}{n}\sum_{i=1}^{n} x_i$；$\overline{y} = \dfrac{1}{n}\sum_{i=1}^{n} y_i$。

用式（2-102）、式（2-103）或式（2-104）、式（2-105）求出 a、b，即可得到回归方程

$$y = a + bx \qquad (2\text{-}106)$$

3. 回归方程的检验

尽管最小二乘法反映的是误差最小原则,但所求得的经验公式的精度并非一定可以满足要求。因为,由前面的分析过程不难看出,前面计算中的误差最小只是测试结果与我们所选定曲线类型之间的误差最小,或许实测结果的规律原本就与选定曲线的类型不符。为此需对曲线拟合的精度进行检验。关于精度检验,人们提出过多种方法,在此仅介绍一种在工程上最常用的方法,即相对误差法。

精度就是相对误差的大小。若能将经验公式的检测结果与实测值之间的相对误差控制在要求的范围内,显然符合工程上的要求,即

$$\frac{(y_i - \hat{y}_i)_{\max}}{y_i} \leqslant [v] \tag{2-107}$$

式中 $[v]$——允许的相对误差。

二、一元非线性回归

1. 确定经验公式类型

如果两个变量之间存在非线性关系,例如对数函数关系、指数函数关系和双曲线关系等,那么可以通过适当的变量变换将非线性关系转化为线性关系,然后利用前面介绍的线性回归方法进行回归处理。最后将求出的线性关系还原为非线性关系,便可得到所要求的拟合曲线。将测试结果描在坐标图上,并用光滑曲线将其连起来。将试验曲线与典型曲线(图2-30 中列出了一些)进行比较,选取与试验曲线最接近的曲线方程作为经验公式的类型。

2. 将曲线进行直线化变换

如:

1) 双曲线方程 $\frac{1}{y} = a + \frac{b}{x}$

令

$$y' = \frac{1}{y}, x' = \frac{1}{x}$$

则 $\frac{1}{y} = a + \frac{b}{x}$ 变为 $y' = a + bx'$

2) 对数曲线 $y = a + b\lg x$

令

$$x' = \lg x$$

则 对数曲线 $y = a + b\lg x$ 变为 $y = a + bx'$

3) 指数曲线 $y = ce^{bx}$

对上式两边取对数得:$\ln y = \ln c + bx$

令

$$y' = \ln y, c' = \ln c$$

则指数曲线 $y = ce^{bx}$ 变为 $y' = c' + bx$

3. 进行一元线性回归

用前面所介绍的一元线性回归分析方法进行回归处理。

4. 检验其曲线拟合的精度

若曲线拟合的精度达不到所需精度的要求,则应重新选择曲线类型进行拟合,直至满足精度要求为止。

5. 将直线方程变回原曲线方程

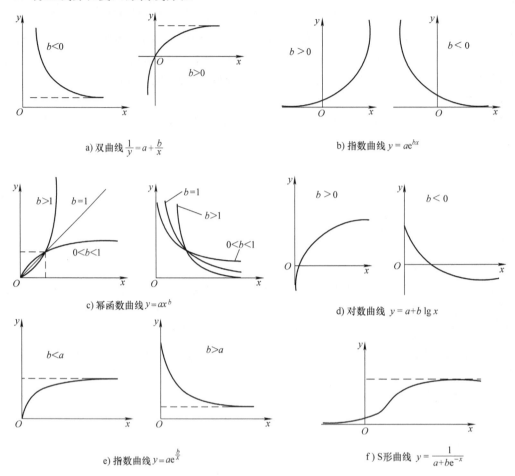

图 2-30 几种常见的典型曲线

三、多项式回归

前面所述的典型曲线往往是有限的，当试验结果与任何一条典型曲线都不相符时，就要寻找新的曲线，显然那就是多项式

$$y = a_0 + a_1 x + a_2 x^2 + \cdots + a_n x^n \tag{2-108}$$

1. 多项式幂次数的确定

关于多项式幂次数的确定，前人提出过多种不同的方法，无论是哪种方法，都存在计算过程非常复杂的缺点。在此介绍一种简单易行的试凑法，先在 3~5 的范围内初选一个 n。

2. 确定多项式系数

同样用最小二乘法，即

$$Q_y = \sum_{i=1}^{n} (y_i - \hat{y}_i)^2 = \sum_{i=1}^{n} [y_i - (a_0 + a_1 x_i + a_2 x_i^2 + \cdots + a_n x_i^n)]^2 = \min \tag{2-109}$$

令 $\dfrac{\partial Q_y}{\partial a_0} = 0$, $\dfrac{\partial Q_y}{\partial b} = 0$, $\cdots$, $\dfrac{\partial Q_y}{\partial a_n} = 0$，解此方程组即可求出 $a_0, a_1, a_2 \cdots, a_n$。

3. 经验公式精度的检验

多项式回归拟合精度的检验方法与一元线性回归相同。若检验发现回归精度不符合要求，则将 n 加 1 再重复上述的回归过程，直至达到回归精度的要求。

四、多元回归分析

1. 多元线性回归

对一组样本 $(x_{1i}, x_{2i}, \cdots, x_{mi}; y_i)$，设 $x_{1i}, x_{2i}, \cdots, x_{mi}$ 与 y_i 线性相关，即

$$y_i = b_0 + b_1 x_{1i} + \cdots + b_m x_{mi} + \varepsilon_i \ (i = 1, 2, \cdots, n, n > m + 1) \tag{2-110}$$

式中 b_0、b_1 ——待求的估计值；

ε_i —— n 个相互独立的等精度正态偶然误差，其矩阵表达式为

$$\boldsymbol{y} = \boldsymbol{XB} + \boldsymbol{E} \tag{2-111}$$

式中 $\boldsymbol{y} = \begin{pmatrix} y_1 \\ y_2 \\ \vdots \\ y_n \end{pmatrix}$ $\boldsymbol{X} = \begin{pmatrix} 1 & x_{11} & \cdots & x_{m1} \\ 1 & x_{12} & \cdots & x_{m2} \\ & & & \\ 1 & x_{1n} & \cdots & x_{mn} \end{pmatrix}$ $\boldsymbol{B} = \begin{pmatrix} b_1 \\ b_2 \\ \vdots \\ b_n \end{pmatrix}$ $\boldsymbol{E} = \begin{pmatrix} \varepsilon_1 \\ \varepsilon_2 \\ \vdots \\ \varepsilon_n \end{pmatrix}$

依据最小二乘原理，

$$\boldsymbol{Q} = \boldsymbol{E}^\mathrm{T} \boldsymbol{E}$$

可得关于 B 的正则方程组

$$(\boldsymbol{X}^\mathrm{T} \boldsymbol{X}) \boldsymbol{B} = \boldsymbol{X}^\mathrm{T} \boldsymbol{Y} \tag{2-112}$$

解之得

$$\boldsymbol{B} = (\boldsymbol{X}^\mathrm{T} \boldsymbol{X})^{-1} \boldsymbol{X}^\mathrm{T} \boldsymbol{Y} \tag{2-113}$$

多元线性回归方程为

$$\hat{y} = b_0 + b_1 x_1 + \cdots + b_m x_m \tag{2-114}$$

2. 线性回归效果检验

构造统计量

$$F = \frac{Q_2/m}{Q_1/n - m - 1} \tag{2-115}$$

查 F 分布表得到 $F_a(m, n - m - 1)$，两者相比较，判断回归效果是否显著，其中，

$$Q_1 = \sum (y_i - \hat{y}_i)^2$$
$$Q_2 = \sum (\hat{y}_i - \overline{y})^2$$
$$Q = \sum (y_i - \overline{y})^2 = Q_1 + Q_2$$

3. 逐步回归分析

多元回归需要评估各变量作用的大小。逐步回归分析的基本思想是按照变量 $x_1, x_2, \cdots, x_m$ 对 y 作用的大小，逐个引入回归方程。当新变量的引入变得不显著时，则随时从方程中剔除，直到既不能引入又不能剔除其他变量时为止，从而得到最优的回归方程。在具体实施过程中，主要是求解正则方程组，对每个过渡回归方程用偏回归平方、方差分析和 F 显著性检验。

第三章 汽车试验系统中常用的典型传感器

汽车试验的最终目的是要获得与被测量一致的试验结果，试验结果的获取主要有 2 种方式：一是将被测量或与被测量有确定函数关系的其他量与标准量或事先经标准量校正过的校准量进行比对；二是利用一套复杂的测试系统来完成，此方式的第一环节就是利用传感器感知被测量的大小和变化。

传感器是一种将被测量（包括物理量、化学量和生物量等）转换为易于处理量的装置，其功用是：1) 感知被测量的变化，即敏感作用；2) 将非电量转换为便于传输、调理、处理和显示的量，即转换作用。

由于被测量的范围很广，且种类繁多，因此传感器的种类和规格亦十分繁杂。为了便于认识和了解传感器，需要对其进行适当的分类。

传感器的分类方法很多，在此仅介绍 2 种最常用的分类方法：

1. 按工作原理分类

传感器按其工作原理的不同，可分为发电式传感器和电参量式传感器两大类。

1) 发电式传感器是将非电量转化为电动势的传感器，如测速发电机、磁感式传感器、光电式传感器等。传感器就是一个电源（产生电动势），因此不需外加电源。

2) 电参量式传感器将被测量转换为电参量（如电阻、电容、电感等）的变化，如电阻（热敏电阻、压敏电阻、滑变电阻等）式传感器、电容式传感器（电容式加速度传感器、容栅式传感器）、电感式传感器（电感式传声器、电感式位移传感器）等。

2. 按被测物理量分类

按被测物理量的不同，传感器可分为很多类，汽车行业所用的传感器主要有：温度传感器、压力传感器、转矩传感器、速度/转速传感器、倾角传感器、气体传感器等。

第一节　电阻式传感器

电阻式传感器的种类很多，汽车试验领域所用的电阻式传感器主要有：热敏电阻式传感器、电阻应变片式传感器、压敏电阻式传感器、滑变电阻式传感器、光敏电阻式传感器等。

一、热敏电阻式传感器

热敏电阻式传感器在汽车工程领域应用十分广泛，主要用来测量温度（汽车上各部位温度的测量几乎都用这种传感器），其原因是：热敏电阻式传感器具有结构简单、工作可靠、制造成本低、测量精度高等诸多优点。

热敏电阻式温度传感器是利用某些金属氧化物或单晶锗、单晶硅等材料的电阻值随温度的变化而变化的特性工作的。制造热敏电阻的材料不同，热敏电阻随温度变化的规律亦不同，据此，热敏电阻式温度传感器可分为三种类型：

1）正温度系数型（PTC）：电阻值 R 随温度 T 的上升而上升。
2）负温度系数型（NTC）：电阻值 R 随温度 T 的上升而下降。
3）临界温度型（CTR）：在某一特定温度，电阻值 R 发生突变。

无论哪一种热敏电阻，其特性均为非线性，如图 3-1 所示。汽车上各部位（如发动机温度、进气温度、空调出风的温度）的温度测量几乎都采用负温度系数型热敏电阻式温度传感器。图 3-2 是汽车发动机进气温度传感器和冷却液温度传感器，主要由热敏电阻、引线和外壳组成。

负温度系数型热敏电阻式温度传感器的电阻值与温度的关系为

$$R = Ae^{B/T} \quad (3-1)$$

式中　R——热敏电阻的电阻值；
　　　A、B——与热敏电阻材料和制造工艺有关的常数；
　　　T——被测温度。

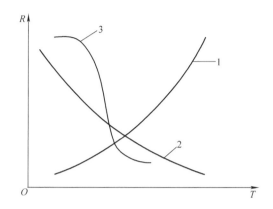

图 3-1　热敏电阻特性曲线
1—正温度系数型（PTC）　2—负温度系数型（NTC）
3—临界温度型（CTR）

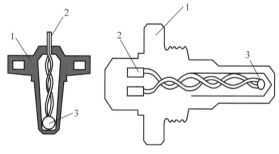

a）进气温度传感器　　b）冷却液温度传感器　　c）车用热敏电阻式温度传感器的外形

图 3-2　热敏电阻温度传感器
1—外壳　2—引线　3—热敏电阻

二、压敏电阻式传感器

有些半导体材料在受到压力作用后，其电阻率会发生变化，这一现象称为压阻效应。利用压阻效应制造出的敏感元件称为压敏电阻式传感器。

压敏电阻式传感器主要是结晶硅和锗经掺杂后形成的 P 型和 N 型半导体器件。由于半导体是各向异性的材料，因此它的压阻系数不仅与掺杂浓度、工作温度和材料的类型有关，还与晶轴方向有关。当单晶半导体材料沿某一轴向受外力作用时，原子点阵排列规律随之发生变化，进而导致载流子迁移率和载流子浓度发生变化，从而引起电阻率 ρ 的变化，即

$$\frac{dR}{R} = \frac{d\rho}{\rho} = K_1 E\varepsilon \quad (3-2)$$

式中　K_1——半导体的压阻系数；
　　　E——半导体材料的弹性模量，晶向不同时，其值亦不同，晶向指数为［１１０］时，$E = 1.67 \times 10^{11} \text{N/m}^2$；
　　　ε——材料的应变系数。

式（3-2）是压敏电阻的原理式。若从专门处理的单晶硅或锗上沿一定晶轴方向切割一小块晶片，便可制造出 P 型和 N 型压敏电阻。P 型压敏电阻在受压后电阻值会增加；而 N 型压敏电阻在受压后电阻值会减小。

压敏电阻常用来制造压力传感器，即压敏电阻式压力传感器，又称为扩散硅压力传感器，如图 3-3 所示。其核心件是一块沿某晶向切割的 N 型硅膜片，在膜片上利用集成电路工艺扩散出 4 个阻值相同的 P 型电阻，4 个电阻的分布如图 3-3b 所示。N 型硅膜片在压力 P 的作用下，膜片周围上的切向应变为零，径向应变 ε_r 为负的最大应变；在膜片的中心处，切向应变 ε_t 和径向应变 ε_r 相等，且均达到正的最大值。将 N 型硅膜片上的 4 个 P 型电阻连成差动电桥。膜片的四周用圆形硅环固定，如此便形成上、下两腔，上腔为高压腔，下腔为低压腔。若用此传感器测量流体的压力，则将上腔与被测系统相连，下腔通大气；若将此传感器用来测量系统的真空度，如测量汽车发动机进气压力，则将传感器的下腔与发动机进气管相连，上腔通大气。

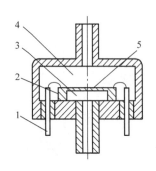 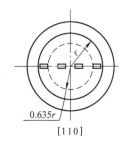 

a) 压敏电阻式压力传感器的原理图　　b) P 型电阻的分布　　c) 压敏电阻式传感器的结构

图 3-3　压敏电阻式压力传感器
1—引线　2—硅环　3—高压腔　4—低压腔　5—硅膜片

压敏电阻式压力传感器的突出特点是，敏感元件与弹性元件制成一体，因此它的体积可以做得很小，最小的压敏电阻式压力传感器外形尺寸只有 2mm 左右。此外，压敏电阻式压力传感器固有频率很高，其值为

$$f_n = \frac{2.56h}{\pi r_0^2} \sqrt{\frac{E}{3(1-\mu^2)\rho}} \tag{3-3}$$

式中　f_n——固有频率；
　　　h——膜片厚度；
　　　r_0——膜片半径；
　　　E——膜片的弹性模量；
　　　μ——膜片材料的泊松比；
　　　ρ——膜片材料的电阻率。

由第二章对测试系统动态特性的分析可知,固有频率高的测试系统,其通频带就宽。因此,压敏电阻式压力传感器可以测量频繁变化的流体压力,包括脉动的压力。正因为如此,压敏电阻式压力传感器不仅在工程领域得到了广泛的应用(如用其测量汽车发动机进气压力),还大量用于微机械和生物医学领域。

三、滑变电阻式传感器

滑变电阻式传感器又称电位计式传感器,其工作原理是通过滑动触点改变电阻丝的长度来改变电阻值的大小,进而将电阻值的变化转变为电压或电流的变化。

滑变电阻式传感器主要用于位置、位移的测量,图 3-4a 所示用于直线位移或位置的测量,称为线位移型滑变电阻式传感器;图 3-4b 所示用于角位移的测量,称为角位移型滑变电阻式传感器。图中滑变电阻的活动触点 C 的滑动量分别为 x(线位移型)和 α(角位移型)。固定触点 A 和活动触点 C 之间的电阻值分别为

$$R_1 = K_\tau X \tag{3-4}$$

$$R_\alpha = K_w \alpha \tag{3-5}$$

式中　R_1、R_α——线位移型和角位移型滑变电阻式传感器的输出电阻;

　　　K_τ、K_w——单位长度、单位弧度的电阻值;

　　　X、α——线位移和角位移。

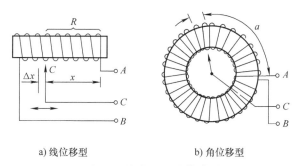

a) 线位移型　　　　b) 角位移型

图 3-4　滑变电阻式传感器

滑变电阻式传感器的输出(电阻)与输入(位移)呈线性关系。传感器的灵敏度 E 就是该直线的斜率,即

$$E_1 = \frac{dR_1}{dX} = K_\tau \tag{3-6}$$

$$E_\alpha = \frac{dR_\alpha}{d\alpha} = K_w \tag{3-7}$$

分辨率是滑变电阻式传感器的一个重要指标,为了获得高的分辨率,常采用绕线式结构,如图 3-4 所示。但绕线滑变电阻式传感器存在以下 2 个缺点:1)电阻的变化是台阶状(当滑动触点从一圈导线移至下一圈时,电阻值不是连续变化,而是呈现出一个一个的台阶);2)呈现出电感式阻抗。为克服这两大缺点,现在常用碳膜或导电塑料制作滑变电阻式传感器。

滑变电阻式传感器的优点是结构简单、性能稳定、使用方便,在汽车领域应用很广泛。汽车发动机的节气门位置传感器、汽车燃油箱中的油量传感器、汽车侧滑试验台上的线位移

传感器大多采用滑变电阻式传感器。

四、电阻应变式片式传感器

金属丝的电阻值 R 与金属丝的长度、截面积及电阻率的关系如下：

$$R = \rho \frac{L}{A} \tag{3-8}$$

式中　　R ——电阻值（Ω）；

　　　　ρ ——电阻率（$\Omega \cdot mm^2/m$）；

　　　　L ——金属丝的长度（m）；

　　　　A ——金属丝的截面积（mm^2）。

当金属丝受到拉伸或压缩时，由于金属丝的长度 L 和截面积 A 要发生变化，因此电阻值 R 亦会发生变化。为了了解其变化规律，下面对式（3-8）进行微分，得

$$dR = \frac{A(\rho dL + L d\rho) - \rho L dA}{A^2} \tag{3-9}$$

设金属丝横截面的半径为 r，则截面积 $A = \pi r^2$，将其代入式（3-9）并整理，得

$$\frac{dR}{R} = \frac{dL}{L} + \frac{d\rho}{\rho} - \frac{2dr}{r} \tag{3-10}$$

式中　　$\dfrac{dL}{L}$ ——单位纵向应变，常用 ε 表示；

　　　　$\dfrac{dr}{r}$ ——金属丝的径向相对变化率，又称横向应变，当金属丝沿轴向伸长时，径向必然会相对地缩小，其二者的关系为

$$\frac{dr}{r} = -\gamma \frac{dL}{L} \tag{3-11}$$

式中　　γ ——金属丝的泊松比；

　　　　$\dfrac{d\rho}{\rho}$ ——金属丝电阻率的相对变化率，其大小与纵向所受的应力 σ 有关。

$$\frac{d\rho}{\rho} = K_1 \sigma = K_1 E \varepsilon \tag{3-12}$$

式中　　K_1 ——纵向压阻系数；

　　　　E ——材料的弹性模量。

将式（3-11）和式（3-12）代入式（3-10），并整理得

$$\frac{dR}{R} = (1 + 2\gamma + K_1 E)\varepsilon \tag{3-13}$$

金属丝受拉力或压力作用时，其电阻的变化率 $\dfrac{dR}{R}$ 与纵向应变、横向应变及电阻率的变化率（纵向压阻系数 K_1）有关。对于一般的金属材料而言，电阻率的变化率很小，即纵向压阻系数 K_1 很小，可忽略不计。因此，式（3-13）就变为

$$\frac{dR}{R} = (1 + 2\gamma)\varepsilon \tag{3-14}$$

金属丝的电阻变化率 $\dfrac{dR}{R}$ 与纵向应变 ε 成正比，这就是金属丝的应变效应，利用应变效

应制成的传感器称为电阻应变片式传感器。式（3-14）中的（1 + 2γ）即电阻应变片式传感器的灵敏度，用 E_R 表示。

1. 电阻应变片式传感器的结构

电阻应变片式传感器由电阻应变片和弹性元件组成，如图 3-5 所示。

（1）电阻应变片　电阻应变片有金属丝式和金属箔式两种，如图 3-6 所示，二者的唯一区别是敏感栅的材料和制造方法不同，它们都是由基底、敏感栅、盖片和引线等部分组成。图中 l 为栅长，又称格距，一般 $l = 2 \sim 3mm$；a 为栅宽，通常 $a \leq 10mm$。

金属丝式应变片敏感栅的金属丝受到轴向应力作用时，金属丝的轴向变形会带来敏感栅两端圆角曲率的变化，这种变化使金属丝的轴向变形减小，由此会带来应变片灵敏度的降低，这种现象称为应变片的横向效应。栅长小的应变片横向效应严重，粘贴和定位比较困难，所以常选用栅长大的应变片。栅长小的应变片主要用于应变变化梯度大、频率高、粘贴面受限的场合。

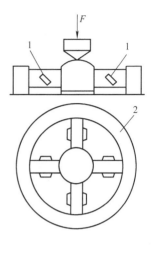

图 3-5　电阻应变片式传感器
1—电阻应变片　2—弹性元件

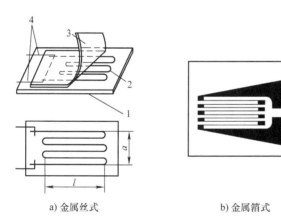

a) 金属丝式　　　　b) 金属箔式

图 3-6　电阻应变片的构造
1—基底　2—敏感栅　3—盖片　4—引线

金属丝式应变片，其敏感栅常用直径为 $20 \sim 30\mu m$ 的康铜或镍铬合金曲折地绕成栅状后贴在浸渍过绝缘材料的纸或合成有机聚合物的基底上。金属丝式应变片的最大缺点是横向效应比较明显。为了克服这一不足并简化应变片的制造工艺，金属箔式应变片已呈现出全面取代金属丝式应变片的趋势。

金属箔式应变片的敏感栅通常是用光刻法在厚度仅为 $1 \sim 10\mu m$ 的金属箔片上刻制而成。如此，不仅可制造出可满足各种不同测试要求、形状复杂的应变片（图 3-7），而且刻制出的线条均匀、尺寸精度高、适合大批量制造的应变片。

（2）弹性元件　弹性元件是将被测量转换为应变的器件，它是电阻应变片式传感器不可或缺的重要组成部分。弹性元件应按被测量的性质及大小进行设计，以便将被测量转换为

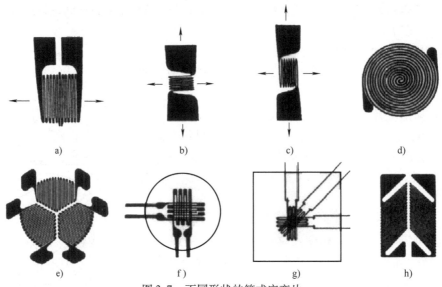

图 3-7 不同形状的箔式应变片

适合于应变片测量的应变范围,即电阻应变片式传感器的灵敏度和量程由弹性元件决定。图 3-8 是各种不同类型弹性元件的结构简图。欲使电阻应变片式传感器获得良好的使用性能,必须精心地设计弹性元件。

2. 电阻应变片式传感器的应用

电阻应变片式传感器的应用十分广泛,除大量用于各种结构件的应力、应变测量外,在工程测试的各个领域均有应用。下面简要介绍一下电阻应变片式传感器在汽车试验中的应用。

(1) 拉、压力的测量 汽车轴荷仪是电阻应变片式传感器测拉、压力的一种典型应用。汽车轴荷仪的结构多种多样,图 3-8 中右下角的图例和图 3-5 所示是两种较典型的结构。前者用于测量中/大型车辆,后者用于测量小型车辆。

(2) 转矩测量 利用电阻应变片式传感器测量转矩有扭力型和压力型两种不同的结构方案,如图 3-9 和图 3-10 所示。

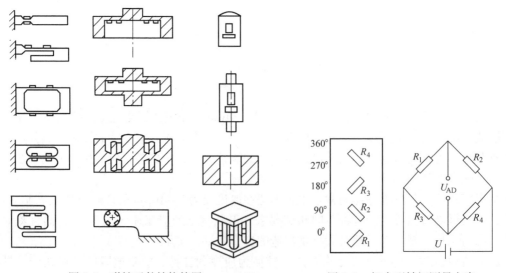

图 3-8 弹性元件结构简图　　　　图 3-9 扭力型转矩测量方案

方案一：在传动轴（弹性元件）的圆周上沿主应力方向（应变片长度方向与转轴轴线方向的夹角均为 45°）均布 4 个应变片，并将其联接成电桥（图3-9），测出转轴表面的最大应力便可计算出转矩的大小（因为转轴的弹性模量、截面形状和尺寸已知）。

方案二：通过一个力臂将转矩的测量转换为力的测量（图3-10）。电阻应变片式压力传感器 3 测得的压力 F 乘以测力臂 2 的长度 L 即为所要测量的转矩

$$M = LF \tag{3-15}$$

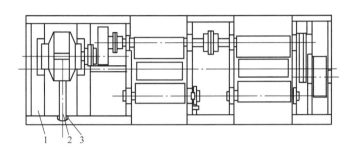

图 3-10　压力型转矩测量方案
1—支架　2—测力臂　3—压力传感器

（3）流体压力的测量　图 3-11 是一种膜片式压力传感器的结构简图。弹性元件是一种周边固定的圆形金属膜片，在压力 P 的作用下，膜片周围上的切向应变 ε_t 为零，径向应变 ε_r 为负的最大应变；在膜片的中心处，切向应变 ε_t 和径向应变 ε_r 相等，且均达到正的最大值。据此，将 4 个应变片按图 3-11c 所示的方法粘贴，并将其接成差动电桥，便可测量流体的压力。

除上述几例外，电阻应变片式传感器还可用来测量汽车制动时的减速度、轮胎气压和汽车制动力的大小（反力式制动试验台）等。

3. 应变片的温度特性

热胀冷缩是金属材料的特性。由此可见，温度的变化会导致电阻应变片敏感栅长度和直径的变化，进而引起电阻值的变化。由于在测试过程中，应变引起的电阻值变化一般都很小，因此温度的变化所引起的电阻值变化所占的比重相当大。温度的影响还表现在另一个方面，即敏感栅与基底材料线胀系数的差异也会带来附加应变。

（1）温度对敏感栅电阻值的影响　设测试过程中被测试件的温度变化为 ΔT，则由此所引起敏感栅电阻值的变化 ΔR_T 为

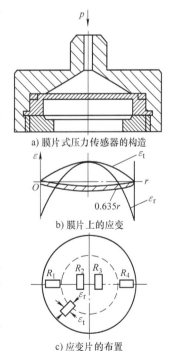

图 3-11　膜片式压力传感器

$$\Delta R_T = R \gamma_t \Delta T \tag{3-16}$$

式中 ΔR_T——温度变化引起敏感栅电阻值的变化;
R——应变片电阻;
γ_t——应变片的电阻温度系数;
ΔT——测试过程中被测试件的温度变化值。

电阻值的变化 ΔR_T 折算成相应的应变值为

$$\varepsilon_t = \frac{\Delta R_T}{R} \frac{1}{E_R} = \frac{\gamma_t \Delta T}{E_R} \tag{3-17}$$

式中 E_R——应变片的灵敏度。

(2) 敏感栅与基底线胀差异引起的附加应变

$$\varepsilon_s = (\alpha_g - \alpha_s)\Delta T \tag{3-18}$$

式中 ε_s——线胀差异引起的附加应变;
α_g——敏感栅的线胀系数;
α_s——基底材料的线胀系数。

温度引起的总的应变 ε_z 为

$$\varepsilon_z = \varepsilon_t + \varepsilon_s = \frac{\gamma_t \Delta T}{E_R} + (\alpha_g - \alpha_s)\Delta T \tag{3-19}$$

欲消除温度的影响,常用的方法是进行补偿。关于测试结果的补偿,后面有专门的章节进行讨论。在前面的应用实例中,将电阻应变片进行桥接就是一种有效的补偿方法。

第二节 电容式传感器

电容式传感器事实上就是一个可变电容。若忽略电容器的边缘效应,则平行极板电容器的电容量为

$$C = \frac{\varepsilon_r \varepsilon_0 A}{d} \tag{3-20}$$

式中 C——电容量(F);
A——极板的有效面积(m^2);
ε_0——真空介电常数,$\varepsilon_0 = 8.85 \times 10^{-12}$ F/m;
ε_r——极板间介质的介电常数,当介质为空气时,$\varepsilon_r = 1$;
d——两极板间的距离(m)。

由上式可知,改变电容器的 A、d 和 ε_r 均可带来电容量 C 的变化,据此便可制作出三种不同类型的电容式传感器,即:变极板有效面积型、变极板间距型和变介电常数型,分别简称为 A 型电容式传感器、d 型电容式传感器和 ε_r 型电容式传感器。

一、A 型电容式传感器

图 3-12 是 3 种不同形式的 A 型电容式传感器,即平板平移式、圆柱平移式和旋转式电容传感器。

1. 平板平移式电容传感器

当活动极板沿 x 方向移动 Δx 时(图 3-12a),电容器极板有效面积的变化量为:

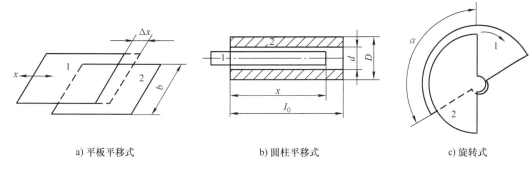

a) 平板平移式　　b) 圆柱平移式　　c) 旋转式

图 3-12　A 型电容式传感器
1—活动极板　2—固定极板

$$\Delta A = b\Delta x \tag{3-21}$$

由此带来电容量的变化为

$$\Delta C = \frac{\varepsilon_0 \varepsilon_r b}{d} \Delta x = E_c \Delta x \tag{3-22}$$

式中　E_c——传感器的灵敏度，$E_c = \frac{\varepsilon_0 \varepsilon_r b}{d}$。对于某一具体的电容式传感器，$d$、$\varepsilon_r$ 和 b 均为定值，即 E_c 为常数。由此可见，该电容式传感器的输出与输入呈线性关系。

2. 圆柱平移式电容传感器

当沿电容器的轴线方向移动圆柱平移式电容传感器的活动极板时（图 3-12b），利用高斯积分，可得到该电容器的电容量

$$C = \frac{2\pi\varepsilon_0 \varepsilon_r x}{\ln(D/d)} \tag{3-23}$$

式中　D——固定极板的内径；
　　　d——活动极板的外径。

若活动极板的轴向移动量为 Δx，电容的变化量

$$\Delta C = \frac{2\pi\varepsilon_0 \varepsilon_r}{\ln(D/d)} \Delta x = E_c \Delta x \tag{3-24}$$

式中　E_c——传感器的灵敏度，$E_c = \frac{2\pi\varepsilon_0 \varepsilon_r}{\ln(D/d)}$。

由于 ε_0、ε_r 及 D、d 均为不变的量，因此，此种传感器也具有线性特性。

3. 旋转式电容传感器

图 10-12c 给出的是一种旋转式电容传感器，当活动极板 1 旋转 $\Delta\alpha$ 角度时，电容量的变化量

$$\Delta C = \frac{\varepsilon_0 \varepsilon_r r^2}{2d} \Delta\alpha = E_c \Delta\alpha \tag{3-25}$$

式中　E_c——传感器的灵敏度，$E_c = \frac{\varepsilon_0 \varepsilon_r r^2}{2d}$，该传感器具有线性特性。

二、d 型电容式传感器

图 3-13a 是一平板电容器的示意图，若电容器极板间的电介质（即 ε_r 不变）及电容极

板的有效面积不变,则该电容器的电容量

$$C = \frac{\varepsilon_0 \varepsilon_r A}{d} = K\frac{1}{d} \tag{3-26}$$

由式（3-26）可知,当电容器极板间距 d 变化时,电容量随 d 的变化规律是一曲线,如图 3-13b 所示。

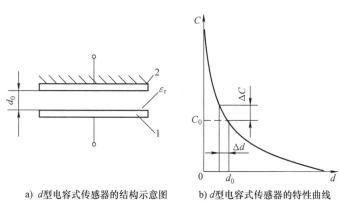

a) d 型电容式传感器的结构示意图　　b) d 型电容式传感器的特性曲线

图 3-13　d 型电容式传感器

1—活动极板　2—固定极板

设电容器初始状态两极板的间距为 d_0,对应的电容量

$$C_0 = \frac{\varepsilon_0 \varepsilon_r A}{d_0}$$

当活动极板 1 向固定极板 2 的方向平移 Δd 的距离时,该电容器的电容量将增加为 ΔC,即

$$C_0 + \Delta C = \frac{\varepsilon_0 \varepsilon_r A}{d_0 - \Delta d} \tag{3-27}$$

将式（3-27）等式右边的分子和分母同乘以 $d_0 + \Delta d$ 得

$$C_0 + \Delta C = \frac{\varepsilon_0 \varepsilon_r A (d_0 + \Delta d)}{d_0^2 - \Delta d^2}$$

$$\Delta C = \frac{\varepsilon_0 \varepsilon_r A}{d_0^2 - \Delta d^2} \Delta d \tag{3-28}$$

当 Δd 很小时,$d_0^2 - \Delta d^2 \approx d_0^2$,则上式变为

$$\Delta C = \frac{\varepsilon_0 \varepsilon_r A}{d_0^2} \Delta d \tag{3-29}$$

其灵敏度

$$E_c = \frac{\varepsilon_0 \varepsilon_r A}{d_0^2} \tag{3-30}$$

式（3-30）表明,当 Δd 很小时,d 型电容式传感器的灵敏度与极板间距的二次方成反比,即极板间距越小,灵敏度越高。但当灵敏度提高时,非线性误差亦随之增大。此外,若增加 d_0 时,灵敏度 E_c 迅速减小,这表明此传感器的测量范围非常有限。

三、ε_r 型电容式传感器

图 3-14 是两种不同形式的 ε_r 型电容式传感器，分别称为 ε_r 型电容式液位传感器和 ε_r 型电容式位移传感器。

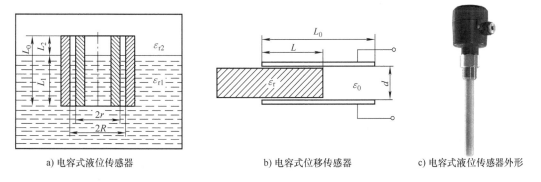

a) 电容式液位传感器　　　　b) 电容式位移传感器　　　　c) 电容式液位传感器外形

图 3-14　ε_r 型电容式传感器

1. ε_r 型电容式液位传感器

设图 3-14a 中传感器两圆筒形极板的长度为 L_0，内极板的外径为 $2r$、外极板的内径为 $2R$，极板间的液体介质为非导电液体，其介电常数为 ε_{r1}，极板间未被液体浸泡的部分是空气，其介电常数 $\varepsilon_{r2}=1$，极板被液体介质浸泡的深度为 L_1，此时该电容式传感器的输出电容

$$C = \frac{2\pi L_1 \varepsilon_0 \varepsilon_{r1}}{\ln\dfrac{R}{r}} + \frac{2\pi(L_0 - L_1)\varepsilon_0}{\ln\dfrac{R}{r}} = \frac{2\pi L_0 \varepsilon_0}{\ln\dfrac{R}{r}} + \frac{2\pi(\varepsilon_{r1}-1)}{\ln\dfrac{R}{r}}L_1 = C_1 + E_c L_1 \qquad (3\text{-}31)$$

式中　C_1——电容器两极板间为空气介质的电容量，$C_1 = \dfrac{2\pi L_0 \varepsilon_0}{\ln\dfrac{R}{r}}$；

　　　E_c——电容式传感器的灵敏度，$E_c = \dfrac{2\pi(\varepsilon_{r1}-1)}{\ln\dfrac{R}{r}}$。

由式（3-31）可知，此电容式传感器的特性为线性。

2. ε_r 型电容式位移传感器

由图 3-14b 可知，该电容式传感器的电容

$$C = \frac{\varepsilon_0 \varepsilon_r B L}{d} + \frac{\varepsilon_0 B(L_0 - L)}{d} = \frac{\varepsilon_0 B L_0}{d} + \frac{\varepsilon_0 B(\varepsilon_r - 1)}{d}L = C_1 + E_c L \qquad (3\text{-}32)$$

式中　B——电容器极板宽度；

　　　L_0——电容器极板长度；

　　　ε_0——真空介电常数；

　　　ε_r——固体电介质的介电常数；

　　　L——固体电介质进入电容器极板的深度；

　　　d——极板间距；

C_1——电容器极板间为空气介质的电容量，$C_1 = \dfrac{\varepsilon_0 B L_0}{d}$；

E_c——传感器的灵敏度，$E_c = \dfrac{\varepsilon_0 B (\varepsilon_r - 1)}{d}$。

由式（3-32）可知，此电容式传感器的特性为线性。

四、差动电容式传感器

所谓差动电容式传感器就是将两个结构形式和结构参数完全相同的电容式传感器用差动方式将其连接在一起，使之共同完成相关的测试。关于如何实现两个电容式传感器的差动连接，仅需要一个电桥就可以解决，具体方法见第四章中"测试信号的电桥补偿与修正"部分。

由第二章的分析可知，提高测试系统的灵敏度是提高系统测试精度的有效方法之一；此外任何电器元件，当通电时间延长时，必然会引起温升，电器元件的性能会发生变化，进而会产生测试误差。为了提高测试系统的灵敏度、消除温升所产生的误差，常将电容器做成差动式结构，如图 3-15 所示。差动结构的电容式传感器，其输出电容 C_d 正好是相应的单个电容传感器输出电容的两倍，即传感器的灵敏度是相应单个电容传感器的两倍，而且还自动消除了温升所引起的测试误差。

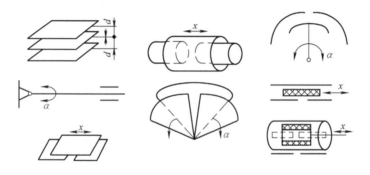

图 3-15 差动机构的电容式传感器

五、容栅式传感器

由前面对 A 型、d 型和 ε_r 型三类电容式传感器的分析不难发现，电容式传感器的量程都非常有限，即只适合测量一些微小变化的量。然而在汽车试验及工程测试中经常会遇到变化范围很大的量。为了能有效解决变化范围较大的一些物理量的测量问题，近些年，在 A 型电容式传感器的基础上发展起来一种容栅式传感器，如图 3-16 所示。容栅式传感器的量程得到了极大的扩展。从理论上讲，它的测量范围可以为任意大小。

容栅式电容传感器仍然由两个平板电容极板组成，与前面所介绍的电容式传感器不同的是，

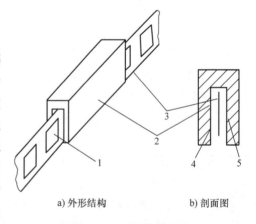

a) 外形结构　　b) 剖面图

图 3-16 容栅式传感器
1—矩形窗口　2—测量装置　3—金属带
4—发射电极　5—接收电极

传感器的一个极板变成了一个较长的栅片，当然，另一个极板既可以是单极板（图3-16），也可以是两块栅片（图3-17）。

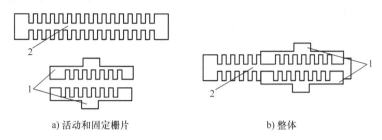

a) 活动和固定栅片　　　　　　　b) 整体

图 3-17　活动极板与固定极板均为栅片的容栅式传感器
1—活动栅片式极板　2—固定栅片式极板

容栅式传感器已发展出多种不同的结构形式，由于它不仅量程大，而且精度很高（可达 $5\mu m$），因此被认为是一种极有发展前途的传感器，在汽车试验领域已开始将其用于位置、位移和长度的测量。数显游标卡尺（图3-18）是容栅式传感器在工程测试领域的一个典型应用。

图 3-18　数显游标卡尺

六、电容式传感器的应用

由于电容式传感器具有体积小、功耗低、精度高、性能稳定和所需驱动力小等特点，因此在汽车及各工程领域被广泛地用来测量位置、位移、压力、振动、噪声和倾角等。下面举两例介绍电容式传感器的应用。

1. 电容式加速度传感器

图3-19是电容式加速度传感器的结构示意图。质量块 4 的上、下两个平面是经磨平抛光的两个活动电极，弹性支撑钢片 3 将其支撑在两固定电极 5 和 1 的中间，如此便构成了一个 d 型差动结构的电容式传感器。当该传感器受到振动加速度的作用时，质量块在惯性力的作用下上、下振动，两个差动联接的电容器 C_1 和 C_2 便向外输出与振动加速度相对应的电容量 C。由于该传感器采用空气作为阻尼介质（气体黏度的温度系数比液体小得多），因此其测试精度较高。只要合理地设计弹性支撑钢片的刚度，便可获得高的通频带宽，因此它可以测量较高频率的振动加速度。

2. 电容式倾角传感器

倾角测量一直是工程测试领域的一个难题，然而，近些年发展起来的电容式倾角传感器

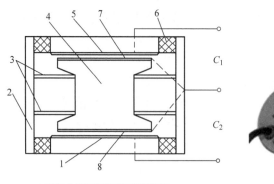

a) 电容式加速度传感器结构原理 b) 电容式加速度传感器外形

图 3-19　电容式加速度传感器
1—下固定极板　2—外壳　3—弹性支撑钢片　4—质量块
5—上固定极板　6—绝缘垫　7、8—上、下活动极板

实现了用一种经济、简单的方法解决一个相对较难的倾角测量问题。图 3-20 是电容式倾角传感器的工作原理简图。电容器的上极板 1 是一金属平板，下极板 3 是一种球形极板（球的一部分），两极板的连接处用绝缘材料隔开并将不导电的特制液体介质密封在两极板所围的空腔中，液体介质并不注满两极板所围的空腔。

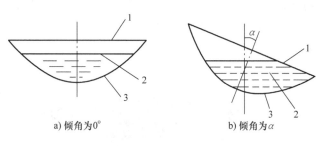

a) 倾角为 0°　　b) 倾角为 α

图 3-20　电容式倾角传感器
1、3—电容器的两个极板　2—不导电的液体介质

图 3-20a 是倾角为 0° 的状态。此时，只有电容器下极板的部分面积被液体介质浸泡，而下极板上部的环形部分和上极板仍处在空气介质中。当传感器随被测试件倾斜任意角度时（图 3-20b），电容器两极板被液体介质浸泡的面积随之改变，介电常数 ε_r 随之发生变化，于是传感器的输出电容 C 随倾角 α 的变化而变化，如此便实现了倾角的测量。

图 3-20 所示的倾角传感器只能测量单一方向的倾角大小，对其略作改造，便可利用电容式倾角传感器测量绕 x 轴和 y 轴两个方向倾斜的倾角 α 和 β，如图 3-21 所示。这种传感器称双轴式倾角传感器。

将图 3-20 所示的传感器按图 3-21 所示的方法将其分成 4 个参数完全相同的电容器 1、2、3、4，并将电容器 1 和 3、2 和 4 分别连成 2 个差动式结构。显然，由电容器 1 和 3 组成的差动式 ε_r 型电容传感器可测量绕 y 轴的倾角 α，由 2 和 4 组成的差动式 ε_r 型电容传感器可测量绕 x 轴的倾角 β。

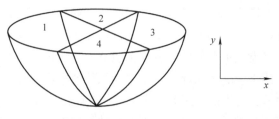

图 3-21　双轴式倾角传感器

这种传感器在各工程领域的应用十分广泛，如航空、航天器的飞行姿态控制、汽车四轮定位参数的测量、高层建筑及桥梁施工的倾斜量测量等。

第三节 电感式传感器

电感式传感器是利用电磁感应原理将被测的非电量转换为电感量的变化。电磁感应有自感和互感之分,与之对应的分别称为自感式和互感式传感器。

一、自感式传感器

图 3-22 是三种不同结构形式的自感式传感器,由电磁感应原理可知,线圈 1 中电感

$$L = \frac{N^2}{R_m} \tag{3-33}$$

式中 N——线圈的匝数;
　　　R_m——磁路的磁阻。

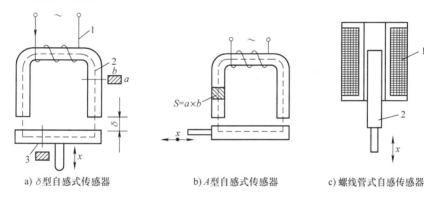

a) δ 型自感式传感器　　b) A 型自感式传感器　　c) 螺线管式自感传感器

图 3-22　自感式传感器
1—线圈　2—铁心　3—衔铁

若空气隙较小,且不考虑磁路的铁损和导磁体的磁阻,则

$$R_m = \frac{2\delta}{\mu_0 A} \tag{3-34}$$

式中 δ——空气隙厚度(m);
　　　μ_0——真空磁导率,$\mu_0 = 4\pi \times 10^{-7}$ H/m;
　　　A——空气隙的截面积(m^2)。

将式(3-34)代入式(3-33)得线圈的电感量

$$L = \frac{N^2 \mu_0 A}{2\delta} \tag{3-35}$$

由上式可知,改变气隙厚度 δ 及空气隙的截面积 A 均可改变电感 L。据此便可制造出两种不同的传感器,即:1)变气隙厚度的自感式传感器,简称为 δ 型自感式传感器(图 3-22a);2)变气隙截面积的自感式传感器,简称为 A 型自感式传感器,如图 3-22b 所示。图 3-22c 是一种螺线管式自感传感器。

1. δ 型自感式传感器

由式(3-35)可知,δ 型自感式传感器具有非线性特性,如图 3-23a 所示,该传感器的

灵敏度

$$E_c = \frac{dL}{d\delta} = -\frac{N^2\mu_0 A}{2\delta^2} \quad (3-36)$$

式（3-36）表明，δ 型自感式传感器的灵敏度与 δ^2 成反比，δ 越小，灵敏度越高。

2. A 型自感式传感器

当气隙厚度 δ 不变时，该传感器的电感值 L 与气隙截面积呈线性关系，如图 3-23b 所示，灵敏度 $E_c = \dfrac{N^2\mu_0}{2\delta}$。

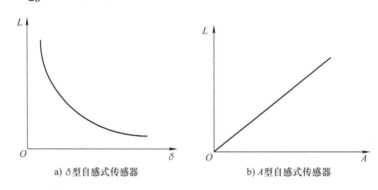

a) δ 型自感式传感器　　　b) A 型自感式传感器

图 3-23　自感式传感器的特性曲线

3. 螺线管式自感传感器

螺线管式自感传感器输出电感的计算比较复杂，电感

$$L = \left(\frac{\mu_0 \pi R^2}{h-t} + \frac{\lambda t^2}{3h^2}\right)N^2 \quad (3-37)$$

式中　μ_0——真空磁导率，$\mu_0 = 4\pi \times 10^{-7}$ H/m；

R——磁通作用半径；

h——线圈的高度；

t——铁心插入线圈的深度；

λ——比磁导；

N——线圈的匝数。

式（3-37）表明，螺线管式自感传感器的特性曲线是一条复杂曲线。通常，螺线管式自感传感器的特性曲线由试验获得，因为式（3-37）是在某些假设的基础上得到的，它与实际存在一定的误差。

4. 差动式自感传感器

电感式传感器最突出的特点是线圈通电后会产生温升，而温度的变化会带来输出特性的变化。此外，供电电压的波动也会给测试带来影响，为克服这些不足，提高传感器的灵敏度，在实际应用中，和电容式传感器一样，常采用差动式结构，如图 3-24 所示。

二、互感式传感器

互感式传感器常采用两个次级线圈组成差动式结构，因此又称为差动变压器式传感器，如图 3-25 所示。两个次级线圈反向串联，当给初级线圈上加上交流电压 U_x 时，次级线圈上

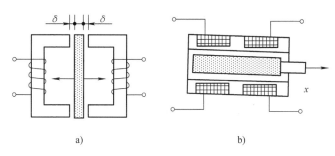

图 3-24 差动式自感传感器

分别产生感应电动势 U_{01} 和 U_{02}，其大小与衔铁位移 x 有关。当衔铁在中间位置时，$U_{01}=U_{02}$，输出电压 $U_0=U_{01}-U_{02}=0$；当衔铁向上偏离中心位置时，$|e_{01}|>|e_{02}|$，$|U_0|=|U_{01}|-|U_{02}|>0$；当衔铁向下偏离中心位置时，$|e_{01}|<|e_{02}|$，$|U_0|=|U_{01}|-|U_{02}|<0$。

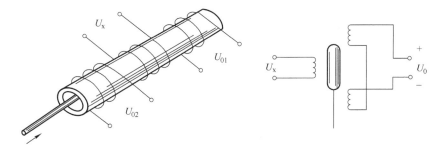

图 3-25 互感式传感器

通常，U_0 不直接作为传感器的输出电压，因为：1) 传感器的输出是交流电压，其幅值与衔铁位移成正比，因此输出电压的大小只能反映衔铁的位置，而不能反映其运动的方向；2) 当衔铁经过中间位置时，其输出有一定的零点残余电压，因此，即使 U_{01} 和 U_{02} 有效值相等，由于其相位不相同，输出电压 U_0 亦不等于零。为此，互感式传感器的后接电路常采用能反映衔铁位置和运动方向的可补偿零点残余电压的相敏检波电路，如图 3-26 所示。

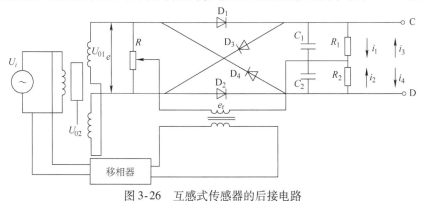

图 3-26 互感式传感器的后接电路

三、电感式传感器的应用

电感式传感器是一种结构简单、工作可靠、灵敏度高、重复性好、精度高的传感器，因此在汽车及工程领域应用十分广泛。

从电感式传感器的工作原理看,其输入方式与电容式传感器类似,因此绝大多数可用电容式传感器测得的量均可用电感式传感器来测量(倾角的测量除外),即电感式传感器可用于测量位置、位移、振动、噪声和压力等。

第四节 气体传感器

可用于检测气体浓度或成分的传感器统称为气体传感器。气体传感器的种类很多,分类方法各异。

按结构的不同,气体传感器可分为干式气体传感器和湿式气体传感器。凡是构成气体传感器的材料为固体者称为干式气体传感器;凡是利用水溶性或电解液感知气体浓度或成分者称为湿式气体传感器。

按工作原理的不同,气体传感器可分为接触燃烧式气体传感器、半导体式气体传感器、固体电化学式气体传感器和红外吸收式气体传感器。

一、接触燃烧式气体传感器

1. 接触燃烧式气体传感器的工作原理

可燃性气体(H_2、CO、CH_4 等)与空气中的氧气接触,发生反应产生反应热(无焰接触燃烧热),使得作为敏感材料的铂丝温度升高,电阻值相应增大。一般情况下,空气中可燃性气体的浓度都不太高(低于10%),可燃性气体可以完全燃烧,其发热量与可燃性气体的浓度有关。空气中可燃性气体浓度愈大,反应(燃烧)产生的反应热(燃烧热)愈多,铂丝的温度变化(增高)愈大,其电阻值增加得就越多。因此,只要测定作为敏感件的铂丝的电阻变化值(ΔR),就可检测空气中可燃性气体的浓度。但是,使用单纯的铂丝线圈作为检测元件,其寿命较短,所以实际应用的检测元件都是在铂丝圈外面涂覆一层氧化物触媒。这样既可以延长其使用寿命,又可以提高检测元件的响应特性。

接触燃烧式气体敏感元件的桥式电路如图3-27所示。图中 F_1 是检测元件;F_2 是补偿元件,其作用是补偿可燃性气体接触燃烧以外的环境温度、电源电压变化等因素所引起的偏差。工作时,要求在 F_1 和 F_2 上保持 100~200mA 的电流通过,以供可燃性气体在检测元件 F_1 上发生接触燃烧所需要的热量的同时,保证电桥的初始平衡状态。当检测元件 F_1 与可燃性气体接触时,由于剧烈的燃烧,释放出热量,使得检测元件的温度上升,电阻值相应增大,桥式电路不再平衡,在 A、B 间产生电位差 E。

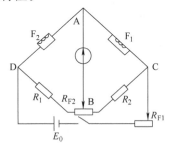

图 3-27 接触燃烧式气体敏感元件的桥式电路

$$E = E_0 \left(\frac{R_{F1} + \Delta R_F}{R_{F1} + R_2 + \Delta R_F} - \frac{R_{F2}}{R_1 + R_{F2}} \right) \tag{3-38}$$

式中 R_{F1} ——检测元件 F_1 的电阻值(Ω);

ΔR_F ——检测元件 F_1 在测试过程中的电阻值的变化量(Ω);

R_{F2} ——补偿原件 F_2 的电阻值(Ω);

R_1、R_2 ——电桥电阻(Ω)。

因为 ΔR_F 很小，且 $R_{F1}R_1 = R_{F2}R_2$，式（3-38）可改写为

$$E = E_0 \left[\frac{R_1}{(R_{F1}+R_2)(R_1+R_{F2})} \right] \Delta R_F \tag{3-39}$$

令 $K = E_0 R_1 / (R_{F1}+R_2)(R_1+R_{F2})$，则有

$$E = K \Delta R_F \tag{3-40}$$

ΔR_F 是由于可燃性气体接触燃烧所产生的温度变化（燃烧热）引起的，与接触燃烧热成比例，即 ΔR_F 可用下式表示：

$$\Delta R_F = \rho \Delta T = \rho \frac{\Delta H}{C} = \rho \alpha m \frac{Q}{C} \tag{3-41}$$

式中　ρ——检测元件的电阻温度系数；

ΔT——由于可燃性气体接触燃烧所引起的检测元件的温度增加值；

ΔH——可燃性气体接触燃烧的发热量；

C——检测元件的热容量；

Q——可燃性气体的燃烧热；

m——可燃性气体的体积百分比浓度；

α——由检测元件上涂覆的催化剂决定的常数。

ρ、C 和 α 的数值与检测元件的材料、形状、结构、表面处理方法等因素有关。Q 由可燃性气体的种类决定，因而，在一定条件下均为常数。将式（3-41）代入式（3-40）得

$$E = k\rho \alpha m \frac{R_{F2}}{R_{F1}} \frac{Q}{C} \tag{3-42}$$

即 A、B 两点间的电位差与可燃性气体的浓度 m 成比例。如果在 A、B 两点间连接电流计或电压计，就可以测得 A、B 间的电位差 E，并由此求得空气中可燃性气体的浓度。若与相应的电路配合，当可燃性气体达到一定浓度时，自动发出报警信号，其感应特性曲线如图 3-28 所示。

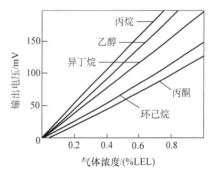

图 3-28　接触燃烧式气体传感器的特性

注：%LEL 是爆炸下限，体积百分比浓度。

2. 接触燃烧式气体传感器的结构

图 3-29 是接触燃烧式气体传感器的结构示意图，接触燃烧式气体传感器用铂丝绕制成线圈，为了使线圈具有适当的阻值（1~2Ω），一般绕 10 圈以上。在线圈外面涂以氧化铝或氧化铝和氧化硅组成的膏状涂覆层，干燥后在一定温度下烧结成球状多孔体。将烧结后的小球，放在贵金属铂、钯等的盐溶液中，充分浸渍后取出烘干。然后经过高温热处理，使在氧化铝（氧化铝和氧化硅）载体上形成贵金属触媒层，最后组装成气体敏感元件。作为补偿元件的铂线圈，其尺寸、阻值均应与检测元件相同，并且也应涂覆氧化铝或氧化硅载体层，只是无须浸渍贵金属盐溶液或混入贵金属触媒粉体，形成触媒层。

3. 接触燃烧式气体传感器的应用

1958 年，Mewillan 和 Harley 等分别研制成功氢火焰离子检测器（FID），其工作原理是：以氢气和空气燃烧生成的火焰为能源，当有机化合物（如碳氢化合物）进入以氢气和氧气燃烧的火焰中时，便产生化学电离，化学电离所产生的离子在高压电场的定向作用下形成离

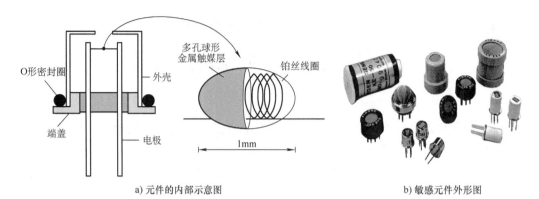

a) 元件的内部示意图 b) 敏感元件外形图

图 3-29 接触燃烧式气体传感器结构示意图

子流。离子流经过高阻（$10^6 \sim 10^{11}\Omega$）放大便产生与所测有机化合物质量成正比的电信号，如图 3-30 所示。氢火焰检测器结构简单、工作可靠、测试精度高。

二、半导体式气体传感器

半导体式气体传感器的敏感元件大多是以金属氧化物半导体为基础材料。当被测气体吸附在半导体表面后，会使半导体敏感材料的电学特性（例如电导率）发生变化，这一现象称为气敏效应，具有气敏效应的半导体材料叫气敏电阻。常用的气敏材料有 SnO_2、ZnO、Fe_2O_3、MgO、NiO、$BaTiO_3$ 等。通过测量气敏电阻的阻值变化，就可以实现对气体的检测。半导

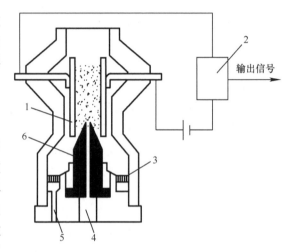

图 3-30 氢火焰离子型气体传感器
1—离子收集器 2—信号放大器 3—空气分配器
4—氢气和待测气体入口 5—助燃空气入口 6—燃烧喷嘴

体式气体传感器可以有效地用于甲烷、乙烷、丙烷、丁烷、酒精、甲醛、一氧化碳、二氧化碳、乙烯、乙炔、氯乙烯、苯乙烯、丙烯酸等很多气体的检测。半导体式气体传感器低廉的成本使其在各个领域得到了广泛的应用。

1. 气敏电阻的特性参数

（1）气敏电阻的固有电阻值　将半导体气体传感器在常温下置于洁净空气中所测得的电阻，称为气敏电阻的固有电阻值 R_a，其值为 $10^3 \sim 10^5\Omega$。由于地理环境的差异，各地区空气中含有的气体成分差别较大，即使对于同一气敏电阻在温度相同的条件下，在不同地区进行测量，其电阻值也会各不相同。

（2）气敏元件的加热电阻和加热功率　气敏电阻一般工作在 200℃ 以上的高温中。为气敏元件提供必要工作温度的加热电路的电阻（指加热器的电阻值）称为加热电阻，用 R_H 表示。直热式的加热电阻值一般小于 5Ω；旁热式的加热电阻大于 20Ω。气敏元件正常工作所需的加热电路功率，称为加热功率，用 P_H 表示，其数值为 $0.5 \sim 2.0W$。

（3）气敏电阻的响应时间　在工作温度下，从气敏电阻与一定浓度的被测气体接触到

气敏电阻的阻值达到在此浓度下稳定电阻值的63%所经历的时间,称为气敏电阻的响应时间,用 t_r 表示。

(4) 气敏电阻的恢复时间 在工作温度下,气敏元件脱离被测气体时至其阻值恢复到在洁净空气中阻值的63%时所需的时间,称为气敏电阻的恢复时间,用 t_f 表示。

(5) 初期稳定时间 长期在非工作状态下存放的气敏电阻,因表面吸附空气中的水分或其他气体,导致其表面状态的变化。因此,使气敏电阻恢复正常工作状态需要一定的时间,此时间称为气敏元件的初期稳定时间。通常,气敏电阻在刚通电的瞬间,其电阻值会先下降后上升,最后达到稳定值。从接通气敏电阻的电源到电阻值到达稳定值所需的时间,称为初期稳定时间。初期稳定时间是气敏电阻存放时间和环境状态的函数。存放时间越长,其初期稳定时间也越长。在一般条件下,气敏电阻存放两周以后,其初期稳定时间即可达到最大值。

2. 气敏电阻的结构形式

气敏电阻分为烧结型、薄膜型和厚膜型,其中烧结型应用最为广泛。气敏电阻主要用于检测可燃的还原性气体,其工作温度约300℃。根据加热方式,气敏电阻分为直接加热式和旁热式。

(1) 直接加热式 直接加热式气敏电阻由芯片(加热器和测量电极一同烧结在金属氧化物半导体管芯内)、基座和金属防爆网罩组成,如图3-31所示。因其热容量小、稳定性差,测量电路与加热电路间易相互干扰,加热器与气敏电阻基体间由于热膨胀系数的差异而容易导致接触不良,因此,此种形式的气敏电阻在工程实践中应用相对较少。

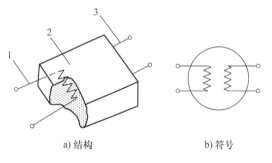

a) 结构 b) 符号

图3-31 直接加热式气敏电阻
1—测量电极 2—烧结体 3—加热电极

(2) 旁热式 旁热式气敏电阻以陶瓷管为基底,管内穿有加热丝,管外侧有两个测量极,测量极之间为金属氧化物气敏材料经高温烧结而成,如图3-32所示。

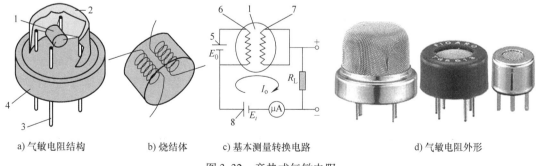

a) 气敏电阻结构 b) 烧结体 c) 基本测量转换电路 d) 气敏电阻外形

图3-32 旁热式气敏电阻
1—烧结体 2—不锈钢网罩 3—引脚 4—塑料底座 5—加热回路电源 6—加热电极 7—工作电极 8—测量回路电源

3. 气敏电阻型氧传感器的应用

二氧化钛氧传感器是利用 TiO_2 材料的电阻值随排气中氧含量的变化而变化的特性制成

的，故又称气敏电阻型氧传感器，如图 3-33 所示。TiO_2 氧传感器的外形和二氧化锆氧传感器相似，在传感器前端的护罩内是一个 TiO_2 厚膜元件（图 3-33）。TiO_2 在常温下是一种高电阻的半导体，但表面一旦缺氧，电阻随之减小。由于 TiO_2 的电阻也随温度不同而变化，因此，在 TiO_2 氧传感器内部也有一个电加热器，以保持 TiO_2 氧传感器在发动机工作过程中的温度恒定不变。TiO_2 氧传感器的输出电压在 0.1~0.9V 间不断变化，这一点与氧化锆式氧传感器很相似。

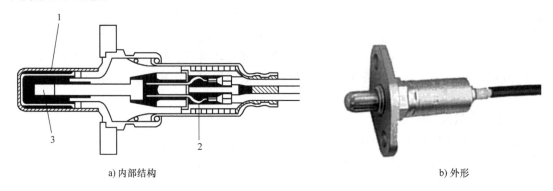

a）内部结构　　　　　　　　　　　　b）外形

图 3-33　TiO_2 氧传感器

1—保护套管　2—连接线　3—TiO_2 厚膜元件

三、固体电解质式气体传感器

导电体有两大类：一类是金属导体，依靠自由电子导电，当电流通过导体时，导体本身不发生任何化学变化；另一类是电解质导体，依靠离子的运动导电，在相界面有化学反应发生，其电导率随温度升高而增大。电解质导体有液体和固体之分，固体电解质是离子迁移速度较高的固态物质，具有一定的形状和强度。对于多数固体电解质而言，只有在较高温度下，电导率才能达到 10^{-6} s/cm 数量级，因此固体电解质的电化学实际上是高温电化学。

ZrO_2 具有很好的耐高温性能和化学稳定性。它在常温下是单斜晶系晶体，当温度升高到大约 1150℃ 时发生相变，成为正方晶系，同时产生大约 9%（有资料介绍为 7%）的体积收缩，当温度下降时相变会逆转。由于 ZrO_2 晶形随温度变化，因此它也是不稳定的。但若在 ZrO_2 中加入一定数量阳离子半径与 Zr^{4+} 相近的氧化物，如 CaO、MgO、Y_2O_3、Sc_2O_3 等，经高温煅烧后，它们与 ZrO_2 形成置换式固溶体。掺杂后，ZrO_2 晶形将变为萤石型立方晶系，并且不再随温度变化，称为稳定的 ZrO_2。掺入 CaO 的 ZrO_2 可记作 ZrO_2-CaO 或 ZrO_2（CaO），其余类同。稳定的 ZrO_2 和用类似的方法制作的 TiO_2 固体电解质是制造气体传感器较为理想的材料。固体电解质式气体传感器可用来测量 O_2、H_2、C_4H_{10}、CH_4、CO、CO_2、NO_2、H_2S、NO、NH_3、PH_3 等多种气体。

安装在汽车发动机排气管上的氧传感器大多用 ZrO_2 制成，图 3-34 是 ZrO_2 氧传感器的结构图，其结构原理是：ZrO_2 氧传感器的基本元件是陶瓷体 9，固定在管座 2 中。多孔陶瓷电极板（ZrO_2 固体电解质）10 的一边与环境空气接触。多孔陶瓷的外面有一带槽的保护套 1，一旦氧气渗入到多孔陶瓷就会发生电离，若陶瓷体内（大气）外（废气）侧氧含量不一致，即存在浓度差时，在多孔陶瓷内部的氧离子从大气一侧向废气一侧扩散，在多孔陶瓷电极板间便产生电压,即电信号。当混合气稀时,废气中所含氧多,多孔陶瓷两侧的氧浓度差相对较小,电极间只产生小的电压;当混合气浓时,废气中氧含量少,同时伴有较多的未完全燃烧的中间产物 CO、HC 等,这些成分在氧传感器外表面的作用下,消耗废气中残余的氧,使多孔陶瓷外表面氧浓度变为零这样就使其两侧的氧浓度差突然增大,两极间产生的电压便突然增大。氧传感器输出的电压在空燃比为理论空燃比(14.7)时发生突变。当可燃混合气浓度较稀时,氧传感器的输出电压几乎为 0;当可燃混合气浓度相对较浓时,氧传感器的输出电压接近 1V(图 3-34b)。

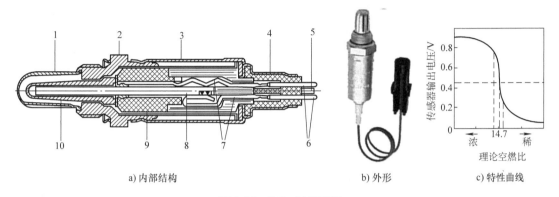

图 3-34 ZrO_2 氧传感器

1—带槽保护套 2—管座 3—外壳 4—绝缘体 5—电极 6—传感器加热线
7—簧片 8—加热电阻 9—陶瓷体 10—多孔陶瓷电极板

第五节 GPS/北斗传感器

所谓 GPS/北斗传感器,实质上是利用 GPS/北斗接收机(或称 GPS/北斗天线)实现绝对/单点定位测量,通过相应的计算得到所需的测试结果。当然,欲使 GPS/北斗接收机实现其测试功能,必须要有 GPS/北斗系统。北斗传感器在工程测试领域的应用从原理到方法都和 GPS 传感器基本相同,在此仅以 GPS 传感器为例介绍其组成、原理与应用。

GPS 的英文全称是 Global Position System,即"全球定位系统"。美国军方从 20 世纪 70 年代开始研制 GPS,历时 20 年,耗资 200 亿美元,于 1994 年全面建成,GPS 是具有在海、陆、空进行全方位实时三维导航与定位能力的新一代卫星导航与定位系统。GPS 以全天候、高精度、自动化、高效益等显著特点,成功地应用于大地测量、工程测量、航空摄影、运载工具导航和管制、地壳运动监测、工程变形监测、资源勘查、地球动力学和军事等多种学科。

全球定位系统由空间部分、地面监控部分和接收部分等组成。

空间部分使用 24 颗高度约 2.02 万 km 的卫星组成卫星星座(21 颗工作卫星、3 颗备用卫星)。卫星均为近圆形轨道,运行周期约为 11h58min,分布在 6 个轨道面上(每个轨道面 4 颗),轨道倾角为 55°,如图 3-35 所示。卫星的分布使得在全球的任何地方,任何时间都可观测到 4 颗以上的卫星,并能保持良好定位解算精度的几何图形。这就提供了在时间上连续的全球导航能力。

地面监控部分包括 2 个主控站、6 个监测站和 4 个上行注入站。监控站设有 GPS 用户接收机、原子钟、收集当地气象数据的传感器和进行数据初步处理的计算机。监控站的主要任务是取得卫星观测数据并将这些数据传送至主控站。主控站设在范登堡空军基地。它对地面监控部分实行全面控制。主控站对地面监控部分实行全面控制,主要任务是:收集各监控站对 GPS 卫星的全部观测数据,推算编制各卫星的星历、卫星时钟差和大气修正系数,利用这些数据计算每颗 GPS 卫星的轨道和对卫星的钟进行修正。上行注入站的主要设备包括直径为 3.6m 的天线(天线覆盖范围见图 3-36)、C 波段发射机和计算机,上行注入站的主要任务是:1)接受主控站的导航数据上载给卫星;2)对出错的卫星下达调整指令或令其下线;3)发送并确认每个下达给卫星的指令,在注入过程被打断时能及时恢复。GPS 的地面监控部分,除主控站有人监管外,监测站和上行注入站均无人值守。各站间均用现代化通信网络相连,在原子钟和计算机的驱动和控制下,实现高度自动运行。

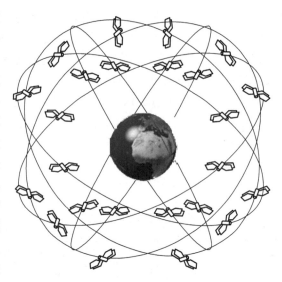

图 3-35 GPS 卫星星座

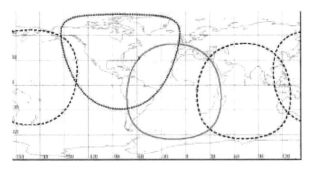

图 3-36 GPS 上行注入站天线覆盖图

接收部分已有各种不同功能和不同用途的设备,目前 GPS 接收部分一般最多可以同时接收 12 颗卫星信号。GPS 接收部分收到 3 颗卫星的信号可以输出二维(2D)数据,即只有经纬度数据,没有高度数据。如果收到 4 颗以上的卫星,就能输出三维(3D)数据,可以提供海拔数据。但由于地球不是标准球体,因此高度数据有一定的误差。现在,有些 GPS 接收设备内置了大气压表,通过多渠道得到的高度数据综合出最终的海拔,从而提高了准确度。

GPS 信号有 C/A 码和 P 码两种类型。C/A 码的误差是 2.93~29.3m。民用接收设备利用 C/A 码计算定位。美国在 20 世纪 90 年代中期为了自身的安全考虑,在信号上作了干扰处理,令接收机的误差增大,达到 100m 左右。但在 2000 年 5 月 2 日之后,干扰取消后 GPS 精度都能在 20m 以内。P 码的误差为 0.293~2.93m,是 C/A 码的 1/10,但是 P 码只供美国军方使用。

GPS 定位坐标系常用的是 LAT/LON(即经纬度)和海拔。一般从 GPS 得到的数据是经纬度和海拔。在经纬度坐标系里,纬度是平均分配的,从南极到北极一共 180 个纬度。经度就不是这样,只有在纬度为零的时候,即在赤道上,一个经度之间的距离大约是

111.319km，经线随着纬度的增加，距离越来越近，最后交汇于南北极。

GPS 以地心为原点，z 轴指向北极，如图 3-37 所示。其工作原理是测量出已知位置的卫星到用户接收机之间的距离，然后综合多颗卫星的数据计算出接收机的具体位置。而卫星的位置可以根据星载时钟所记录的时间在卫星星历中查出。GPS 卫星部分的作用就是不断地发射电文。当用户接收到电文时，提取出卫星时间并将其与自己的时钟作对比便可得知卫星与接收设备的距离，再利用电文中的卫星星历数据推算出卫星发射电文时所处的位置，从而接收设备在大地坐标系中的位置、速度等信息便可得知。然而，由于用户接收设备使用的时钟与卫星星载时钟不可能总是同步，所以除了用户的三维坐标 x、y、z 外，还要引进一个 Δt（即卫星与接收设备之间的时间差）作为未知数，然后用 4 个方程将这 4 个未知数解出来，所以如果想知道接收设备所处的位置，至少要能接收到 4 个卫星的信号。

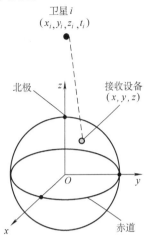

图 3-37 GPS 定位原理

接收器与卫星之间的距离为

$$(x-x_i)^2 + (y-y_i)^2 + (z-z_i)^2 = c^2(t-t_i)^2 \qquad (3-43)$$

式中 x_i、y_i、z_i、t_i——第 i 个卫星的坐标；

x、y、z——接收设备的坐标；

c——光速。

将各卫星的坐标 x_i,y_i,z_i,t_i 代入式（3-43）便可解出接收设备的坐标 x,y,z。GPS 接收设备移动时，其坐标 x,y,z 随之发生变化，将坐标的变化量对时间求导，即 $\dfrac{dx}{dt}$、$\dfrac{dy}{dt}$、$\dfrac{dz}{dt}$ 是接收设备在各坐标方向上的运行速度，这就是 GPS 的测速原理。

GPS 传感器已大量用于汽车的性能试验，其测试内容包括最高车速、加速性能、爬坡性能、制动性能、滑行、操纵稳定性和最小稳定车速等。

目前，GPS 传感器用于汽车性能试验主要是取代原来的五轮仪（用于测试汽车的行驶速度和距离）。GPS 对民用开放的 C/A 码的定位误差是 2.93~29.3m，这么大的定位误差满足不了汽车性能试验的要求，为此需采取措施提高其定位精度。提高 GPS 传感器测速或测距精度的方法很多，汽车性能试验的 GPS 传感器主要有如下两种方法：

1) 提高 GPS 传感器的更新频率：将 GPS 传感器的更新频率由普通 GPS 的 1Hz 提高到 20~100Hz。尽管在进行汽车性能试验的过程中，车速会起伏变化，但汽车的行驶速度和驶过的距离的变化却是连续的，因此可以利用 GPS 传感器测得相邻的速度值或距离值进行相互校正。

2) 汽车性能试验大多在野外的汽车试验场上进行，如此开阔的试验环境，GPS 传感器通常可以接收到 10~12 颗卫星的信号。4 颗卫星便可获得汽车所处位置的 1 个三维位置坐标，10~12 颗卫星可获得汽车所处位置的三维位置坐标，个数可用排列组合的计算公式计算得到

$$A_n^m = \frac{n!}{(n-m)!} \qquad (3-44)$$

式中 A_n^m——从 n 个不同元素中取出 m 个元素的排列数；

n——元素总数；

m——取出的元素数。

将 $n=10$ 或 12、$m=4$ 分别代入上式（3-44）得

$$A_{10}^4 = \frac{10!}{(10-4)!} = 5040$$

$$A_{12}^4 = \frac{12!}{(12-4)!} = 11880$$

由上述计算结果可知，在汽车性能试验过程中，即便是 GPS 传感器只接收到 10 颗卫星的信号，可得到汽车在任一位置的三维坐标个数高达 5040，即相当于对同一个测点进行了 5040 次测试。由图 2-27 标准差 σ 与测量次数的关系曲线可知，测试次数的增加可大幅降低测试误差。利用经典误差理论对 5040 次的测试结果进行处理，便可以获得相对较高的定位精度。

上述两种提高精度的技术措施同时采用，GPS 传感器的定位误差可由原来的 2.93~29.3m 降到 0.2m。此误差看起来好像远大于传统的五轮仪，其实不然。因为用传统的五轮仪进行汽车性能试验不可避免会存在累进的系统误差，然而，对于 GPS 传感器，无论汽车行驶到什么位置，也不论汽车行驶了多少里程，用 GPS 传感器测得汽车在任何位置的位置坐标可能产生的最大误差都是 0.2m，即用 GPS 传感器进行汽车性能试验不存在累进的系统误差。正因为如此，利用 GPS 传感器进行汽车性能试验所能达到的精度远高于传统的五轮仪。

第六节　压电式传感器

某些功能材料，当沿一定方向对其施压时，晶体不仅会产生机械应变，其内部还会产生极化现象，从而在材料的相对表面上产生异性电荷而形成电场；当外力移去后，晶体重新恢复到不带电的状态这就称为压电效应。利用压电效应制成的传感器称为压电式传感器。压电效应是由法国人皮埃尔·居里和雅克·居里于 1880 年发现的。已发现具有压电效应的材料有三类：1) 单晶压电晶体，如石英、罗歇尔盐（四水酒石酸钾钠）、硫酸锂、磷酸二氢铵等；2) 多晶压电陶瓷，如极化的铁电陶瓷（钛酸钡）、锆钛酸铅等；3) 高分子压电薄膜，如聚偏二氟乙烯、聚氟乙烯等。

尽管不同的压电材料产生压电效应的机理不尽相同，但对任何压电材料制成的压电元件来说，所加外力于晶面产生的电荷量的关系式却很相似，即

$$Q = KF \tag{3-45}$$

式中 Q——压电元件表面产生的电荷量；

K——压电元件的压电系数；

F——施加在压电元件上的压力。

式（3-45）表明，压电式传感器所产生的电荷量与所施的压力成正比。但值得注意的是，压电传感器的绝缘电阻很高，电荷极易泄漏，欲获得一个精确的测量结果，就必须采用不消耗压电元件表面所产生电荷的措施，即压电传感器与后继设备不进行能量交换，这在实际测试过程中是难以实现的。当压电元件受动态交变力作用时，压电元件产生的电荷可不断地得到补充。这是压电式传感器适合于动态测量而不适合于静态测量的原因。

为了能测量压电元件两相对工作表面上所产生异性电荷的量,常用金属蒸镀法在压电晶片两相对工作表面上蒸镀一层金属薄膜,其材料多为银或金,从而构成两个相应的电极,如图 3-38 所示。

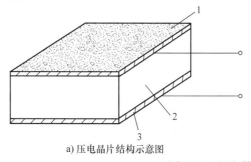
a) 压电晶片结构示意图

b) 双面镀银并封装的压电晶片

图 3-38 压电晶片
1、3—蒸镀的金属薄电极 2—压电晶片实物

压电元件受压后所能产生的电荷量很小,在实际使用中,常把多片组合在一起使用,且根据输出的需要进行串联或并联,如图 3-39 所示。

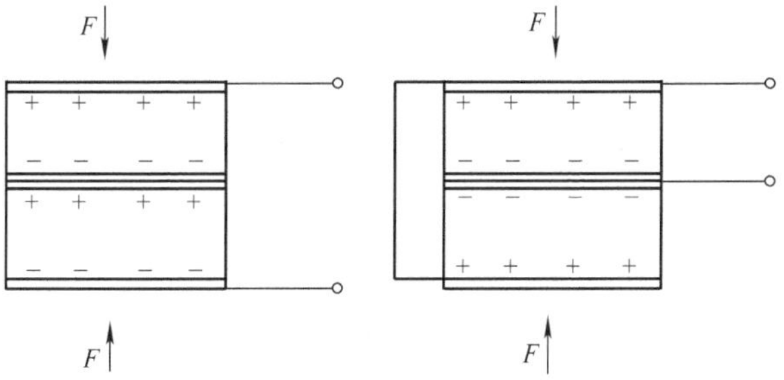

对于串联接法,其输出的总电压 U、总电荷量 Q、总电容量 C 与单晶片电压 u、电荷 q 和电容 c 的关系为

$$Q = q, \quad U = nu, \quad C = \frac{c}{n}$$

式中　n——晶片数。

对于并联接法,

图 3-39 压电晶片的组合方式

$$Q = nq, \quad U = u, \quad C = nc$$

串联接法适合于电压量的输出,并联接法适合于电荷量的输出。

尽管将多个压电元件组合起来使用可使传感器的输出量得以增大,但输出量仍很有限,因此需对其放大。此外,欲使压电式传感器能正常工作,就应尽可能地减小它与后续设备或电路的能量交换,即它的负载阻抗应很大。与压电传感器配套的测量电路或前置放大器必须具有两大作用:1) 放大压电传感器的微弱信号;2) 将高阻抗输入变为低阻抗输出。如此,按压电晶片组合方式的不同,前置放大器有两种不同的形式:一是电压放大器,其输出电压与输入电压(压电传感器的输出电压)成正比;二是电荷放大器,其输出电压与输入的电荷量成正比。前者称为电压放大型压电传感器,后者称为电荷放大型压电传感器。

一、电压放大型压电传感器

图 3-40 是电压放大型压电传感器的等效电路,设压电传感器感受交变压力的输出电压

$$U = U_m \sin\omega t \tag{3-46}$$

式中　ω——交变应力的圆频率;
　　　U_m——电压的幅值。

压电元件开路时的电压 U 与电荷量 Q 的关系为

$$U = \frac{Q}{C_a} \tag{3-47}$$

将式(3-45)代入式(3-47)得

$$U = \frac{K}{C_a}F \tag{3-48}$$

式中　K——压电元件的压电系数；
　　　F——施加在压电元件上的力；
　　　C_a——压电元件的等效电容。

由图3-39可知，放大器的输入电压 U_i 为

$$U_i = KF \frac{j\omega R}{1 + j\omega R(C_a + C_c + C_i)} \tag{3-49}$$

式中各符号的物理意义见图3-40，R 为等效电阻。放大器输入电压的幅频特性和相频特性分别为

$$U_{mi}(\omega) = \frac{KF_m \omega R}{\sqrt{1 + \omega^2 R^2 (C_a + C_c + C_i)^2}} \tag{3-50}$$

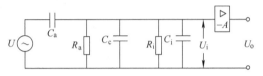

图3-40　电压放大型压电传感器的等效电路
U—压电传感器输出电压　C_a—压电元件等效电容
R_a—压电元件电阻　C_c—电缆分布电容
R_i—放大器输入电阻　C_i—放大器输入电容
U_i—放大器输入电压

式中　F_m——交变力 F 的幅值。

$$\varphi(\omega) = \frac{\pi}{2} - \arctan\omega(C_a + C_c + C_i)R \tag{3-51}$$

当 $\omega \to \infty$ 时，放大器输入端的电压幅值为

$$U_{mi}|_{\omega \to \infty} = \frac{KF_m}{C_a + C_c + C_i} \tag{3-52}$$

这时，传感器的电压灵敏度

$$E_u = \frac{U_{mi}|_{\omega \to \infty}}{F_m} = \frac{K}{(C_a + C_c + C_i)} \tag{3-53}$$

式(3-50)~式(3-53)表明，电缆分布电容 C_c 和放大器输入电容的存在，会使传感器的输出和传感器的灵敏度减小。在测试过程中，如因某种原因需要更换电缆，那么 C_c 就会发生变化，传感器的输出和灵敏度亦随之变化，因此改变电缆的规格和长度后均需要对灵敏度进行重新校正。不仅如此，若电缆线加长，C_c 将随之增大，传感器的输出和灵敏度 E_u 亦减小，这就是电压放大型压电传感器的输出信号不适合于远距离传送的根本原因。

二、电荷放大型压电传感器

图3-41是电荷放大型压电传感器的电路原理图。据此可得到等效电路的方程

$$U_o = \frac{-j\omega AQ}{[G_a + G_i + (1+A)G_F] + j\omega[C_a + C_i + (1+A)C_F]} \tag{3-54}$$

式中各符号的物理意义见图3-41。

式(3-54)表明，只要放大器的放大倍数 A 足够大，分母中的 $C_a + C_c + C_i \ll (1+A)C_F$，$G_a + G_i \ll (1+A)G_F$，即压电元件的电容 C_a 及电缆的分布电容 C_c 对电荷放大器输出的影响很小。电荷放大型压电传感器的输出信号可以进行远距离传输，且电缆线的改变不会影响测试结果，这是电荷放大型压电传感器的突出优点。但电荷放大器的电路远比电压放大器

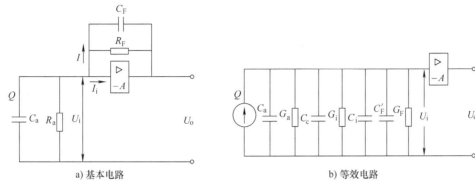

a) 基本电路　　　　　　　　　　　b) 等效电路

图 3-41　电荷放大型压电传感器的电路原理图

C_a、G_a、R_a—分别为压电元件的等效电容、电导和电阻　C_i、G_i—分别为放大器的输入电容和电导
C_F、G_F、R_F—分别是反馈电容、电导、电阻　Q—压电元件的输出电荷　U_i—放大器的输入电压
U_o—放大器的输出电压　A—放大倍数　C_c—电缆的分布电容

复杂，因此价格较高。

由于电压放大型压电式传感器存在传感器与放大器间信号线分布电容的变化会影响测试系统的灵敏度及传感器的输出信号不适合远距离传输等严重缺点，因此，尽管电荷放大型压电式传感器的放大电路复杂且价格昂贵，但在一个相当长的时期内，用于工程测试的压电式传感器几乎都采用电荷放大型。随着微电子技术的快速发展，这种状况已发生了根本性的改变。集成电路使得压电式传感器的电压型前置放大器和传感器做成一体几乎不改变原传感器的质量和体积，这样不仅从根本上克服了原电压放大型压电式传感器的上述缺点，而且与电荷放大型的压电式传感器系统相比具有十分显著的价格优势。因此，一体化的电压放大型压电式传感器已完全取代了电荷放大型的压电式传感器。

三、压电传感器的应用

由于压电传感器具有体积小、重量轻、信噪比高、工作可靠、通频带宽、精度高等优点，因此它在汽车及各工程领域得到了广泛应用。尤其是它极小的体积和重量以及大的通频带宽，使之成为测量振动的首选传感器。汽车振动尤其是发动机爆燃的测量，大多采用压电式传感器。

第七节　磁电式传感器

磁电式传感器是利用电磁感应原理工作的传感器。当闭合回路中的磁通量发生变化时，回路中就产生感应电动势，其大小与磁通量的变化率有关，即

$$E = -N\frac{\mathrm{d}\Phi}{\mathrm{d}t} \tag{3-55}$$

式中　E——感应电动势；

N——导电回路中线圈的匝数；

$\dfrac{\mathrm{d}\Phi}{\mathrm{d}t}$——穿越线圈磁通量的变化率。

改变 $\dfrac{\mathrm{d}\Phi}{\mathrm{d}t}$ 可以有三种方式，即移动线圈、移动磁铁及改变磁阻，与之对应的分别称为动

圈式磁电传感器、动铁式磁电传感器及磁阻式磁电传感器。

一、动圈式与动铁式磁电传感器

动圈式与动铁式磁电传感器，究其实质，二者属同一种类型。因为对于动圈式传感器而言，若视运动的线圈为静止，则动圈式磁电传感器就变成了一个动铁式磁电传感器。因此，有时将动圈式和动铁式磁电传感器统称为恒定磁场式磁电传感器，因为这类传感器的磁场一般都由永磁体提供，在整个工作过程中磁场强度不变。

动圈式与动铁式磁电传感器分别用于线速度和转速的测量，其测速原理如图3-42所示。

1. 线速度型

图3-42a是线速度型传感器的工作原理图，当磁体相对线圈直线运动时，在线圈中产生的感应电动势

$$E = NBLv$$

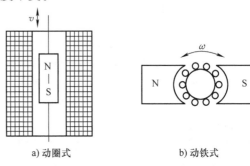

图3-42 动圈式和动铁式磁电传感器

上式可改写为

$$v = \frac{E}{NBL} \tag{3-56}$$

式中　N——线圈的有效匝数；
　　　B——磁场强度；
　　　L——单匝线圈导线的长度；
　　　v——磁体相对线圈运动的速度。

对于某一具体传感器而言，N、B、L均为常数，磁体的移动速度v与感应电动势E成正比。

2. 转速型

图3-42b是转速型传感器的工作原理图，在磁场中以ω的转速旋转的线圈中产生的感应电动势

$$E = kNBA\omega$$

则

$$\omega = \frac{E}{kNBA} \tag{3-57}$$

式中　k——与结构有关的系数，$k<1$；
　　　N——线圈的匝数；
　　　B——磁场强度；
　　　A——线圈中导线的截面积；
　　　ω——线圈的旋转角速度。

传感器结构一旦确定，则k、N、B、A均为常数，由式（3-57）可知，线圈的旋转角速度ω与感应电动势E成正比。

二、磁阻式磁电传感器

磁阻式磁电传感器的工作原理是：线圈和磁体均不运动，利用运动着的物体改变磁路中

磁阻 R_m 的变化，进而引起磁场的变化，使线圈中产生感应电动势，如图3-43所示。

图3-43a是磁阻式转速传感器的结构原理简图，由此测得的转速 n 和角速度 ω 分别为：

$$n = \frac{60m}{zt} \quad (3\text{-}58)$$

$$\omega = 2\pi n = \frac{120\pi m}{zt} \quad (3\text{-}59)$$

式中　m——脉冲个数；
　　　t——时间（s）；
　　　z——信号齿盘的齿数。

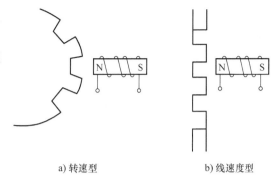

a) 转速型　　b) 线速度型

图3-43　磁阻式磁电传感器

同理，由图3-43b可得到磁阻式速度传感器所测得的速度

$$v = \frac{ml}{t} \quad (3\text{-}60)$$

式中　m——脉冲数；
　　　l——信号齿条的节距（m）。
　　　t——时间（s）。

比较式（3-56）、式（3-60）、式（3-57）和式（3-59）不难发现，尽管磁阻式和恒定磁场式磁电传感器的工作原理均是 $E = -N\dfrac{d\Phi}{dt}$，但这两种传感器的测试量却完全不同，恒定磁场式磁电传感器测量的是感应电动势 E，而磁阻式磁电传感器测量的是感应电动势的变化次数 m。由第二章中对"如何实现不失真测量"的分析可知，将速度、转速的测量转换为对脉冲数的读取是避免测试失真的一种最有效的方法。正因为如此，汽车上的车载转速传感器（如发动机转速传感器、车轮转速传感器等）及汽车试验用转速传感器（如汽车底盘测功机上的转速测量、各总成部件试验台架上的转速测量等）大多都采用磁阻式磁电传感器。

三、磁电式传感器的应用

在汽车工程领域，磁电式传感器主要用于转速的测量。另由 $E = -N\dfrac{d\Phi}{dt}$ 可知，当被测量的变化较缓慢时，由于 $\dfrac{d\Phi}{dt}$ 较小，因此其输出变量 E 亦很小，由此可见，磁电式传感器若用于速度和转速的测量，显然它不适用于很小速度和很小转速的测量，即磁电式传感器的低速特性不好。在选用传感器时，对此应予以足够的重视。

关于磁电式传感器的应用，前面已经提到，在此主要介绍其在汽车领域应用十分广泛且相当经典的一款传感器，即磁阻式发动机转速/上止点位置传感器。如图3-44所示。

发动机转速/上止点位置传感器与图3-43a中

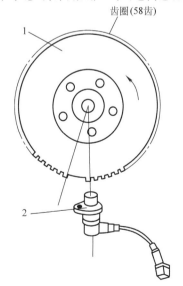

图3-44　发动机转速/上止点位置传感器
1—信号盘　2—传感器探头

转速传感器的唯一区别是，发动机转速/上止点位置传感器的信号盘上少了两齿，当缺齿部分转到传感器探头处时，便少了两个脉冲信号，由于信号盘与发动机曲轴刚性相连，缺少的两个脉冲信号正好可说明活塞所处的位置。

第八节 热电式传感器

热电式传感器是利用某些材料或元件的物理性能与温度相关的特性来工作的，热电式传感器主要用于测量温度，因此常将其称为温度传感器。

温度的测量有两种方式，即接触测量和非接触测量；接触测量常用的有两种不同结构的传感器，分别是热电偶和热敏电阻；对于非接触测量方式，目前在汽车及工程领域中应用的主要是红外测温仪。

一、热电偶式温度传感器

在两种不同的导体材料所组成的闭合回路中，若两接触点的温度 T_0、T 不同，在回路中便会产生电动势，即热电效应，此电动势称为热电动势。它由两种导体的接触电动势和单一导体的温差电动势组成。

1. 两种导体的接触电动势

有两种不同的导体 A 和 B，由于材料的不同，它们各自自由电子的密度 n_A 和 n_B 亦不同，设 $n_A > n_B$，当两种导体接触时，将会产生自由电子的扩散现象。自由电子密度高的 A 导体扩散到自由电子密度低的 B 导体中的自由电子比 B 导体扩散到 A 导体中的自由电子多，A 导体因失去电子而带正电，B 导体因得到电子而带负电。如此在接触面处便形成了电场，此电场阻止电子的进一步扩散而达到平衡时，在 A 和 B 导体之间便形成了电位差，即接触电动势

$$e_{AB}(T) = \frac{kT}{e} \ln \frac{n_A}{n_B} \tag{3-61}$$

式中 $e_{AB}(T)$——导体 A、B 在接触温度为 T 时的接触电动势；

e——电子电荷，$e = 1.6 \times 10^{-19}$ C；

k——波尔兹曼常数，$k = 1.38 \times 10^{-23}$ J/K；

n_A、n_B——导体 A、B 的自由电子密度。

2. 单一导体的温差电动势

对于单一导体，若两端温度分别为 T、T_0，且 $T > T_0$，则在温度为 T 的高温端，由于导体自由电子具有较高的动能而向低温端扩散。高温端失去电子带正电，低温端得到电子带负电，即在导体的两端产生了电动势，这个电动势称为单一导体的温差电动势 $e_A(T, T_0)$。

$$e_A(T, T_0) = \int_{T_0}^{T} \sigma_A dT \tag{3-62}$$

式中 $e_A(T, T_0)$——导体 A 两端的温度为 T、T_0 时的温差电动势；

σ_A——汤姆逊系数，同一导体两端温差为 1℃ 时所产生的温差电动势；

T、T_0——高、低端的绝对温度。

3. 热电偶的总电动势

图 3-45 所示是两种不同导体材料所组成的闭合回路，两个接点的温度分别为 T 和 T_0，

其中温度为 T 的接触点用于测温，称为热端，另一端是测温的参考点，称为冷端。在此闭合回路中，在两接触端存在接触电动势，由于热端和冷端的温度不相等，因此在 A、B 导体中还存在温差电动势，在闭合回路中的总电动势

$$E_{AB}(T,T_0) = e_{AB}(T) + e_B(T,T_0) - e_{AB}(T_0) - e_A(T,T_0) \tag{3-63}$$

式中　$e_{AB}(T)$——热端接触电动势；

　　　$e_B(T,T_0)$——B 导体的温差电动势；

　　　$e_{AB}(T_0)$——冷端接触电动势；

　　　$e_A(T,T_0)$——A 导体的温差电动势。

实际应用中，热电偶中的热电动势 $E_{AB}(T,T_0)$ 与被测温度之间的关系是通过分度表来确定的。分度表是在参考端温度为 0℃ 时由实验得到热电动势与测温端温度之间的数值关系（不同的热电偶材料，分度表中的数值各不相同）。

4. 热电偶的基本定律

有了前面对热电偶测温原理的分析及热电偶总电动势的计算式，仍无法进行温度的测量，因为：1）温度信号无法引出；2）进行温度测量时还需知道冷端温度所产生的电动势。为了解决这些问题，需了解热电偶的基本定律。

（1）中间导体定律　若在热电偶中接入第三种导体，只要该导体两端的温度相等，则热电偶产生的热电动势不变，同理，接入第四、第五种导体，只要两端的温度相等，同样不会影响电路中的总电动势，如图 3-46 所示。证明如下：

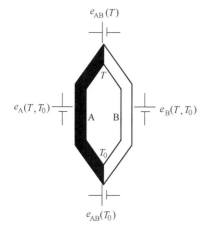

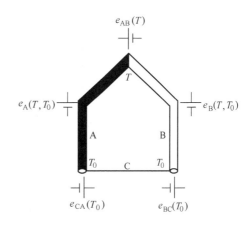

图 3-45　热电偶中的电动势　　　　　　　图 3-46　中间导体定律示意

$$E_{ABC}(T,T_0) = e_{AB}(T) + e_B(T,T_0) + e_{BC}(T_0) - e_{CA}(T_0) - e_A(T,T_0) \tag{3-64}$$

若 $T = T_0$，则 $E_{ABC}(T,T_0) = 0$，

由于 $e_B(T,T_0) = e_A(T,T_0) = 0$，则有

$$e_{CA}(T_0) - e_{BC}(T_0) = e_{AB}(T_0) \tag{3-65}$$

将式（3-65）代入式（3-64）得

$$E_{ABC} = e_{AB}(T) + e_B(T,T_0) - e_{AB}(T_0) - e_A(T,T_0) = E_{AB}(T,T_0)$$

根据此定律，我们可以采取任何方式焊接导线，将热电动势引出，并传递到显示仪表或数据处理设备而不影响测量结果。

(2) 中间温度定律　在热电偶的测量电路中，若测量端温度为 T，参考端温度为 T_0。中间温度为 T'_0（图 3-47）。则

$$E_{AB}(T, T_0) = E_{AB}(T, T'_0) + E_{AB}(T'_0, T_0) \qquad (3-66)$$

证明如下：

$$E_{AB}(T, T'_0) = e_{AB}(T) + e_B(T, T'_0) - e_{AB}(T'_0) - e_A(T, T'_0)$$

$$E_{AB}(T'_0, T_0) = e_{AB}(T'_0) + e_B(T'_0, T_0) - e_{AB}(T_0) - e_A(T'_0, T_0)$$

将上两式相加得

$$E_{AB}(T, T'_0) + E_{AB}(T'_0 + T_0) = e_{AB}(T) + e_B(T, T_0) - e_{AB}(T_0) - e_A(T, T_0)$$

即

$$E_{AB}(T, T_0) = E_{AB}(T, T'_0) + E_{AB}(T'_0, T_0) \qquad (3-67)$$

中间温度定律较好地解决了参考温度 $T'_0 \neq 0℃$ 时的测量问题（在实际测试过程中，往往 $T'_0 \neq 0℃$）。$E_{AB}(T, T'_0)$ 是热电偶的输出值，$E_{AB}(T'_0, T_0)$ 可以从分度表中查得，将两者代入式（3-67）便可得到 $E_{AB}(T, T_0)$，反查分度表便可得到温度 T。

当然，在实际测试过程中，若要来回查分度表显然太过麻烦，中间温度定律所揭示的规律，常用补偿电路来完成，而 $E_{AB}(T, T'_0)$ 与被测温度 T 的变化规律常固化在测试电路中，因此热电偶测温仪输出的就是被测对象的温度值。

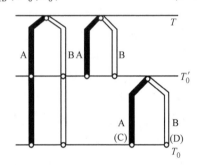

图 3-47　热电偶中间温度定律示意图

图 3-48 是一种较典型的热电偶温度补偿电路，它利用电桥对其进行补偿。在补偿电路中，电阻 R_1、R_2、R_5 的电阻温度系数较小，补偿电阻 R_4 的电阻温度系数较大。当 $T_0 = 0℃$ 时，将电桥调平衡，即 a、b 两点的电位相等，电桥对仪表的读数无影响。当参考端的温度 T_0 上升到 T'_0 而不等于零时，热电偶输出的电动势减小，补偿电阻 R_4 的阻值增加，电桥失去平衡，a、b 两点间的电位差 $\Delta E > 0$。若 ΔE 正好等于 $E_{AB}(T, T'_0) - E(T'_0, T_0)$，则仪表读出的热电动势不受参考端温度变化的影响，即起到了对参考端温度的补偿。

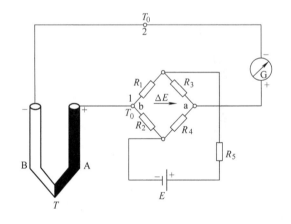

图 3-48　热电偶的温度补偿电路

(3) 参考电极定律　图 3-49 是参考电极定律的示意图。已知热电极 A、B 与参考电极 C 组成的热电偶在结点温度为 (T, T_0) 时的热电动势分别为 $E_{AC}(T, T_0)$、$E_{BC}(T, T_0)$，则在相同温度下，由 A、B 两种热电极配对后的热电动势

$$E_{AB}(T, T_0) = E_{AC}(T, T_0) - E_{BC}(T, T_0) \qquad (3-68)$$

热电偶参考电极定律为获得不同材料组成热电偶的分度表提供了方便，即只需测量少数几种导体组成热电偶的热电动势与温度的关系，便可获得其他各种不同材料所组成的热电偶分度表。

5. 热电偶温度传感器的特点

1）热电偶的大小和形状可按需要进行配置，因此使用方便。

2）热电偶的测温范围为 -200~1300℃，在特殊情况下为 -270~2800℃。这么宽的测温范围是许多温度传感器不易做到的。

3）测量数据易于实现远距离传输。

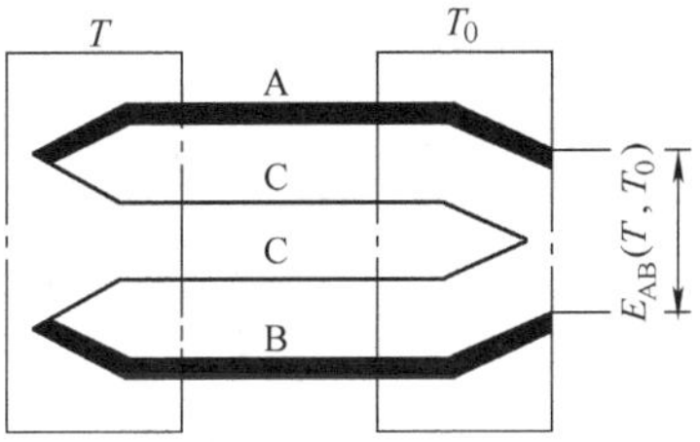

正因为热电偶具有上述诸多优点，因此热电偶温度传感器在工业过程控制中得到了广泛应用，如汽车零部件进行热处理的温度控制、汽车烤漆房的温度控制等。

图 3-49 热电偶参考电极定律示意图

二、非接触式温度传感器（红外测温仪）

非接触式温度传感器是近些年发展起来的一种新型温度传感器，它的诞生较好地解决了各工程领域一些不易接触、环境恶劣及高温物体表面等的温度测量问题。如汽车制动热衰退性试验过程中的温度测量，过去常用的方法是在摩擦衬片中埋入热电偶，不仅麻烦，而且所测的温度并非是所要求的制动器摩擦表面的温度，用非接触式温度传感器就可十分方便地解决这类问题。当然，非接触式温度传感器的应用并不局限于汽车试验，它在汽车制造过程及各工程领域均有广泛的应用。

非接触式温度传感器有多种不同的结构形式，红外测温仪是其中最常用的一种，在此仅介绍红外测温仪。

红外测温仪的测温原理是：任何物体的温度只要高于绝对零度（-273.16℃）就处于"热状态"。处于热状态的物质分子和原子不断振动、旋转并发生电子跃迁，从而产生电磁波。这些电磁波的波长处于可见光的红光之外，因此称为"红外光"或"红外线"。物体红外热辐射的强度和波长分布取决于物体的温度和辐射率。若能对红外热辐射的强度进行测量，便可知道物体的温度 T。

斯蒂芬-玻尔茨曼定律指出，物体的温度 T 与红外线辐射功率 W 的关系为

$$W = \varepsilon \sigma T^4 \tag{3-69}$$

式中 W——单位面积的红外热辐射功率（W/m²）；

σ——斯蒂芬-玻尔茨曼常数，$\sigma = 5.67 \times 10^{-8} \text{W/m}^2 \cdot \text{K}^4$；

ε——比辐射率，黑体的 $\varepsilon = 1$，非黑体的 $\varepsilon < 1$；

T——热力学温度（K）。

式（3-69）表明，物体的辐射强度随温度的上升而显著地增强。图 3-50 是利用斯蒂芬-玻尔茨曼定律制作的红外测温仪的工作原理简图。被测物体的红外线辐射经光学系统 2 聚焦在光栅调制盘上，经光栅盘调制成一定频率的光能入射到红外探测器上，红外探测器将其转换为交变的电信号经放大后送到显示或记录设备。光栅调制器由两块光栅片组成，一块为定片，另一块为动片。动片受光栅调制电路控制，由微电机驱动，其按一定的频率转动，实现光路的开（光透过）和关（光不透过），从而使入射光被调制成具有一定频率的辐射信号作用于红外探测器上。

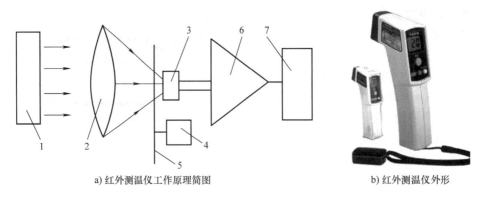

a) 红外测温仪工作原理简图　　　　　　b) 红外测温仪外形

图 3-50　红外测温仪

1—被测物体　2—光学系统　3—红外探测器　4—微电机　5—光栅调制盘　6—放大器　7—显示器

第九节　光电式传感器

光电式传感器是利用光电效应来工作的。光电效应按其作用原理的不同分为外光电效应、内光电效应和光生伏特效应。

一、外光电效应

在光照作用下，物体内的电子从物体表面逸出的现象称为外光电效应，又称为光电子发射效应。外光电效应的实质是能量形式发生了变化，即光能转换为电磁能。典型的外光电效应器件有光电管、光电倍增管等。

二、内光电效应

在光照作用下，物体的导电性能发生变化的现象称为内光电效应，又称为光导效应。光敏电阻、光敏二极管、光敏晶体管均属此类。

1. 光敏电阻

光敏电阻又称为光导管，它是利用某些半导体材料，受光照作用时电阻值随光照的增强而减小，且光照停止后，电阻值又恢复原来数值的特性制造出来的。其原理是，若照射到某些半导体材料上的光子能量大于半导体的禁带宽度，价带中的电子吸收一个光子后，便可跃迁到导带，从而激发出电子空穴对，于是降低了半导体的电阻值，提高了其导电性能。

2. 光敏二极管

光敏二极管与普通二极管相似。光敏二极管装在透明的玻璃外壳中，置于管顶的 PN 结可直接接受光的照射。光敏二极管在电路中处于反向工作状态。无光照时，暗电流很小，电路中无电流通过；有光照时，在 PN 结附近产生电子空穴对，在内电场的作用下定向运动，形成光电流，光电流随光强的增加而增大。

3. 光敏晶体管

光敏晶体管与普通晶体管相像，也有 NPN 和 PNP 两种类型。由于光敏晶体管是光致导通的，因此它的发射极一边很小，以扩大其受光面积。当光照射光敏晶体管的 PN 结时，便产生电子空穴对，在内电场的作用下形成光电流，因此 PN 结的方向电流显著增大。光照发射极所产生的电流相当于晶体管的基极电流，则集电极的输出电流为光电流的 β 倍。这就是光敏晶体管比光敏二极管灵敏度高的原因。

三、光生伏特效应

在光照作用下，某些特殊物质（如硅、硒、砷化镓、硫化镉等）可产生一定方向的电动势，这种现象称为光生伏特效应。能产生光生伏特效应的材料称为光电池。光生伏特效应的工作原理是在一块 N 型半导体晶片上，用扩散的方法掺入一些 P 型杂质形成 PN 结，分别将 P 型层和 N 型层用电极引出，即正、负极。当光照射到 PN 结上时，若光子的能量大于半导体的禁带宽度，则在 PN 结内产生电子空穴对，在内电场的作用下，空穴向 N 型区移动，使 P 型区带正电，N 型区带负电，因而 PN 结产生电动势。光照越强，产生的电动势越大。

四、光电传感器的应用

光电传感器在汽车及各工程领域的应用十分广泛，它可用于速度、转速、位置、位移、汽车排放、汽车灯光等物理量的测量。下面是光电传感器在汽车上的 3 个应用实例。

1. 光电转速传感器

光电转速传感器在汽车试验中得到了广泛的应用。光电转速传感器由信号盘、光源和光电转换器件（光电元件）组成，如图 3-51 所示。

信号盘上的透光窗口转到光电元件处时，光源发射出的光经过信号盘上的透光窗口照射到光电元件上，光电元件就输出与之对应的脉冲信号，若信号盘上的透光窗口数为 z，光电元件在时间 t 内输出的脉冲数为 m，则被测物体的转速

$$n = \frac{60m}{zt} \quad (3\text{-}70)$$

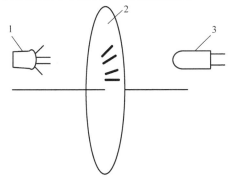

图 3-51　光电转速传感器
1—光源　2—信号盘　3—光电器件

2. 透光式烟度计

汽车发动机排出烟尘越浓，对光的吸收能力越强，即透光能力越差。透光式烟度计就是基于这一原理制成的，如图 3-52 所示。

发动机排出的废气经采样头进入测试管 6 的过程中，恒定光源 7 发出的光透过测试管中的废气后到达光电元件 5。废气中烟尘浓度的不同，透过测试管到达光电元件的光强亦有不同，光电元件输出的电信号的大小随之发生变化。光电元件输出的电信号越强，光源发出的光被废气吸收的量越少，废气中烟尘浓度就低；光电元件输出的电信号越弱，则废气中的烟尘浓度越高。

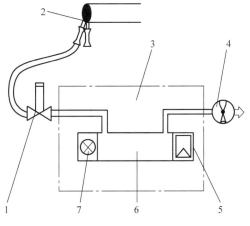

图 3-52　透光式烟度计工作原理
1—换向阀　2—采样头　3—测量室　4—取样泵
5—光电元件　6—测试管　7—光源

3. 汽车前照灯检测仪

汽车前照灯检测仪所用的原理是光生伏特效应，其核心部件是 4 块性能完全相同的光电池，如图 3-53 所示。

（1）发光强度的检测　由前面介绍的光电池产生电动势的原理可知，若汽车前照灯照在光电池2上的光线越强，则光电池的电动势就越大，若设四块光电池在光照作用下产生的电动势分别为 E_1、E_2、E_3 和 E_4，则四块光电池产生的电动势之和即反映了汽车前照灯发光强度的大小。

（2）光轴偏斜量的检测　将四块光电池两两连成回路，如图3-53所示。若汽车前照灯的光轴中心不在四块光电池组成的靶板中心，而向某一方向偏斜，则四块光电池因受光面积不等而输出的电流亦不相等。由于存在上与下和左与右之间的电流大小差异，就会使上、下偏斜指示计3、左右偏斜指示计1的指针偏转。显然，两个方向的偏斜指示计的偏转方向反映了汽车前照灯光轴的偏斜方向，两个回路中电流的大小反映了汽车前照灯光轴偏移量的大小。

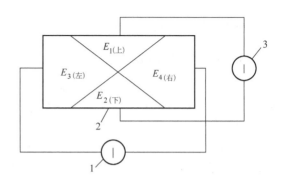

图3-53　汽车前照灯检测仪
1—左、右偏指示计　2—光电池　3—上、下偏斜指示计

图3-53中的汽车前照灯检测仪只适合测试汽车的远光灯，不适合测试汽车的近光灯，近光灯的测试需要采用基于CCD（或CMOS）图像传感器制作的汽车前照灯检测仪，其原因是：为了避免因会车过程中汽车灯光照射对方车辆驾驶人的眼睛，汽车近光灯都采用防眩目设计，即近光灯光斑的左上角缺了一块而不是正圆，因此，即便是汽车近光灯的光轴中心落在图3-53所示的汽车前照灯检测仪受光面的正中心，测试灯光偏斜量的回路中仍然会产生电流。

第十节　霍尔式传感器

某些半导体材料，如砷化铟、锑化铟、砷化镓、锗等，若将其置于磁场中（图3-54），并在与磁场垂直的方向上加一控制电流 I，则在与磁场 B 和电流 I 垂直的方向上便会产生霍尔电压，这一现象是一位名叫霍尔的工程师发现的，因此称为霍尔效应。能产生霍尔效应的半导体器件称为霍尔元件。

霍尔元件产生的霍尔电压

$$U = \frac{IB}{ne_0 d} \quad (3-71)$$

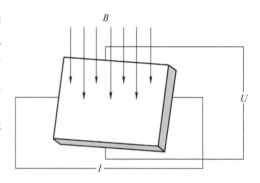

图3-54　霍尔效应原理

式中　I——控制电流（A）；
　　　e_0——带电粒子的电荷，$e_0 = 1.602 \times 10^{-19}$ C；
　　　B——磁场强度（T）；
　　　d——半导体的厚度（mm）；
　　　n——电子浓度。

霍尔式传感器是一种结构十分简单、价格非常低廉、性能可靠、使用方便的传感器，在汽车及各工程领域得到了广泛应用。它可用来测量速度、转速、位置、位移等多种不同的物理量，还可用来制作各种非接触式行程开关。由霍尔效应原理可知，霍尔传感器的输出电压U与被测物体的运动速度无关，因此它的高、低速特性都很好，若用其测量物体的转速，其下限速度可以接近0，上限速度从理论上讲可以不受限制，即它可以满足工程中各种运行速度的测量。正因为如此，汽车上的车速传感器大多采用霍尔式传感器。

霍尔式传感器的工作原理与前面介绍的磁电式转速传感器和光电式转速传感器很相像，在此不作介绍，下面介绍一下广泛应用于电控燃油顺序喷射系统中的霍尔式判缸信号传感器，该传感器的工作原理如图3-55所示。

信号转子1通过减速机构与发动机曲轴相连或与发动机凸轮轴相连（曲轴转速与信号转子的转速比为2:1），即传感器的信号转子与曲轴具有固定不变的相对角位置关系。信号转子上的缺口数与发动机气缸数相同，当信号转子的缺口到达永磁体2和霍尔元件3之间时，由于磁场B可以垂直作用到霍尔元件3中，因此在霍尔元件中便产生一霍尔电压；当缺口转离永磁体和霍尔元件时，由于磁力线遇到导磁材料时，其磁力线的路径发生变化，没有磁场作用到霍尔元件上，因此没有霍尔电压输出。若图3-55所示的状态，正好与发动机1缸的进气行程相对应，则当信号转子随曲轴旋转时，便可按发动机的点火顺序（1-4-3-2）在各缸处于进气行程的始端略前的时刻向汽车电控单元（ECU）提供即将进入进气行程的信息，以便ECU接通相应缸的喷油器电源，实现对相应缸的供油。

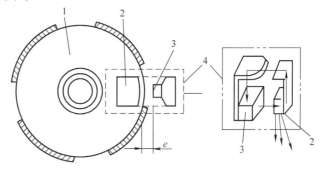

图3-55 霍尔式判缸信号传感器

1—信号转子 2—永磁体 3—霍尔元件 4—输出霍尔电压时的状态

该传感器还可以作为电子点火系统的点火信号发生器用，也可用来测量转速。

第十一节 CCD/CMOS图像传感器

尽管CCD图像传感器和CMOS图像传感器在结构原理、制造工艺、制造成本、性能指标等诸多方面均存在一定的差异，但若从传感器在工程测试领域的应用这一角度而论，除测试精度和耗电量略有差异之外，其他各个方面（如功能、测试方法、信号的分析处理与表达等）几乎没有任何差异，因此在后面涉及此两种传感器的测试原理与工程应用的内容时不再分别介绍。

一、CCD图像传感器

CCD图像传感器又名电荷耦合器（Charge Coupled Device，简称CCD）。它是由以阵列方式（线阵、面阵）排列在衬底材料上的金属氧化物半导体（Metal Oxide Semiconductor，简称MOS）电容器件组成的具有光生电荷、积蓄和转移电荷的功能。是20世纪60年代由美国贝尔电报电话公司的工程师博伊尔和史密斯发明（2009年因此项发明获诺贝尔物理学奖）。尽管CCD图像传感器自发明至今只有近半个世纪，但它的应用已渗透到了人类生产、生活的各个领域，它和计算机一样，对当代人类的社会活动带来了极大的影响。CCD 图像传感器在工程测试领域的应用也十分广泛，它可用于位置、位移、高度、速度、振动等各类物理量的测量，各工业领域的在线检测，交通、指纹、虹膜的识别，各种复杂物体的三维扫描测量等都因 CCD 图像传感器变得十分简便。

CCD 图像传感器主要由 CCD 芯片和驱动器组成。

1. CCD 芯片

CCD 芯片是在 P 型（或 N 型）硅单晶的衬底上生长出一层很薄的二氧化硅，再在其上沉积一层金属电极而组成的排列整齐、尺寸和位置十分准确的若干个 MOS 结构元，通常将 MOS 结构元称为像素。当在金属电极上施加一正偏压所形成的电场，将排斥电极下面硅衬底中的多数载流子空穴而形成一个耗尽区，它对于带负电的电子而言是一个势能很低的区域，称为"势阱"。金属电极上所加偏压愈大，电极下的势阱愈深，捕获少数载流子的能力愈强。若此时有光线射入，半导体硅片上就会产生电子空穴对，光生电荷被附近的势阱所捕获，空穴被电场排斥出耗尽区。势阱所捕获的电子数与入射的光强成正比。一个势阱所捕获的若干光生电荷称为一个"电荷包"。CCD 图像传感器有线阵和面阵之分，像素尺寸有 14μm×14μm、7μm×7μm、4.4μm×4.4μm 等多种规格如图 3-56 所示。

a) 线阵CCD图像传感器

b) 面阵CCD图像传感器

图 3-56　CCD 图像传感器

2. CCD 驱动器

CCD 驱动器是一种将电荷包中的电荷按一定规律输出的设备。

二、CMOS 图像传感器

CMOS 英文全名为 Complementary Metal-Oxide Semiconductor，互补性金属氧化物半导体，于 20 世纪 70 年代初由美国航空航天局喷气推进实验室发明，1997 年在英国爱丁堡 VLSI Version 公司实现商品化。CMOS 图像传感器是一种用传统芯片工艺方法将光敏元件、放大器、模数转换器、数字信号处理器和计算机接口电路等集成在一块硅片上的图像传感器件。早期的 CMOS 图像传感器存在图像质量差、分辨率低、噪声大、灵敏度低等缺点，但随着集成电路技术和工艺水平的不断提高，CMOS 图像传感器上述缺点均已逐渐得到克服，而集成度高、单电源与低压供电、耗电少、成本低等优点不仅使其在数码产品中得到了广泛应用，而且还不断地走向工程测试领域。用于工程测试的 CMOS 图像传感器其像素尺寸主要是 5.6μm×5.6μm，如图 3-57 所示。

图 3-57　CMOS 图像传感器

三、CCD 与 CMOS 的对比

CCD 的优点是灵敏度高、噪声小、信噪比大，缺点是生产工艺复杂、成本高、功耗高，主要用于测试精度要求高的工业与工程测试。

CMOS 的优点是集成度高、功耗较低、成本低、对光源要求高,在测试精度要求不高的民用领域得到了广发应用。

随着技术的进步,CCD 与 CMOS 的性能与成本差异正逐渐缩小,CMOS 已开始走入工业与工程测试领域。

四、CCD/CMOS 图像传感器的应用

在当今社会,人们几乎每天都不可避免地要和 CCD/CMOS 图像传感器打交道,如到超市购物,要用到 CCD 制成的条码阅读器,可视电话、摄制各类电视节目所用的数码摄像机、数码照相机、传真机、复印机等设备中的核心部件均是 CCD/CMOS 图像传感器。为了帮助了解 CCD/CMOS 图像传感器的应用,下面举两个在汽车上应用的实例。

1. 利用 CCD/CMOS 图像传感器测试车轮定位参数

在总装线上,有一台十分重要的检测设备——车轮定位参数检测与调试设备,其中最先进的是利用 CCD/CMOS 图像传感器测量车轮外倾角和前束角,如图 3-58 所示。整套设备包括四组转鼓和四组测量头(图 3-58a)及控制系统(图中未画出)。

a) 转鼓与传感器组件

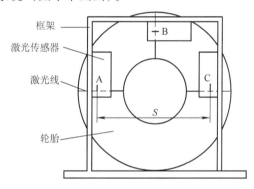

b) 三个测点位置

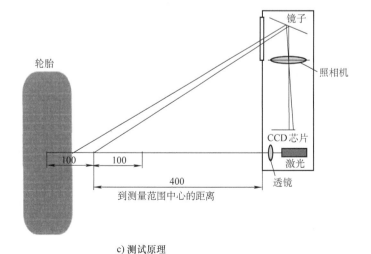

c) 测试原理

图 3-58　车轮定位参数测试

该设备的测量原理见图 3-58a 和 b。每个测量头由三个传感器总成组成，每个传感器都包含一个激光器和一个线阵 CCD/CMOS 器件。三个激光器所发出的三条激光线分别打在被测车轮侧壁的三个特定位置 A、B、C 上，由于车轮存在外倾角和前束角，因此车轮侧壁上的三个特定位置距测量头的距离 L_A、L_B、L_C 各不相等。若设车轮的前束角为 α，外倾角为 β，被测参数 α 和 β 为：

$$\alpha = \arctan \frac{|L_A - L_C|}{S} \tag{3-72}$$

$$\beta = \arctan \frac{L_A + L_C - 2L_B}{S} \tag{3-73}$$

式中的 L_A、L_B、L_C 分别由三个 CCD/CMOS 器件测得。

上面所述利用线阵 CCD/CMOS 图像传感器测试车轮定位参数的例子是 CCD/CMOS 图像传感器测距的典型应用之一。利用 CCD/CMOS 图像传感器的测距原理，可以将 CCD/CMOS 图像传感器用于测试固定设备（如机床、海上钻井平台、高铁钢轨等）的振动（钢轨振动的测试见图 3-59a）。面阵 CCD/CMOS 图像传感器可以理解为是多个线阵 CCD/CMOS 图像传感器的并行排列。线阵 CCD/CMOS 图像传感器可以测试一个点的距离，面阵 CCD/CMOS 图像传感器便可测试一条线上各点的距离，即物体轮廓线，见图 3-59b；平行移动所测得轮廓线就可以得到轮廓面，见图 3-59c。利用轮廓面的测试原理，便开发出了新一代面阵 CCD/CMOS 图像传感器的车轮定位参数测试系统，如图 3-60 所示。

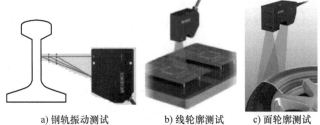

a) 钢轨振动测试　　b) 线轮廓测试　　c) 面轮廓测试

图 3-59　CCD/CMOS 图像传感器测距

图 3-60　面阵 CCD/CMOS 图像传感器车轮定位参数测试系统

2. 利用 CCD/CMOS 图像传感器进行三维扫描测量

汽车车身设计通常要经历车身造型设计、模型制作、模型的测量及车身结构设计等过程，其中，模型测量曾经是一项烦琐而费时的工作。然而，有了 CCD/CMOS 图像传感器，这件事情就变得十分简单。图 3-61 是对某一复杂工件进行三维扫描测量的原理简图，将激光线（也可用白光）打在被测物体上，利用 CCD/CMOS 传感器对被测物体上的激光线进行摄像。

显然，该形线在 CCD/CMOS 上的影像如图 3-61 所示，影像在 CCD/CMOS 上水平方向上的位置，反映了被测形线上的对应点距 CCD/CMOS 的距离，即被测形线对应点的 x 坐标；影像在 CCD/CMOS 上铅垂方向上的位置即为被测形线对应点的 z 坐标；将打在被测物体上的激光线自左向右等间隔地移动，每移动一相等距离 ΔL 就可得到图 3-57 所示的一幅图像，显然激光线移动的次数 n 与 ΔL 的乘积 $n\Delta L$ 即为被测点的 y 坐标,如此便可得到密布在被测物体表面上各点的三维坐标,即"点云"的坐标。

3. CCD/CMOS 图像传感器在辅助驾驶系统与自动驾驶系统中的应用

无论是辅助驾驶系统还是自动驾驶系统,都必须要有一套相当于驾驶人眼睛功能的视觉系统。

(1) CCD/CMOS 图像传感器在辅助驾驶系统中的应用

汽车辅助驾驶系统包括自动泊车、车道维持、前方防撞、自适应巡航、全方位安全警示等多种,各种辅助驾驶系统,CCD/CMOS 图像传感器都是其关键核心部件,如图 3-62 所示。

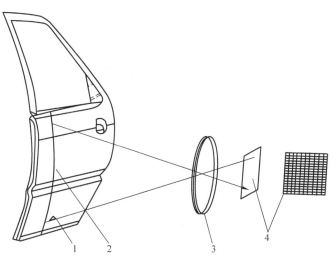

图 3-61 非接触式三维扫描测量
1—车门 2—激光线 3—光学系统 4—CCD/CMOS 芯片

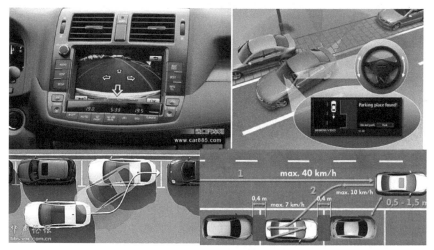

a) 自动停车

b) 车道维持　　　　　　　　c) 前方防撞

图 3-62 CCD/CMOS 图像传感器在辅助驾驶系统中的应用

图 3-62 CCD/CMOS 图像传感器在辅助驾驶系统中的应用（续）

（2）CCD/CMOS 图像传感器在自动驾驶系统中的应用 将前面所述自动泊车、车道维持、前方防撞、自适应巡航、全方位安全警示等多种辅助驾驶系统中 CCD/CMOS 图像传感器的全部功能聚集在一起便构成了自动驾驶汽车的视觉系统。

第十二节 毫米波雷达与激光雷达

尽管智能汽车（又称无人驾驶汽车）尚未实现商业化，但近些年智能汽车的发展已引起了全行业乃至全人类的关注。然而，智能汽车的发展离不开激光雷达这一十分重要的传感器。

要实现汽车的无人驾驶，就必须要将人体眼睛、大脑、手、脚的功能置于汽车，即在汽车上安装能具有人体眼睛、大脑、手、脚功能的设备。具有人体眼睛功能的设备有 CCD/CMOS 图像传感器、毫米波雷达、激光雷达，具有人脑功能的设备就是 GPS 和芯片；具有手与脚功能的设备就是执行转向、加速、制动、换档操作的执行机构。本章只讨论传感器。

CCD/CMOS 图像传感器：CCD/CMOS 图像传感器又称摄像头或摄像机，尽管 CCD/

CMOS 图像传感器具有成本低、性能稳定、可见范围远等诸多优点，但对于无人驾驶汽车而言，由于其存在：1）图像清晰度对背景光线很敏感，不仅害怕雾/雨天，即便在阳光强烈的林荫道，因车道线被光线分割成碎片，致使无法提取出车道线；2）要求车道线的标识完整，一些使用时间较长车道线标识变得模糊不清或不完整的道路及刚开通车道线尚未涂装完整的道路，CCD/CMOS 图像传感器都无法实现其车道线识别功能；3）要求车道线的格式统一，除非车道线模型库中收录世界各地各种不同格式的车道线模型，否则难以保证对车道线的顺利识别；4）无法对应低照度环境，尤其是没有路灯的黑夜，除非另配一套红外夜视系统；5）如果车道线表面被水或冰雪覆盖，CCD/CMOS 图像传感器将完全失去识别功能。由于 CCD/CMOS 图像传感器存在上述不足，要想解决好上述问题，还需要寻找其他设备，那就是体积、质量均较小的毫米波雷达和激光雷达。

毫米波雷达：测距能力相当不错，环境适应性好，但分辨率较差，尽管其可以感知到周围有物体存在，甚至能测出该物体的运动和相对速度，探测距离却非常有限，也无法识别路标和行人。

激光雷达：激光雷达又称车载三维激光扫描仪，是一种移动型三维激光扫描系统，其原理与普通雷达相似，也是通过发射和接受激光束，分析激光遇到目标对象后的折返时间，计算出目标对象的位置（距离、方位和高度）、运动状态（速度、姿态）等信息，实现对目标的探测、跟踪和识别；利用收集目标对象表面密集点的三维坐标、反射率等信息，快速建立周围环境的三维云图，以达到环境感知的目的。

激光雷达是传统雷达技术与激光技术结合的产物。在激光器问世的第二年即 1961 年，科学家就提出了激光雷达的设想，并开展了相关研究工作。半个多世纪以来，激光雷达技术已从最简单的激光测距逐渐发展到激光跟踪、激光测速、激光扫描成像、激光多普勒成像等高新技术，使激光雷达成为一种在航空航天、环境与大地检测、无人驾驶等各个领域得到广泛应用的多功能测试系统。

激光雷达之所以在全球范围受到广泛关注，是因为其具有极高的位置、角度、速度分辨率，大的距离与速度测试范围能获得目标的高清晰度图像，良好的环境适应性与极强的抗干扰能力。早期的激光雷达其激光线束较少，主要有 8 线、16 线和 32 线等。激光雷达的线束越多，测量精度越高，安全性也越好。64 线束的激光雷达是现阶段的主流产品。为了更好地满足无人驾驶汽车的需要，近期已推出了 128 线的激光雷达。

第四章 信号的调理与传输

汽车试验的最终目的是将经传感器感知并转换为电量的被测量送到处理或显示设备，对其进行分析处理并输出试验结果。然而有些传感器输出的电量过于微弱或变化缓慢不易传输；有些传感器输出的电量特别容易受到外界干扰。为了有效地解决这些问题，需对传感器输出的测试信号进行技术处理，工程上将对测试信号所做的技术处理称为信号的调理。

第一节 信号的调制与解调

在汽车测试过程中，常会遇到诸如力、位移等一些变化缓慢又比较微弱的测试信号，若用直流放大器对其放大，容易出现零漂和级间耦合问题；而用阻容耦合交流放大器对其进行放大，虽能抑止零漂，但交流放大器的低频特性较差，用于放大缓变信号尚存在一定的困难。为了解决上述矛盾，常将这些低频信号转换为高频信号，这一过程称为调制；经调制的高频信号用高频放大器进行放大后，再将其恢复为原缓变信号，称为解调。

信号调制的方法是利用传感器输出的缓变信号控制高频振荡波的幅值、频率或相位的变化。当被控量是高频振荡波的幅值时，称为幅值调制，简称调幅（AM）；当被控量是高频振荡波的频率时，称为频率调制，简称为调频（FM）；若被控量是高频振荡波的相位，称为相位调制，简称调相（PM）。

调频和调相统称为角度调制，角度调制属于频谱的非线性变换，即已调信号的频谱结构不再保持原调制信号频谱的内部结构，且调制后的信号带宽通常比原调制信号带宽大得多，因此角度调制信号的频带利用率不高，但其抗干扰的能力较强。用于控制高频振荡波的缓变信号称为调制信号，被控的高频振荡波称为载波，经调制后的高频信号称为已调波。

一、调幅与解调

1. 调幅

若将传感器输出的缓变信号与一高频的正弦或余弦波相乘，则缓变信号大小的变化就变成了高频正弦（或余弦）波幅值的变化。

取高频余弦信号 $z(t)=\cos\omega_0 t$，设传感器输出的缓变信号为 $x(t)$，二者相乘的结果即为已调波 $x_m(t)$，如图 4-1 所示。

由傅里叶变换的性质可知：

$$F[x(t)z(t)] = F[x(t)]F[z(t)] = X(f)Z(f) \tag{4-1}$$

$$Z(f) = F[\cos 2\pi f_0 t] = 0.5\delta(f-f_0) + 0.5\delta(f+f_0) \tag{4-2}$$

将式（4-2）代入式（4-1）得

$$F[x(t)z(t)] = 0.5X(f)\delta(f-f_0) + 0.5X(f)\delta(f+f_0) \tag{4-3}$$

图 4-2 是式（4-3）的图形表示，调制信号 $x(t)$ 与载波 $z(t)$ 的乘积在频域上相当于将

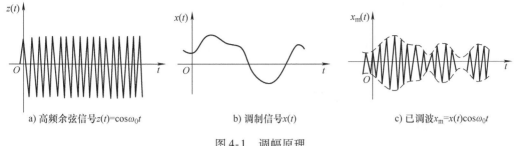

图 4-1 调幅原理

$x(t)$ 在原点处的频谱图形移至载波频率 f_0 处，但幅值减小了一半。由此可见，调幅在频域上相当于一个移频过程。

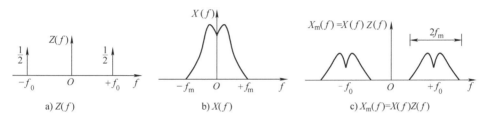

图 4-2 调幅的频域表达

上述调幅原理在工程实际中如何实现呢？由电桥原理可知，对于电阻式电桥，电桥的输出电压 $u_{bd}(t)$ 为

$$u_{bd}(t) = KR(t)u_{ac}(t) \tag{4-4}$$

式中 $R(t)$——被测量的电阻变化；

K——与电桥接法有关的常数；

$u_{ac}(t)$——电桥的供电电压。

由式（4-4）可知，若被测量可以通过传感器转换为电参量（如电阻、电容或电感）的变化，则式中的 $R(t)$ 就是调制信号；若电桥供电电压 $u_{ac}(t)$ 是一高频余弦信号 $u_{ac}(t) = A_0\cos\omega_0 t$（$A_0$ 为供电电压的幅值），则 $u_{ac}(t)$ 就是幅值调制中的载波。显然，电桥就是一个很好的幅值调制设备。

欲使已调波的包络线能不失真地反映调制信号（图4-1c）的大小，载波的频率应远大于被测量信号的频率。为保证调幅的精度，载波的频率应比被测信号的频率大 10 倍以上。

2. 幅值调制的解调

幅值调制的解调方法有多种，常用的有同步解调和相敏检波解调。

（1）同步解调 由三角函数的倍角公式可知：

$$\cos 2\omega_0 t = 2\cos^2\omega_0 t - 1$$

$$\cos^2\omega_0 t = 0.5 + 0.5\cos 2\omega_0 t \tag{4-5}$$

若能消除式（4-5）中的 $0.5\cos 2\omega_0 t$ 项，则将已调波 $x_m(t)$ 再与载波 $z(t) = \cos\omega_0 t$ 相乘，

便可将幅值调制的高频信号恢复成原信号，即

$$x(t)\cos\omega_0 t\cos\omega_0 t = 0.5x(t) + 0.5x(t)\cos2\omega_0 t \tag{4-6}$$

为了能找到消除 $0.5x(t)\cos2\omega_0 t$ 的方法，下面来看看 $x_m(t)\cos\omega_0 t$ 在频域中的情况。

$$F[x_m(t)z(t)] = X(f)Z(f)Z(f) \tag{4-7}$$

将式（4-2）代入式（4-7）并整理得

$$F[x_m(t)z(t)] = \frac{1}{4}X(f)\delta(f-f_0)\delta(f-f_0) + \frac{1}{2}X(f)\delta(f+f_0)\delta(f-f_0)$$

$$+ \frac{1}{4}X(f)\delta(f+f_0)\delta(f+f_0) \tag{4-8}$$

图 4-3 是式（4-8）的图形表示，从中可以看出，若用低通滤波器（下一节将会详细讨论）滤掉其中在 $2f_0$ 处的高频信号，便可实现幅值调制的解调。

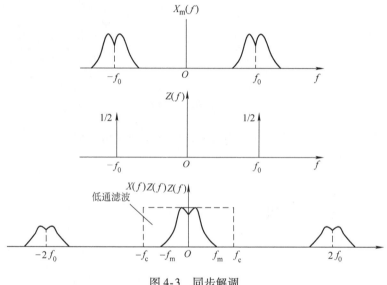

图 4-3　同步解调

由于此解调方法与已调波相乘的高频波与载波是同一个波，因此这一解调方法称为同步解调。

（2）相敏检波解调　利用相敏检波器既能鉴别信号的幅值变化，又能识别信号极性的功能，完成幅值调制的解调工作，相敏检波解调工作原理如下：

四个特征相同的二极管 D_1、D_2、D_3、D_4 分别接到电桥的四个桥臂上，电桥的四个端点 2、4 和 1、3 分别接在两个变压器 A 和 B 的次级绕组上，如图 4-4 所示。变压器 A 的初级端输出已调波信号 u_i，变压器 B 的初级端输入参考信号 u_x，u_x 为幅值调制所用的载波，R_1 为负载电阻。

当已调波 u_i 和参考信号 u_x 的极性相同时，从图 4-4b 和图 4-4c 中可以看出，电流 i_1 流进负载电阻 R_1 的方向均为逆时针方向，设其输出电压为正，$u_o > 0$。

当已调波 u_i 和参考信号 u_x 的极性相反时，从图 4-4d 和图 4-4e 中可以看出，电流 i_1 流进负载电阻 R_1 的方向与图 4-4b 和图 4-4c 中的方向相反，设其输出电压为负，$u_o < 0$。

第四章 信号的调理与传输

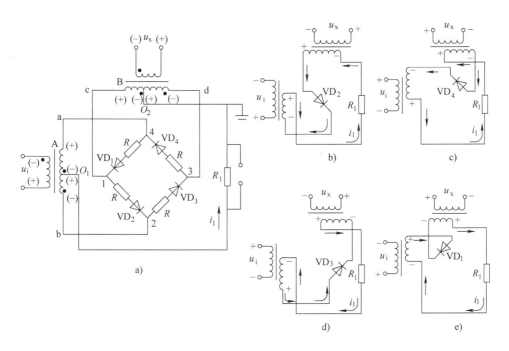

图 4-4 相敏检波解调工作原理
a）相敏检波器 b）、c）u_i、u_x 的极性相同 d）、e）u_i、u_x 的极性相反

当已调波 u_i 和参考信号 u_x 均为零时，负载电阻 R_1 两端的电阻差为零，此时的输出电压为 $u_o = 0$。

由图 4-4a～d 中不难看出变压器 A 和变压器 B 是串联关系，串联系统的动态特性是相乘的关系，变压器 A 和变压器 B 的输入端分别是已调波 u_i 和参考信号（载波）u_x，即相敏检波电路的实际效果相当于将已调波与载波相乘（相当于进行了同步解调）。

图 4-4a 是全波相敏检波器，已调波 u_i 经其检波整流后便可得到图 4-5d 所示的波形，再用低通滤波器滤掉高频成分便将其恢复成原调制信号，如图 4-5e 所示。

图 4-6 是用动态应变仪测量车身各部分应力分布的测试原理框图，振荡器输出高频振荡电压给电桥供电，被测量（车身各部应力）通过电阻应变片的电阻变化来控制调幅电桥的输出，已调波经放大和相敏检波后，再经低通滤波便可将恢复后的信号传递给显示或处理设备。

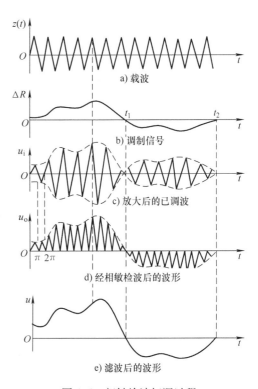

图 4-5 相敏检波解调过程
a) 载波
b) 调制信号
c) 放大后的已调波
d) 经相敏检波后的波形
e) 滤波后的波形

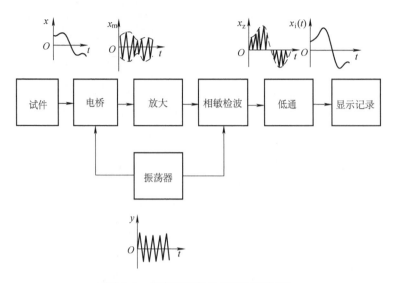

图 4-6 动态应变仪的测试原理框图

二、角度调制

设未调高频载波为简谐函数，其数学表达式为
$$z(t) = Z\cos\theta(t) = Z\cos(\omega_0 t + \theta_0) \tag{4-9}$$

式中 θ_0——载波初相位；

ω_0——载波的角频率；

$\theta(t)$——载波的瞬时相位。

当没有调制时，$z(t)$ 就是载波振荡电压，其角频率 ω_0 和初相角 θ_0 都是常数；进行调频时，在式（4-9）中，高频载波的角频率 ω_0 不再是常数，而是随调制信号变化的量，即调频波的瞬时角频率 $\omega(t)$ 为

$$\omega(t) = \omega_0 + K_f x(t) = \omega_0 + \Delta\omega(t) \tag{4-10}$$

式中 K_f——比例常数，单位调制信号电压引起的角频率变化；

$x(t)$——调制信号。

调频波的瞬时相角 $\theta(t)$ 为

$$\theta(t) = \int_0^t \omega(t)\,dt + \theta_0 \tag{4-11}$$

进行相位调制时，高频载波的瞬时相位 $\theta(t)$ 随调制信号线性变化，即

$$\theta_0(t) = \omega_0 t + \theta_0 + K_p x(t) \tag{4-12}$$

式中 K_p——比例系数，单位调制信号电压引起的相位变化；

$x(t)$——调制信号。

调相波的瞬时频率为

$$\omega(t) = \frac{d\theta(t)}{dt} \tag{4-13}$$

式（4-11）和式（4-13）表明，瞬时相位是瞬时角速度对时间的积分；瞬时角频率为瞬时相位对时间的变化率。由于频率与相位之间存在着微积分关系，因此不论是调频还是调

相，结果都是已调波的幅值不变，瞬时频率和瞬时相位都发生变化。只是变化规律与调制信号的关系不同。因此，频率调制的解调（又称鉴频）和相位调制的解调（又称鉴相）也可相互利用，即可以用鉴频的方法实现鉴相，也可以用鉴相的方法实现鉴频。

调频时，载波的瞬时频率变化量与调制信号呈线性关系，载波的瞬时相位变化量与调制信号的积分呈线性关系；调相时，载波的瞬时频率变化量与调制信号的微分呈线性关系，载波的瞬时相位变化量与调制信号呈线性关系。

1. 调频与解调

（1）调频

图 4-7 是一振荡频率可调的 LC 振荡电路，若用传感器输出的缓变信号去控制可变电容器电容量 LC 的变化，则振荡电路的输出圆频率 ω 便随之发生变化，如此被测量 $x(t)$ 随时间的变化就被转换成了频率 $\omega(t)$ 的变化，如图 4-8 所示。频率调制的重要特点是，已调波的振荡频率与信号的大小成正比。已调波的中心频率 ω_c 是调制信号为零时所对应的频率，信号为正值时，已调波的频率 $\omega > \omega_c$；信号为负时，已调波的频率 $\omega < \omega_c$。

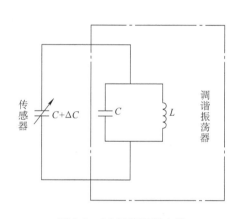 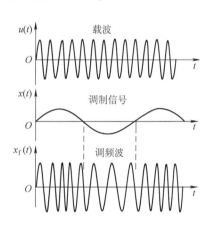

图 4-7 LC 振荡调频电路　　　　图 4-8 测试信号的频率调制

外界干扰通常都不会改变信号的频率。而对于频率调制，其调制信号是储存在频率变化之中，因此调制信号的抗干扰能力强，便于远距离传输。

图 4-7 所示的 LC 振荡调频电路中，实现频率调制的控制量是可变电容 $C + \Delta C$。若将控制量改变为可变电感 $L + \Delta L$，同样可以实现频率调制。显然，对于电容式传感器和电感式传感器，将其直接接入图 4-7 中可变电容的位置，则由传感器和 LC 振荡器所组成的测试系统所输出的便是调频信号，这种将被测量的变化直接转换为调频信号的测试方法称为直接调频测量。若直接调频测量中的传感器是电容式传感器，称为电容式直接调频测量（C 式直接调频测量）；若直接调频测量中的传感器是电感式传感器，称为电感式直接调频测量（L 式直接调频测量）。下面分别分析两种直接调频测量中已调波的频率与传感器电容或传感器电感的关系。

1）电容式直接调频测量，LC 振荡器的谐振频率 ω_0 为

$$\omega_0 = \frac{1}{\sqrt{LC}} \tag{4-14}$$

在测量过程中，若电容式传感器输出的电量为 $C + \Delta C$，则电容式直接调频测试系统输出的经频率调制的高频信号频率 ω 为

$$\omega = \frac{1}{\sqrt{L_1(C_1 + C + \Delta C)}} = \frac{1}{\sqrt{L_1(C_0 + \Delta C)}} \tag{4-15}$$

式中　C_0——是振荡电路中的电容 C_1 和电容式传感器零位电容值 C 之和，$C_0 = C_1 + C$。

对式（4-10）等号的两边二次方并取倒数得

$$\frac{1}{\omega^2} = L_1(C_0 + \Delta C) = \frac{1}{\omega_j^2} + \frac{1}{\Delta \omega^2} \tag{4-16}$$

$$\omega = \frac{\omega_j \Delta \omega}{\sqrt{\omega_j^2 + \Delta \omega^2}}$$

式中　$\Delta \omega$——ΔC 所引起得频率变化，$\Delta \omega = \frac{1}{\sqrt{L_1 \Delta C}}$； (4-17)

ω_j——已调波的基准频率。

通常，已调波的基频 ω_j 远大于 $\Delta \omega$，由式（4-16）和式（4-17）可以看出，已调波振动频率的变化 $\Delta \omega$ 与传感器电容量的变化 ΔC 的二次方根近似呈反比关系，已调波的频率 ω 与由 ΔC 所引起 $\Delta \omega$ 近似呈线性关系。

2）电感式直接调频测量，用上述同样的方法可得到电感式直接调频测量的已调波振动频率的变化 $\Delta \omega$ 与传感器电感量的变化 ΔL 的二次方根近似呈反比关系，已调波的频率 ω 与由 ΔL 所引起 $\Delta \omega$ 近似呈线性关系。

（2）频率调制的解调　尽管干扰信号一般不会改变已调波的频率，但它会带来已调波的幅值变化，此幅值的变化在解调过程中同样会反映到解调后的信号中，因此将干扰信号所引起的已调波幅值的变化称为寄生调幅，为了消除寄生调幅，在进行频率调制的解调前，常采用限幅器将已调波变为等幅振荡波。

实现频率调制解调的常用工具是鉴频器（图4-9），因此频率调制的解调又称为鉴频。

鉴频器由线性变换电路和幅值检波电路两部分组成，线性变换电路的作用是将等幅的调频波转换为调幅波，其工作原理是：在线圈 L_1、电容 C_1 和线圈 L_2、电容 C_2 所组成的并联谐振电路中，当初级线圈 L_1 的输入为等幅调频波 u_ω 时，次级线圈 L_2 的输出为 u_a，当输入波 u_ω 的频率 ω 与谐振回路的固有频率 ω_n 相等（即

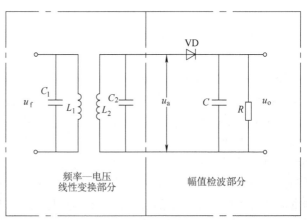

图 4-9　频率解调的解调电路

$\omega = \omega_n$）时，线圈 L_1 和 L_2 中的耦合电流达到最大值，次级线圈 L_2 的输出电压 u_a 亦最大；当输入波 u_ω 的频率偏离谐振回路的固有频率时，输出电压 u_a 随之下降。而对于前面所述的利用测试信号控制可变电容或可变电感的变化实现的调频，由于已调波频率的变化与测试信号大小的二次方根近似呈反比，因此，鉴频器并联谐振回路的固有频率 ω_n 应大于已调波的

最高频率 ω_e（即 $\omega_n < \omega_e$）。频率调制信号的解调过程如图 4-10 所示。

鉴频器的幅值检波电路的作用是对调幅波进行整流和滤波后，将其恢复成原测试信号。

在此需特别指出的是，图 4-10 中的 f_0 是传感器的输出为零时所对应的已调波频率，即前面所述的已调波的基准频率（调频测量的基频）。

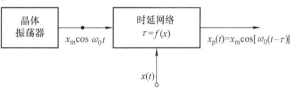

图 4-10　频率调制的解调过程

2. 调相与解调

（1）调相　信号的调相可以通过时延来实现，其原理是：周期信号在经过一个网络后，如果在时间轴上有所移动，则此信号的相角必然发生变化，时延法调相就是利用调制信号控制时延大小而实现调相，如图 4-11 所示。

可变时延法调相系统的最大优点是调制线性好，相位偏移大，最大相移可达 144°。常用的移相网络有多种形式，如 RC 移相网络、LC 调谐回路移相网络等。图 4-12a 是用可变电容（或可变电感）对 LC 调谐回路作可变移相的一种调相电路，图 4-12b 是其等效电路。

图 4-11　时延调相原理示意图

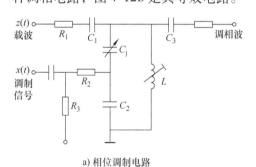

a）相位调制电路

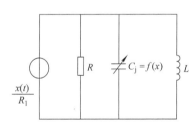

b）相位调制电路的等效电路

图 4-12　相位调制原理

在图 4-12 所示的 LC 调相振荡回路中，实现相位调制的控制量是可变电容 C_j。若将控制量改变为可变电感 L_j，同样可以实现相位调制。显然，对于电容式传感器和电感式传感器，将其直接接入图 4-12 中可变电容的位置，则由传感器和调相电路所组成的测试系统所输出的便是调相信号，这种将被测量的变化直接转换为调相信号的测试方法称为直接调相测量。若直接调相测量中的传感器是电容式传感器，称为电容式直接调相测量（C 式直接调相测量）；若直接调相测量中的传感器是电感式传感器，称为电感式直接调相测量（L 式直接调相测量）。下面分别分析两种直接调相测量中已调波的相位与传感器电容或传感器电感的关系。

在 LC 调谐回路中，若电容 C_j 为初始值 C_0 时，回路的谐振载频（又称基频）f_0，呈纯阻性，回路相移 $\Delta \varphi = 0$；当电容式传感器的电容 C_j（或电感式传感器的电感 L_j）因测试而变化时，振荡回路失谐，呈电感性或电容性，回路相移 $\Delta\varphi>0$ 或 $\Delta\varphi<0$，数学关系式为

$$\Delta\varphi = -\arctan\frac{2\Delta f}{f_0} \tag{4-18}$$

单级 LC 回路的线性相位变化范围较小，一般在 30°以下，为了增大调相系数 m_p，可以用多级调谐回路构成调相电路。

（2）相位调制信号的解调　由前面的分析知，瞬时频率与瞬时相位间存在微分与积分的关系，即调频必调相，调相必调频。同理，频率调制的解调（鉴频）和相位调制的解调（鉴相）也可相互利用，即可以用鉴频的方法实现鉴相，也可以用鉴相的方法实现鉴频。由此便可利用前述调频信号解调的工具和瞬时频率与瞬时相位间存在微分与积分的关系实现相位调制信号的解调。

三、测试信号抗干扰能力

测试信号的抗干扰能力主要是指已调波在进入解调器输入端时的信噪比 SNR。信噪比越高，信号的抗干扰性能越好，反之信号的抗干扰能力越差。关于已调波的抗干扰能力，由前面的分析知，调频信号优于调幅信号。除已调波的信噪比外，信号在解调过程中信噪比的变化也会影响到信号的抗干扰能力。

频率调制信号的解调后输出信号的信噪比为

$$(SNR)_{FM} \approx \frac{V_S}{V_n}\frac{\Delta f}{f} = m_f\frac{V_S}{V_n} \tag{4-19}$$

式中　V_S、V_n——分别表示信号、干扰信号的幅值；

　　　Δf——频偏；

　　　f——调制信号频率；

　　　m_f——宽带调频指数，宽带调频指数 m_f 总是大于 1 的，因此频率调制信号解调后的信噪比与解调前相比有所提高。

对于幅值调制信号，解调后输出信号的信噪比为：

$$(SNR)_{AM} \approx m_a\frac{V_S}{V_n} \tag{4-20}$$

式中　V_S、V_n——分别表示信号、干扰信号的幅值；

　　　m_a——调幅指数，调幅指数 m_a 通常小于 1，否则会产生过调制失真。因此幅值调制信号解调后的信噪比与解调前相比有所下降。

上述分析表明，调频信号在解调过程中的抗干扰能力也优于调幅信号在解调过程的抗干扰能力。但只有在调频指数大于 0.6 时，调频信号在解调过程中的抗干扰性能才优于调幅信号。因此，常把 $m_f=0.6$ 作为窄带调频与宽带调频的过渡点。在抗干扰性能方面，窄带调频信号在解调过程中的抗干扰能力并不优于调幅信号，因为窄带调频信号和调幅信号的带宽并无差异。

前面所述为了提高测试信号的抗干扰能力所采用的调制解调技术都是针对模拟信号的。尽管模拟信号经调制尤其是经角度调制后，其抗干扰能力显著提高，但模拟信号相对容易受到外界干扰的特性并没有彻底改变。为了减小测试误差，必须最大限度地抑制外界干扰，可以实现这一目标的方法就是将传感器输出的模拟信号转换成数字信号，这一过程在工程测试

领域将其称为采样（有关采样的相关内容在第五章中专门讨论），也称脉码调制，简称调码。

为了便于数字信号的传输，也需对数字信号进行调制。数字信号调制有两种方法，分别是：

1) 利用模拟信号的调制方法实现数字信号的调制。
2) 键控调制。键控调制有幅值键控、频移键控和相移键控三种。

数字信号的抗干扰能力远大于模拟信号的原因是：数字信号主要是指用二进制数"0"和"1"表达信号的数码串。所谓"0"和"1"，其实质就是"低"和"高"两种不同的电平状态。由于外界干扰很难改变"低""高"两种不同的电平状态，所以数字信号具有更好的抗干扰能力。

第二节　信号的模拟滤波

在测试过程中，有时不可避免地会混入一些干扰信号，在进行试验数据处理之前，需将干扰信号从测试信号中分离出来；在进行动态测试的数据处理时，常需对频率进行筛选。在工程上将信号的分离与筛选称为滤波。实现滤波处理的设备称为滤波器。

测试信号的滤波可以通过电路和数值计算两种不同的方法来实现，分别称为模拟滤波和数字滤波。

一、滤波器的分类

根据滤波器选频方式的不同，常将其分为低通滤波器、高通滤波器、带通滤波器和带阻滤波器四类，此四类滤波器的幅频特性如图 4-13 所示。

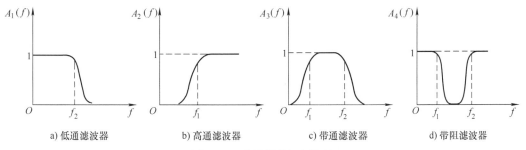

图 4-13　滤波器的幅频特性

1. 低通滤波器

只让频率低于某一设定频率 f_2 的信号通过，滤掉测试信号中高于 f_2 的所有频率成分。

2. 高通滤波器

高通滤波器的特性与低通滤波器相反，它只让频率比某设定频率 f_1 高的信号通过，而滤掉比 f_1 小的所有频率成分。

3. 带通滤波器

只让频率在设定的频率 $f_1 \sim f_2$ 范围内的信号通过，频率比 f_1 低的信号和频率比 f_2 高的信号全部被滤掉。

4. 带阻滤波器

带阻滤波器的特性与带通滤波器相反，在设定频率范围 $f_1 \sim f_2$ 内的信号被滤掉，其频率比 f_1 低和比 f_2 高的信号均让其通过。

滤波器还有其他一些分类方法，若按组成滤波器元件的不同，可分为 RC、LC 和晶体管谐振滤波器；若按滤波器中是否有有源器件，可分为无源滤波器和有源滤波器。

二、滤波器的滤波原理

由第二章中对串联系统动态特性的分析知，若向滤波器提供测试信号的设备如传感器的频率响应函数为 $H_1(f)$、滤波器的频率响应函数为 $H_2(f)$，则二者串联后所组成的系统的频率响应函数为 $H(f)$ 为

$$H(f) = H_1(f) H_2(f) \tag{4-21}$$

若滤波器的频率响应函数 $H_2(f)$ 为

（1）低通滤波器

$$H_2(f) = \begin{cases} 1 & 0 \leqslant f \leqslant f_2 \\ 0 & f > f_2 \end{cases} \tag{4-22}$$

（2）高通滤波器

$$H_2(f) = \begin{cases} 0 & 0 \leqslant f < f_1 \\ 1 & f \geqslant f_1 \end{cases} \tag{4-23}$$

（3）带通滤波器

$$H_2(f) = \begin{cases} 1 & f_1 \leqslant f \leqslant f_2 \\ 0 & 其他 \end{cases} \tag{4-24}$$

（4）带阻滤波器

$$H_2(f) = \begin{cases} 0 & f_1 < f < f_2 \\ 1 & 其他 \end{cases} \tag{4-25}$$

则此串联系统的频率响应函数为

$$H(f) = \begin{cases} H_1(f) & 在滤波器的通频带内 \\ 0 & 其他 \end{cases} \tag{4-26}$$

由此可见，利用串联系统的乘法特性，便可实现滤波。若各类滤波器具有式（4-22）~式（4-25）所示的特性，则测试信号在设定的选频范围内可以完全不失真地传送到下一个环节，这是信号滤波处理所追求的目标，因此将其称为理想的滤波器特性。通常实际的滤波器特性与之略有不同。

三、实际滤波器的特性

图 4-14 中的实线是实际带通滤波器的特性，它与虚线所表达的理想滤波器的特性并不一致。实际滤波器特性曲线无明显的转折点，选频带中的曲线部分也并非是一水平直线。

1. 纹波度 δ

如图 4-14 所示，实际滤波器特性曲线的中部呈现出起伏或波动，其波动的幅值 δ 称为纹波度。

2. 截止频率 f_c

对于低通滤波器，下截止频率为 $f_{c1}=0$，上截止频率为 f_{c2}；对于高通滤波器，下截止频率为 f_{c1}，上截止频率 $f_{c2}=\infty$。若以信号幅值的二次方表示信号功率，则截止频率对应的点正好是半功率点。对于一个性能良好的滤波器，其纹波度 δ 应远小于在工程测试领域中的规定，实际滤波器幅频特性曲线上数值为 $\frac{A_0}{\sqrt{2}}$ 所对应的频率，称为截止频率 f_c，它是均值 A_0 衰减 $-3\mathrm{dB}$（$20\lg\frac{A_0}{A_0\sqrt{2}}$）所对应的频率。对于图 4-13 中的带通滤波器，有两个截止频率 f_{c1} 和 f_{c2}，分别称为下截止频率和上截止频率；对于低通滤波器下截止频率 $f_{c1}=0$，上截止频率为截止频率所对应的数值，即 $\delta \leqslant \frac{A_0}{\sqrt{2}}$。

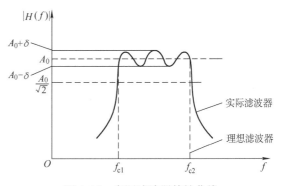

图 4-14 实际滤波器特性曲线

3. 带宽 B

带宽是滤波器通频带宽的简称，是上、下截止频率中的频率范围，用 B 来表示，$B=f_{c2}-f_{c1}$。带宽 B 是滤波器分频能力的一项重要指标。

4. 倍频程选择性

从理论上讲，信号只能通过滤波器的通频带，而不能通过滤波器的阻带，但由图 4-14 中实际滤波器的特性不难看出，在阻带上一定的频率范围内（即过渡带内），信号并非不能通过，只是信号被衰减了而已。显然，滤波器在阻带对信号的衰减能力反映了滤波器的频率选择能力，常用截止频率外倍频程 $\left(\frac{1}{2}f_{c1} \sim f_{c1}\right)$ 和 $(f_{c2} \sim 2f_{c2})$ 中幅频特性的衰减值（dB）即倍频程选择性来表示。若截止频率外的倍频中，滤波器幅频特性的衰减越快，滤波器倍频程的选择性越好。

5. 滤波器因子

滤波器因子（λ）是指滤波器的幅频特性衰减 $-60\mathrm{dB}$ 的带宽 $B_{-60\mathrm{dB}}$ 与衰减 $-3\mathrm{dB}$ 的带宽 $B_{-3\mathrm{dB}}$ 之比，即

$$\lambda = \frac{B_{-60\mathrm{dB}}}{B_{-3\mathrm{dB}}} \tag{4-27}$$

对于理想滤波器 $\lambda=1$，实际滤波器 $\lambda=1\sim5$。

四、RC 滤波器

RC 滤波器是一种常用的滤波器，它有有源和无源之分。

1. RC 无源滤波器

（1）RC 无源低通滤波器　图 4-15 是 RC 电路，其电路方程为：

$$\begin{cases} u_x = iR + u_y \\ i = C\dfrac{du_y}{dt} \end{cases} \quad (4\text{-}28)$$

解之得
$$CR\frac{du_y}{dt} + u_y = u_x \quad (4\text{-}29)$$

式中 u_x——输入的电压信号；
u_y——输出的电压信号。

对式（4-29）做傅里叶变换得到该电路的频率响应函数：

$$H(jw) = \frac{1}{jw\tau} \quad (4\text{-}30)$$

$$H(f) = \frac{1}{(1+j2\pi f\tau)}$$

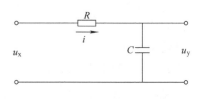

图 4-15 RC 无源低通滤波器

其幅频特性和相频特性分别为

$$A(f) = \frac{1}{\sqrt{1+(2\pi f\tau)^2}} \quad (4\text{-}31)$$

$$\varphi(f) = -\arctan 2\pi f\tau \quad (4\text{-}32)$$

式中 τ——时间常数，$\tau = RC$；
f——自然频率。

当 $f \ll \dfrac{1}{2\pi\tau}$ 时，$A(f) = 1$，$\varphi(f) = 0$，由图 4-16 的幅频特性曲线不难看出，它和低通滤波器的特性基本相同，因此，图 4-15 所示的 RC 电路就是一种无源低通滤波器。

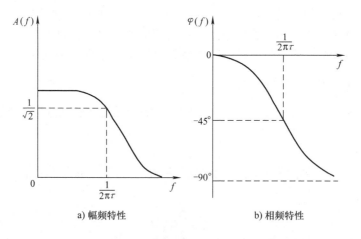

a) 幅频特性   b) 相频特性

图 4-16 RC 无源低通滤波器的特性曲线

当 $f = \dfrac{1}{2\pi\tau}$ 时，$A(f) = \dfrac{1}{\sqrt{2}}$，此低通滤波器的截止频率 $f_{c2} = \dfrac{1}{2\pi\tau}$。欲获得不同截止频率的低通滤波器，只需改变时间常数 $\tau = RC$ 的大小，即改变电路中电阻或电容的大小，便可获得不同的截止频率。

（2）RC 无源高通滤波器　改变图 4-15 RC 无源低通滤波器中电阻 R 和电容 C 的位置，便得到了图 4-17 所示的电路系统，列出此电路方程。

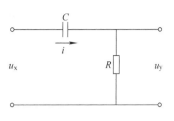

图 4-17　RC 无源高通滤波器

$$\begin{cases} u_x = \dfrac{1}{C}\int i\mathrm{d}t \\ i = \dfrac{u_y}{R} \end{cases} \quad (4\text{-}33)$$

解之得

$$u_x = \dfrac{1}{CR}\int u_y \mathrm{d}t$$

等式两边求导得

$$u_y = CR\dfrac{\mathrm{d}u_x}{\mathrm{d}t} \quad (4\text{-}34)$$

将式（4-34）进行傅里叶变换得该电路的频率响应函数 $H(f)$ 为

$$H(f) = \dfrac{\mathrm{j}2\pi f\tau}{1 + \mathrm{j}2\pi f\tau} \quad (4\text{-}35)$$

幅频特性和相频特性分别为

$$A(f) = \dfrac{2\pi f\tau}{\sqrt{1 + (2\pi f\tau)^2}} \quad (4\text{-}36)$$

$$\varphi(f) = \arctan\dfrac{1}{2\pi f\tau} \quad (4\text{-}37)$$

式中　τ——时间常数，$\tau = RC$；
　　　f——自然频率。

从该系统的幅频特性曲线（图 4-18）可以看出，它具有高通滤波器的特性。

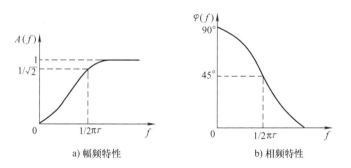

a) 幅频特性　　　b) 相频特性

图 4-18　RC 高通滤波器特性

当 $f > \dfrac{1}{2\pi\tau}$ 时，$A(f) = 1$，$\varphi(f) = 0$；当 $f = \dfrac{1}{2\pi\tau}$ 时，$A(f) = \dfrac{1}{\sqrt{2}}$，因此，此高通滤波器的截止频率 $f_{c1} = \dfrac{1}{2\pi\tau}$。改变时间常数 $\tau = RC$，即改变电阻 R 或电容 C，均可改变高通滤波器的截止频率 f_{c1}。

（3）RC 带通滤波器　下面我们来看看将图 4-15 的低通滤波器和图 4-17 的高通滤波器串联起来的情况（图 4-19），若设由 C_1、R_1 组成的高通滤波器的频率响应函数为 $H_1(f)$，由 C_2、R_2 组成的高通滤波器的频率响应函数为 $H_2(f)$，两者串联后的频率响应函数 $H(f)$ 为

$$H(f) = H_1(f)H_2(f) \quad (4\text{-}38)$$

将式（4-35）和式（4-30）代入式（4-38）得

$$H(f) = \frac{j2\pi f \tau_1}{(1+j2\pi f \tau_1)(1+j2\pi f \tau_2)} \quad (4\text{-}39)$$

频率响应函数的幅频特性和相频特性分别为

$$A(f) = \frac{2\pi f \tau_1}{\sqrt{[1+(2\pi f \tau_1)^2][1+(2\pi f \tau_2)^2]}} \quad (4\text{-}40)$$

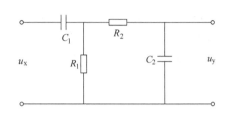

图 4-19 RC 带通滤波器

$$\varphi(f) = \varphi_1(f) + \varphi_2(f) = \arctan\frac{1}{2\pi f \tau_1} - \arctan\frac{1}{2\pi f \tau_2} \quad (4\text{-}41)$$

式中 $\varphi_1(f)$、$\varphi_2(f)$——分别为 R_1、C_1 组成的高通滤波器和 R_2、C_2 组成的低通滤波器的相频特性；

τ_1、τ_2——分别为高通滤波器和低通滤波器的时间常数，$\tau_1 = R_1C_1$，$\tau_2 = R_2C_2$。

显然，该滤波器的两个截止频率分别为 $f_{c1} = \frac{1}{2\pi\tau_1}$，$f_{c2} = \frac{1}{2\pi\tau_2}$。若 $f_{c1} < f_{c2}$，则滤波器是带通滤波器。欲获得不同通频带宽的带通滤波器，只需调整时间常数 $\tau_1 = R_1C_1$ 和 $\tau_2 = R_2C_2$，即改变电阻 R_1、R_2 或电容 C_1、C_2 的大小。

（4）RC 带阻滤波器 带阻滤波器也是由一个低通滤波器和一个高通滤波器组成，但带阻滤波器和带通滤波器有所不同，它由一个低通滤波器和一个高通滤波器并联而成，如图 4-20 所示。

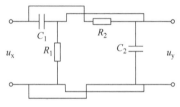

一个低通滤波器和一个高通滤波器组成的带阻滤波器应满足的条件是：低通滤波器的上截止频率 $f_{C2} = \frac{1}{2\pi\tau_2}$ 应小

图 4-20 RC 带阻滤波器

于高通滤波器的下截止频率 $f_{C1} = \frac{1}{2\pi\tau_1}$，即 $f_{C2} < f_{C1}$。带阻滤波器的特性为

$$H(f) = \frac{j2\pi f \tau_1}{1+j2\pi f \tau_1} + \frac{1}{1+j2\pi f \tau_2} \quad (4\text{-}42)$$

式中 τ_1、τ_2——分别为高通滤波器和低通滤波器的时间常数，$\tau_1 = R_1C_1$，$\tau_2 = R_2C_2$，改变 R_1、C_1 和 R_2、C_2 就可以改变带阻滤波器的上下截止频率。

（5）多环级联滤波器 由上述滤波器的幅频特性曲线不难看出，它们的倍频程选择性均较差，仅为 6dB。为了改善滤波器的倍频程选择性，可采取将多个 RC 环节级联的方式，或采用电感元件代替电阻元件的方式，如图 4-21 所示，如此便可以达到较好的滤波效果。基于这种设计思想，便产生了四种不同的滤波器：巴特沃思滤波器、切比雪夫滤波器、贝赛尔滤波器、考厄或称椭圆滤波器。随着滤波器级联数（或称阶次）的增加，滤波器的倍频程选择性明显改善。此四种滤波器中，考厄滤波器的倍频程选择性最好，但它的纹波幅度较大。

从上述分析可知，尽管多环级联可以改善滤波器的性能，但各级间必然存在负载效应。而解决负载效应最有效的方法是采用运算放大器来构成有源滤波器。

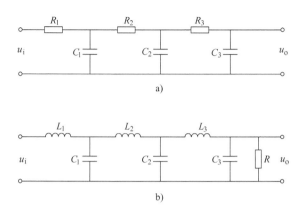

图 4-21 多环级联滤波器

2. RC 有源滤波器

有源滤波器由 RC 调谐网络和运算放大器（有源器件）组成。运算放大器可作为级间隔离，又可起信号幅值放大作用；RC 网络通常作为运算放大器的负反馈。将低通 RC 有源网络接到运算放大器的输入端，便可得到一阶有源 RC 低通滤波器，如图 4-22a 所示。将高通网络接到运算放大器的反馈网络，也可得到一有源 RC 低通滤波器，如图 4-22b 所示。图 4-23 所示是一个有源二阶低通滤波器，图 4-24 是一种"状态变量"滤波器，通过滤波器电参量的调节，可使之呈现出三种状态：低通滤波器状态、高通滤波器状态和带通滤波器状态。

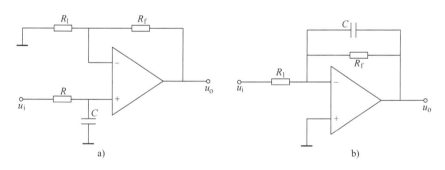

图 4-22 一阶有源低通滤波器

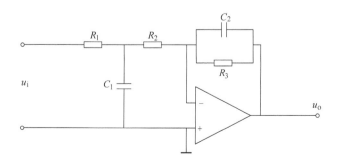

图 4-23 二阶有源低通滤波器

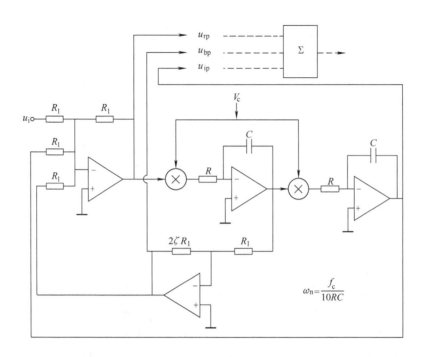

图 4-24 状态变量滤波器

第三节　信号的数字滤波

若测试信号是一离散的数字序列 $x(m)$，且该数字序列中还混有干扰信号，显然用上一节所介绍的模拟滤波器是无法解决的；此外，模拟滤波器的组成元件是电阻、电容和电感，这些元件的参数不可能与设计值完全相等（存在制造误差），且还会受环境温度和通电时间的影响，因此模拟滤波器的特性误差较大且性能不够稳定。为了有效地解决上述问题，科学家便开始研究用数值计算的方法来处理滤波问题。

由于数字滤波技术具有灵活、性能稳定、精度可控，且可用计算机编程来实现，因此数字滤波器技术发展十分迅速，其应用比模拟滤波更加广泛，在雷达、通信、语音处理、图像传输及工程测试领域正发挥十分重要的作用。

所谓数字滤波，就是设计或选择一离散的时间系统 $h(n)$，使之和模拟滤波器一样具有选频特性。数字滤波的理论基础是 Z 变换和离散傅里叶变换。正像我们在分析连续信号和系统时离不开拉普拉斯变换和傅里叶变换一样，Z 变换在分析离散信号与系统中具有和拉普拉斯变换在连续信号与系统中同等重要的作用。

由 Z 变换理论可知，数字滤波器的系统函数为

$$H(z) = \frac{\sum\limits_{k=0}^{M} b_k z^{-k}}{1 - \sum\limits_{k=1}^{N} a_k z^{-k}} \tag{4-43}$$

式中 $H(z)$——单位抽样响应函数 $h(n)$ 的 Z 变换；
　　　z——变换因子；
a_k、b_k——数字滤波器参数；
N、M——数字滤波器的阶数。

对于离散时域，若系统单位抽样响应延伸到无穷大，称为无限长单位抽样响应系统，简称ⅡR系统，只要式（3-43）所示的系统函数中分母多项式有一个系数 $a_k \neq 0$，即属于此类系统，若ⅡR系统函数的分子中只有常数项 b_0，即在有限的 Z 平面内只有极点，则将该系统称为全极点的ⅡR系统；若系统的抽样响应是一个有限序列，称为有限长单位抽样响应系统，简称FⅠR系统，若此系统中的系数 a_k 全部等于零，即系统函数 $H(z)$ 在有限 Z 平面没有极点，只有零点，则将此系统称为全零点FⅠR系统。

一、无限长单位抽样响应（ⅡR）滤波器的结构

无限长单位抽样响应（ⅡR）滤波器系统函数 $H(z)$ 的结构有直接型、级联型、并联型和格型多种。

1. 直接型

ⅡR滤波器的系统函数 $H(z)$ 见式（3-43），其输入和输出的 N 阶差分方程为

$$y(n) = \sum_{k=1}^{N} a_k y(n-k) + \sum_{k=0}^{M} b_k x(n-k) \tag{4-44}$$

式中 $\sum_{k=1}^{N} a_k y(n-k)$——输出所组成的 N 节延时网络，将每节延时抽头后的加权值（加权系数为 a_k）相加；

$\sum_{k=0}^{M} b_k x(n-k)$——将输入和延时后的输入组成 M 节的延时网络，并将每节延时抽头后的加权值（加权系数为 b_k）相加。

由于输出 $y(n)$ 中包含了输出的延时部分，因此它是一个反馈网络。

2. 级联型

将系统函数 $H(z)$ 按零点、极点进行因式分解得：

$$H(z) = \frac{\sum_{k=0}^{M} b_k z^{-k}}{1 - \sum_{k=1}^{N} a_k z^{-k}} = \frac{\prod_{k=1}^{M_1}(1 - p_k z^{-1}) \prod_{k=1}^{M_2}(1 - q_k z^{-1})(1 - q_k^{\times} z^{-1})}{\prod_{k=1}^{N_1}(1 - c_k z^{-1}) \prod_{k=1}^{N_2}(1 - d_k z^{-1})(1 - d_k^{\times} z^{-1})} \tag{4-45}$$

式中 M、N——滤波器阶数，$M = M_1 + 2M_2$，$N = N_1 + 2N_2$；
p_k、c_k——分别为一阶因式的实零点和实极点；
q_k、$q_k^{\times}$——二阶因式的共轭复零点；
d_k、$d_k^{\times}$——二阶因式的共轭复极点；
a_k、b_k——滤波器参数。

为了简化级联形式，常采用相同形式的子网络结构，并将实系数的两个因子组合成二阶因子，如此，系统函数 $H(z)$ 便可分解成实系数的二阶因子形式，即

$$H(z) = \prod_{k}^{n} \frac{1 + \beta_k z^{-1} + \beta_k z^{-2}}{1 - \alpha_k z^{-1} - \alpha_k z^{-2}} = \prod_{k}^{n} H_k(z) \tag{4-46}$$

式中　α_k、β_k——各子网络的参数。

式（4-46）所示的级联结构就是第三章所介绍的串联系统，如图 4-25 所示。级联的阶数（或称节数）视具体情况而定。当 $M=N$ 时，共有 $n=\dfrac{N+1}{2}$节（n 为整数）。若有奇数个实零点，则必然有一个 β_{2k}等于零；若有奇数个实极点，同样有一个 α_{2k}等于零。

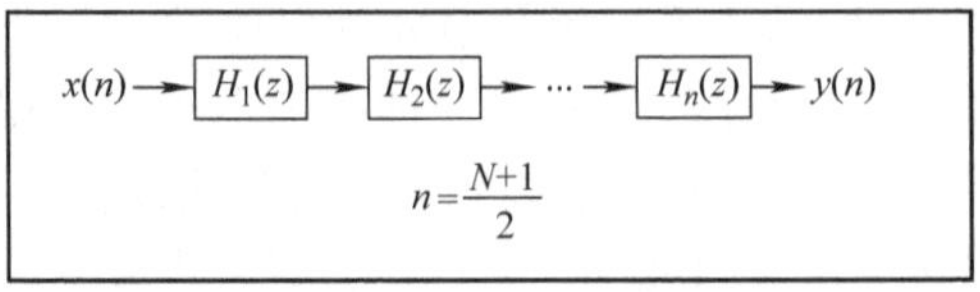

x(n)
H1(z)
H2(z)
…
Hn(z)
y(n)
n = (N+1)/2

图 4-25　级联的ⅡR 数学滤波器结构

3. 并联型

将进行因式分解的系统函数 $H(z)$展开成多个相叠加的分式，便得到了ⅡR 滤波器的并联结构，即

$$H(z) = \sum_{k=1}^{N_1} \frac{A_k}{1 - c_k z^{-1}} + \sum_{k=1}^{N_2} \frac{B_k(1 - g_k z^{-1})}{(1 - d_k z^{-1})(1 - d_k^{\times} z^{-1})} + \sum_{k=0}^{M-N} G_k z^{-k} \tag{4-47}$$

式中　A_k、B_k、g_k、c_k、G_k——均为实系数；

d_k、$d_k^{\times}$——为一对共轭复数。

当 $M<N$ 时，式（4-47）中不包含 $\sum\limits_{k=0}^{M-N} G_k z^{-k}$ 项；当 $M=N$ 时，$\sum\limits_{k=0}^{M-N} G_k z^{-k}$ 项为一常数 G_0，对于ⅡR 滤波器，都满足 $M \leqslant N$ 的条件。如是，式（4-38）就变为

$$H(z) = G_0 + \sum_{k=1}^{N_1} \frac{A_k}{1 - c_k z^{-1}} + \sum_{k=1}^{N_2} \frac{\gamma_{0k} + \gamma_{1k} z^{-1}}{1 - a_{1k} z^{-1} - a_{2k} z^{-2}} \tag{4-48}$$

式（4-48）所示的系统是由 N_1 个一阶系统和 N_2 个二阶系统及延时加权单元并联而成，如图 4-26 所示。

为了简化并联型ⅡR 滤波器的结构，常将一阶实极点和共扼极点对都化成实系数二阶多项式，如此并联型ⅡR 滤波器的系统函数 $H(z)$就变为：

H1(z)
H2(z)
x(n)
y(n)
⋮
Hn(z)
n = (N+1)/2

图 4-26　并联型ⅡR 滤波器结构

$$H(z) = G_0 + \sum_{k=1}^{n} \frac{\gamma_{0k} + \gamma_{1k} z^{-1}}{1 - \alpha_{1k} z^{-1} - \alpha_{2k} z^{-2}} = G_0 + \sum_{k=1}^{n} H_k(z) \tag{4-49}$$

式中　α_{1k}、α_{2k}、γ_{0k}、γ_{1k}——滤波器参数。

4. 格型结构

若ⅡR 滤波器是一全极点的滤波器，即式（4-43）中分子只有常项 b，则全极点ⅡR 滤波器的系统函数 $H(z)$为

$$H(z) = \frac{b_0}{1 + \sum\limits_{k=1}^{N} a_k z^{-k}} \tag{4-50}$$

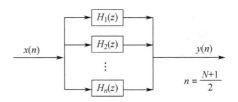

二、有限长单位抽样响应（FIR）滤波器的结构

FIR 系统的特点是：1）系统的单位抽样响应函数 $h(n)$ 在有限个 n 值处不为零；2）系统函数 $H(z)$ 在 $|z|>0$ 处收敛，在 $|z|>0$ 的有限 z 平面只有零点，全部极点均在 $z=0$ 处，因此，FIR 滤波器的系统函数为

$$H(z) = \sum_{n=0}^{N-1} h(n) z^{-n} \tag{4-51}$$

FIR 数字滤波器也有多种不同的结构，如横截型、级联型、频率抽样型和格型等。

1. 横截型

FIR 系统的差分方程为

$$y(n) = \sum_{m=0}^{N-1} h(m) x(n-m) \tag{4-52}$$

上式是线性移不变系统的卷积和公式，也是 $x(n)$ 的延时链之横向结构，因此将其称为横截型或卷积型结构。

2. 级联型

将式（4-51）分解成实系数二阶因子的乘积形式，则有

$$H(z) = \sum_{n=0}^{N-1} h(n) z^{-n} = \prod_{k=1}^{N/2} (\beta_{0k} + \beta_{1k} z^{-1} + \beta_{2k} z^{-2}) \tag{4-53}$$

式中 β_{0k}、β_{1k}、β_{2k}——均为滤波器的参数。

3. 频率抽样型

若将一个具有 N 个点的有限序列的 Z 变换 $H(z)$ 在单位圆上作 N 等分抽样，其主序列就等于单位抽样响应函数 $h(n)$ 的离散傅里叶变换 $H(e^{j\omega})$，即

$$H(z) = (1 - z^{-N}) \frac{1}{N} \sum_{k=0}^{N-1} \frac{H_k(e^{j\omega})}{1 - W_N^{-k} z^{-1}} = \frac{1}{N} H_a(z) \sum_{k=0}^{N-1} H_k(z) \tag{4-54}$$

式中 $H_a(z)$——相当于级联结构中的第一个环节，$H_a(z) = (1 - z^{-N})$；

$\sum_{k=0}^{N-1} H_k(z)$——相当于级联结构中的 N 个并联环节，$\sum_{k=0}^{N-1} H_k(z) = \sum_{k=0}^{N-1} \frac{H_k(e^{j\omega})}{1 - W_N^{-k} z^{-1}}$；

W_N——滤波器参数；

$H_k(e^{j\omega})$——N 个并联环节的频率响应函数。

若令 $z = e^{j\omega}$，则级联结构中的第一个环节的系统函数 $H_a(z)$ 就变成了频率响应函数：

$$H_a(e^{j\omega}) = 1 - e^{j\omega N} = 2j e^{j\frac{WN}{2}} \sin\left(\frac{WN}{2}\right) \tag{4-55}$$

其幅频特性和相频特性分别为

$$A_c(j\omega) = 2 \left| \sin \frac{WN}{2} \right| \tag{4-56}$$

$$\varphi_c(j\omega) = \frac{\pi}{2} - \frac{WN}{2} + m\pi \tag{4-57}$$

式中 $m=0$ 时，$W = 0 \sim \frac{2\pi}{N}$；

$m = 1$ 时，$W = \dfrac{2\pi}{N} \sim \dfrac{4\pi}{N}$；

…；

$m = m$ 时，$W = \dfrac{2m\pi}{N} \sim \dfrac{2(m+1)\pi}{N}$。

级联结构中的 N 个并联环节（第二部分）为

$$\sum_{k=0}^{N-1} H_k(z) = \sum_{k=0}^{N-1} \dfrac{H_k(\mathrm{e}^{\mathrm{j}\omega})}{1 - W_N^{-k} z^{-1}} \tag{4-58}$$

从上式可以看出，它由 N 个一阶网络所组成，当 $1 - W_N^{-k} z^{-1} = 0$ 时，此一阶网络在单位圆上有一个极点，

$$z^k = W_N^{-k} = \mathrm{e}^{\mathrm{j}\frac{2\pi}{N}k} \tag{4-59}$$

即此一阶网络在频率 $W = \dfrac{2\pi}{N}k$ 处的响应为 ∞。此极点正好与第一个环节中的一个零点（$i = k$）相抵消，使得该滤波器在频率为 $W = \dfrac{2\pi}{N}k$ 处的频率响应等于 $H_k(\mathrm{e}^{\mathrm{j}\omega})$。如此，$N$ 个并联的一阶网络和第一环节中的 N 个零点抵消，从而在 N 个频率抽样点 $W = \dfrac{2\pi}{N}k$（$k = 0, 1, 2, \cdots, N-1$）的频率响应就分别等于 N 个 $H_k(\mathrm{e}^{\mathrm{j}\omega})$。由此可见，欲控制该滤波器的频率响应十分方便。其缺点是，该滤波器结构中的 $H_k(\mathrm{e}^{\mathrm{j}\omega})$ 和 W_N^{-k} 均是复数，在进行数字计算时，其乘法次数和数据的储存量均较大。

4. 全零点 FIR 滤波器的格型结构

若 FIR 是一个全零点的滤波器，即式（4-34）中分母的系数全为零（$a_k = 0$），则全零点 FIR 滤波器的系统函数 $H(z)$ 为

$$H(z) = \sum_{k=0}^{M} b_k z^{-k} \tag{4-60}$$

三、数字滤波器的设计

所谓数字滤波器的设计，是将前面所介绍的各种数字滤波器的结构具体化，实现各种不同结构数字滤波器的滤波功能。无论是 IIR 数字滤波器还是 FIR 数字滤波器，它们都有低通、高通、带通、带阻和全通等多种形式。前人已总结出了多种不同的设计方法，如用模拟滤波器设计数字滤波器法、脉冲响应不变法、阶跃响应不变法、双线性变换法、直接数字域设计法、窗函数设计法、频率抽样设计法等。受篇幅的限值，在此不可能一一介绍。下面仅介绍数字滤波器的设计步骤和思想。

数字滤波器设计的一般步骤：

1）按实际需要确定合理的数字滤波器性能指标。

2）用数字滤波器的系统函数去逼近所确定的性能指标。

3）利用有限精度算法求出系统函数 $H(z)$。

由上一节对实际滤波器的分析知，滤波器的性能指标主要有：纹波幅度 δ、截止频率

f_c、带宽 B 和倍频程选择性。数字滤波器的设计就是确定其系统函数 $H(z)$，使之满足上述各项性能指标的要求。

第四节 试验系统阻抗匹配

由于传感器受到体积、重量、功耗及转换效率等多种因素的限制，许多传感器的输出信号都比较微弱，难以直接用来驱动后继的显示记录或处理设备，为此需利用放大器对信号进行放大。由第二章介绍的负载效应的概念可知，放大器是传感器的负载；显示、记录或处理设备是放大器的负载。传感器、放大器及显示记录或处理设备的级联必然会产生负载效应，进而产生测试误差。为了减小负载效应所带来的测试误差，需讨论传感器与放大器的阻抗匹配及放大器与显示记录或处理设备的阻抗匹配问题。

一、传感器与放大器的阻抗匹配

设传感器的输出阻抗为 z_x、放大器的输入阻抗为 z_1，二者级联后的等效电路如图 4-27 所示，据此可得到如下的电路方程：

$$\begin{cases} U_1 = U_x - iz_x \\ i = \dfrac{U_1}{z_1} \end{cases} \quad (4\text{-}61)$$

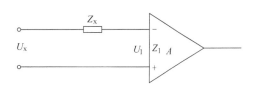

图 4-27 传感器与放大器相连的电路

解之得

$$U_1 = \frac{z_1}{z_1 + z_x} U_x \quad (4\text{-}62)$$

因阻抗匹配所引起的误差 ΔU 为

$$\Delta U = U_x - U_1 = U_x - \frac{z_1}{z_1 + z_x} U_x = U_x \frac{z_x}{z_1 + z_x} \quad (4\text{-}63)$$

若阻抗 $z_1 \gg z_x$，如 $z_1 = 100 z_x$，将其代入式（4-63）得

$$\Delta U = U_x \frac{z_x}{z_1 + z_x} = U_x \frac{z_x}{100 z_x + z_x} = \frac{U_x}{101} \quad (4\text{-}64)$$

由此可见，若放大器的输入阻抗比传感器的输出阻抗大 100 倍，则阻抗匹配所带来的误差不到 1%。若就此而论，阻抗匹配所带来的误差问题似乎容易解决。但在一般情况下，阻抗 z_1 和 z_x 常为复数。若设 $z_x = a + jb$，$z_1 = c + jd$，将其代入式（4-63）得

$$\Delta U = U_x \frac{a + jb}{a + c + j(b + d)} \quad (4\text{-}65)$$

下面来讨论二种特殊复阻抗的匹配对信号放大的影响：

1. z_x 为纯电阻，z_1 为容性复阻抗

z_x 为纯电阻，z_1 为容性复阻抗（图 4-28），列出电路方程组：

$$\begin{cases} U_x = iR_x + U_1 \\ i = C_1 \dfrac{dU_1}{dt} + \dfrac{U_1}{R_1} \end{cases} \quad (4\text{-}66)$$

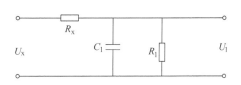

图 4-28 z_x 为纯电阻、z_1 为容性复阻抗的等效电路

解之得

$$C_1 R_x \frac{dU_1}{dt} + \left(\frac{R_x}{R_1} + 1\right) U_1 = U_x \quad (4\text{-}67)$$

对式（4-67）做傅里叶变换得该系统的频率响应函数

$$H(f) = \frac{1}{\left(\dfrac{R_x}{R_1} + 1\right) + j2\pi\tau} \quad (4\text{-}68)$$

式中　τ——时间常数，$\tau = R_x C_1$。

由式（4-68）不难看出，传感器与放大器级联所组成的系统呈现出低通滤波器的特性。此低通滤波器的截止频率 $f_{c2} = \dfrac{1}{2\pi\tau}$。欲利用放大器有效地放大测试信号，则首先必须确保测试信号不被滤掉，这就要求滤波器的截止频率一定要大于信号频率 f，即 $f_{c2} > f$，欲提高截止频率 f_{c2}，则应减小 R_x 和 C_1 以减小时间常数 τ；此外，欲保证信号传到放大器输入端的精度，就要求 $R_1 \gg R_x$。

2. z_x 为容性阻抗，z_1 为纯电阻式阻抗

图 4-29 是 z_x 为容性阻抗，z_1 为纯电阻式阻抗的等效电路，从图中不难看出，它就是前面所述的 RC 无源高通滤波器，此传感器与放大器级联所组成系统的频率响应函数为

$$H(f) = \frac{j2\pi\tau}{1 + j2\pi\tau} \quad (4\text{-}69)$$

式中　τ——时间常数，$\tau = R_1 C_x$。

此高通滤波器的截止频率 $f_{c1} = \dfrac{1}{2\pi\tau}$。欲利用放大器对容性阻抗的传感器的信号进行放大，则：1）滤波器的截止频率 f_{c1} 应小于信号频率 f，即 $f_{c1} < f$，这就要求 $R_1 C_x$ 应尽可能大；2）为了保证信号传到放大器的精度，还要求 $z_1 \gg z_x$。

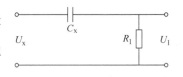

图 4-29　z_x 为容性阻抗（$z_x = C_x$）、z_1 为纯电阻式阻抗的等效电路

对于实际的传感器与放大器的级联，其阻抗的匹配往往不会像上述两例那么简单，其阻抗 z_x 和 z_1 可能均是比较复杂的复阻抗。为此，在组成汽车试验系统时，除应充分考虑负载效应所带来的测试误差外，还应充分注意滤波器特性对测试结果的影响。

二、放大器与负载的阻抗匹配

信号放大的目的在于使测试信号获得足够大的功率，以驱动显示、记录或处理设备。显然，放大器驱动负载的能力是放大器与负载阻抗匹配的重要评价指标之一。关于如何避免放大器与负载（显示、记录或处理设备）级联的负载效应及滤波器特性对测试结果的影响，前面已经述及；在此不再重复。下面简要讨论如何使负载获得最大功率的阻抗匹配问题。

设负载的阻抗 $z_1 = R_1 + jX_1$，放大器的输出阻抗为 $z_2 = R_2 + jX_2$，则负载功率

$$P = \frac{U_y^2 R_1}{(R_1 + R_2)^2 + (X_1 + X_2)^2} \quad (4\text{-}70)$$

式中　U_y——放大器输出电压的均方根值。

由式（4-70）不难看出，欲使 P 达到最大，则分子 R_1 应尽可能大，分母 $(R_1 + R_2)^2 +$

$(X_1+X_2)^2$ 应尽可能小。当阻抗 z_1 和 z_2 为不同性质的阻抗时，R_1 和 R_2 不可能为负，但 X_1 和 X_2 可为正也可为负，若 $X_1=-X_2$，则分母 $(R_1+R_2)^2+(X_1+X_2)^2=(R_1+R_2)^2$。在此情况下，显然增加 R_1、减小 R_2 可使负载功率 P 增加。

由此可见，欲获得大的负载功率之阻抗匹配，放大器的输出电阻 R_2 应尽可能小，负载电阻 R_2 应较大，且负载阻抗 z_1 和放大器输出阻抗 z_2 中的虚部应满足 $X_1=-X_2$。

第五节　信号的传输

将信号由一环节传送到另一环节的过程，称为信号的传输。若汽车试验系统中的每一个环节均相距很近，且试验系统中各环节的位置相对固定，则通常采用信号线（有线）传输。但对于试验系统各环节的相对位置较远，则要视信号的类型、性质及信号传输的方便性与成本等诸多因素，采用合理的信号传输方式。

一、信号传输的分类

信号传输有有线传输和无线传输两类。有线传输方式中有屏蔽信号线传输、同轴电缆传输、双绞线传输、光纤传输等多种；无线传输方式中有无线模块传输、网桥传输、无线局域网传输及 GPRS 传输等多种。

二、有线传输

有线传输的优点是抗外界干扰的能力强，但有线传输所存在的问题也很明显，即当导线较长时，分布在导线上的电阻、电容和电感不可忽视，这样就相当于在测试系统的两个环节中串进了另一个环节，此环节的介入不可避免地会产生负载效应。正因为如此，在汽车试验中，在可能的情况下应尽可能地缩短传输信号线的长度。若无法避免采用长信号线传输时，则在测试系统的组成及测试电路上采取相应的技术措施，以减小或消除其影响。

1. 屏蔽信号线传输

在计算机网络诞生之前，屏蔽信号线传输曾是工程测试领域的一种主流传输方式，它可以用来传输各种不同类型的测试信号。图 4-30 所示是屏蔽信号线的结构，利用包裹在多芯电缆外的金属网屏蔽外界的干扰。对于距离较近、信号流量不大的汽车试验领域，屏蔽信号线仍是一种常用的传输方式。

2. 同轴电缆传输

同轴电缆（Coaxial Cable）最早应用于有线电视网络中，可以很高的速率传输很长的距离。同轴电缆由圆柱形金属网导体（外导体）及其所包围的单根金属芯线（内导体）组成，外导体与内导体之间由绝缘材料隔开，外导体外部也是一层绝缘保护套，如图 4-31 所示。同轴电缆在汽车试验领域用得较少。

3. 双绞线传输

双绞线（Twisted Pair，TP）是最常用的一种传输介质，它由两条具有绝缘保护层的铜导线相互绞合而成。把两条铜导线按一定的密度绞合在一起，可增强双绞线的抗电磁干扰能力。一对双绞线形成一条通信链路。在双绞线中可传输模拟信号和数字信号。双绞线有非屏蔽式和屏蔽式两种。

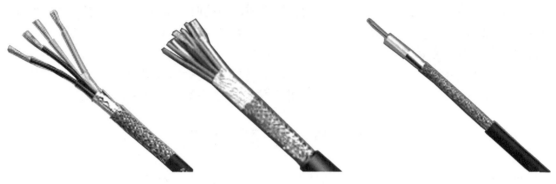

图 4-30　屏蔽信号线　　　　　　　　　图 4-31　同轴电缆

（1）非屏蔽双绞线　把一对或多对双绞线组合在一起，用塑料套装所得到的双绞线电缆称为非屏蔽双绞线（Unshielded Twisted Pair，UTP），如图 4-32 所示。UTP 具有成本低、重量轻、尺寸小、易弯曲、易安装、阻燃性好、适于结构化综合布线等优点，因此，在一般的局域网建设中被普遍采用。但它也存在传输时有电磁辐射、容易被窃听的缺点，所以在少数信息保密级别要求高的场合，还须采取一些辅助屏蔽措施。

a) 非屏蔽双绞线　　　　　　　　　　b) 屏蔽双绞线

图 4-32　双绞线

（2）屏蔽双绞线　采用铝箔套管或铜丝编织层套装双绞线就构成了屏蔽式双绞线（Shielded Twisted Pair，STP）。STP 有 3 类和 5 类两种形式，有 150Ω 阻抗和 200Ω 阻抗两种规格。屏蔽式双绞线具有抗电磁干扰能力强、传输质量高等优点，但它也存在接地要求高、安装复杂、弯曲半径大、成本高的缺点，尤其是如果安装不规范，实际效果会更差。因此，屏蔽式双绞线的实际应用并不普遍。

4. 光纤传输

汽车试验中的光纤传输就是利用光导纤维传输测试信号。光导纤维（简称光纤）是目前发展最为迅速、应用广泛的传输介质。它是一种能够传输光束的、细而柔软的通信媒体。光纤通常是由石英玻璃拉成细丝，由纤芯和包层构成的双层通信圆柱体，其结构一般是由双层的同心圆柱体组成，中心部分为纤芯。

分析光在光纤中传输的理论一般有两种：射线理论和模式理论。射线理论是把光看作射线，引用几何光学中反射和折射原理解释光在光纤中传播的物理现象。模式理论则把光波当作电磁波,把光纤看作光波导,用电磁场分布的模式来解释光在光纤中的传播现象。这种理论相当于微波波导理论,但光纤属于介质波导,与金属波导管有区别。模式理论比较复杂,一般用射线理论来解释光在光纤中的传输。光纤的纤芯用来传导光波,包层有较低的折射率。当光线从高折射率的介质射向低折射

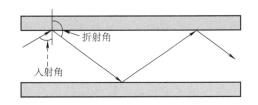

图 4-33　光在光线中的传输

率的介质时,其折射角将大于入射角。因此,如果折射角足够大,就会出现全反射,光线碰到包层时就会折射回纤芯,这个过程不断重复,光线就会沿着光纤传输下去,如图 4-33 所示。光纤就是利用这一原理传输信息的。

在光纤中,只要射入光纤的光线的入射角大于某一临界角度,就可以产生全反射,因此可存在许多角度入射的光线在一条光纤中传输,这种光纤称为多模光纤。但若光纤的直径减小到只能传输一种模式的光波,则光纤就像一个波导一样,可使得光线一直向前传播,而不会有多次反射,这样的光纤称为单模光纤。

(1) 多模光纤　多模光纤的发光器件为发光二极管(LED),光频谱宽、光波不纯净、光传输色散大、传输距离小。1000Mb/s 带宽传输,可靠距离为 255m。100Mb/s 带宽传输,可靠距离为 2km。由于多模光纤发光器件固有的局限性和多模光纤已有的光学特性限制,多模光纤通信的带宽最大为 1000Mb/s。多模光纤芯径大(62.5mm 或 50mm),允许上百个模式传输,色散大,工作波长为 850nm 或 1310nm。

(2) 单模光纤　单模光纤突破了上述多模光纤通信传输距离短及容量小的局限。单模光纤的特点是:通信的带宽大,通常可传 100Gb/s 以上。实际使用一般分为 155Mb/s、1.25Gb/s、2.5Gb/s、10Gb/s;单模发光器件为激光器、光频谱窄、光波纯净、光传输色散小,传输距离远。单模光纤芯径小(10mm 左右),仅允许一个模式传输,色散小,工作波长为 1310nm 或 1550nm。

单模光纤在色散、效率及传输距离等方面都要优于多模光纤。表 4-1 列出了两者的特征对比。

表 4-1　单模光纤和多模光纤特性对比表

单 模 光 纤	多 模 光 纤
高速率,长距离	低速率,短距离
成本高	成本低
窄芯线,需要激光源	宽芯线,聚光好
耗损极小,效率高	耗损大,效率低

光纤传输有很多优点:频带宽、传输速率高、传输距离远、抗冲击和电磁干扰性能好、数据保密性好、损耗和误码率低、体积小和重量轻等。但它也存在连接和分支困难、工艺和技术要求高、需配备光电转换设备、单向传输等缺点。由于光纤是单向传输的,要实现双向传输就需要两根光纤或一根光纤上有两个频段。

因为光纤本身脆弱,易断裂,直接与外界接触易于产生接触伤痕,甚至被折断。因此在

实际通信线路中，一般都是把多根光纤组合在一起形成不同结构形式的光缆。随着通信事业的不断发展，光缆的应用越来越广，种类也越来越多。按用途分，可有中继光缆、海底光缆、用户光缆、局内光缆，此外还有专用光缆、军用光缆等；按结构区分，有层绞式、单元式、带状式和骨架式光缆，图 4-34 所示是一种较常见的铠装光缆。

光纤传输的突出特点是传输的信息量大。一对金属电话线至多能同时传送一千多路电话，而根据理论计算，一对细如蛛丝的光导纤维可以同时通一百亿路电话！铺设 1000km 的同轴电缆大约需要 500t 铜，改用光纤通信只需几千克石英就可以了。

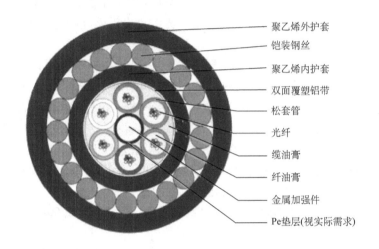

图 4-34　光纤的结构

三、无线传输

由于无线传输不存在导线分布电阻、电容和电感所组成的导线环节及方便灵活等特点，因此近些年在汽车试验领域信号的无线传输技术得到了较大的发展。无线传输是利用无线电波传输信息的通信方式。无线传输的方式有：双向、单向、单路、多路、直达、经过中间站转等多种。无线传输存在测试信号在传输过程中容易受到干扰等严重问题。由此可见，信号的无线传输的关键是抗干扰。

由前面对信号的调制与解调的讨论中发现，对于模拟信号，采用角度调制（频率调制或相位调制）可以提高其抗干扰能力；当然，为了最大限度减小因干扰所带来的误差，可以采用数字式传感器或采用将模/数转换器内置于传感器内的结构，利用键控调制方式传输数字信号。

1. 无线模块传输

无线模块是一种中短距离无线通信设备，通过软件协议栈可将其拓展成易布建的大容量、不依赖现有通信网络和现有电力网络的无线传输网络系统，具有广泛的应用前景。无线模块传输的突出特点是：

（1）低功耗　在低耗电待机模式下，2 节 5 号干电池可支持 1 个节点工作 6~24 个月，在相同条件下，蓝牙能工作数天，Wi-Fi 仅能工作数小时。

(2) 低成本 通过大幅简化协议（不到蓝牙协议的 1/10），降低了对通信控制器的要求，以 8051 的 8 位微控制器测算，全功能的主节点需要 32Kb 代码，子功能节点只需 4Kb 代码。

(3) 接口灵活 可方便地利用各种不同的标准接口（如 TTL、RS－485、RS－232、USB 等）与数据处理设备及汽车试验系统的其他各类设备相连。

(4) 安全性能好 提供了多级安全模式，包括无安全设定、使用接入控制清单（ACL）、防止非法获取数据等，可采用高级加密标准（AES128）的对称密码，灵活确定其安全属性。

无线通信模块的种类很多，图 4-35 是 4 种较典型的无线通信模块。

a) 低成本基本型高速数传模块　　b) USB 接口无线收发器　　c) 窄带宽温高速数传模块　　d) 高速串行通信收发器

图 4-35　无线通信模块

2. 无线网桥传输

网桥又叫桥接器，它是一种在链路层实现局域网互联的存储转发设备。无线网桥即无线网络的桥接设备，可在两个或多个网络之间搭起通信的桥梁（图 4-36）。无线网桥工作在 2.4G 或 5.8G 的免申请无线执照的频段。无线网桥功率大、传输距离远（可达 50km）、抗干扰能力强等，常配备抛物面天线实现长距离的点对点连接。

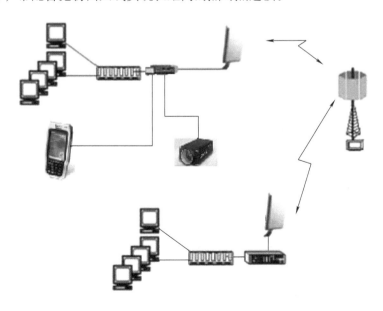

图 4-36　无线网桥

无线网桥的特点是：信息传输的物理性障碍不复存在，如公路、铁路、河流、沟壑等。无线网桥可大大降低布线安装费用，保证了在设备扩展或地点移动时能够快速地重新部署设备；无线网桥是汽车试验信息远距离传输领域中性价比最高的设备之一。

无线网桥有单点对多点（PTMP）、点对点（PTP）等不同类型，目前多数无线网桥设备能够兼具前述两种桥接功能。

3. 无线局域网传输

无线局域网传输的核心部件是无线 AP（Access Point，接入点），无线局域网的覆盖范围与无线 AP 的数量有关。常用的无线 AP 的覆盖半径为 50～100m，欲增大无线局域网的覆盖范围，可以通过增加无线 AP 的数量来实现。在无线局域网的覆盖范围内，汽车试验系统的各类设备，如数据处理用计算机、各类传感器、控制器等均可实现无障碍的无线通信（图4-37）。

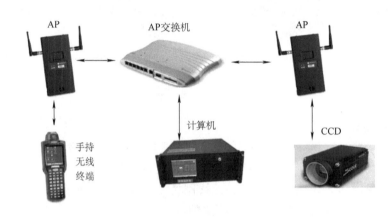

图 4-37　无线局域网

现在市面上流行的 AP 除了有覆盖功能外，大多 AP 带有接入点客户端模式，即无线 AP 就相当于一片无线网卡，能与 AP 进行无线连接。

第六节　信号的补偿和修正

测试信号的补偿与修正有多种不同的方法，常用的主要有电桥补偿、函数补偿、通道补偿和均衡补偿等。

一、电桥补偿

电桥具有灵敏度高、测量范围宽、容易实现对因环境变化所引起的测量误差的补偿，因此在测试工程中得到了广泛的应用。电桥的电源可以是直流电，也可以是交流电。若接入电桥的激励电压（或称供电电压）是直流电，称为直流电桥，若供电电压是交流电，称为交流电桥。

1. 直流电桥

图 4-38a 是直流电桥的基本形式，电桥的四个臂上均为纯电阻分别为 R_1、R_2、R_3 和 R_4。若用四个电阻式传感器去取代四个桥臂电阻 R_1、R_2、R_3 和 R_4，则此电桥就变成了图 4-38b 所示的形式。若电桥的输出端所接的仪表或放大器的输入阻抗很大时，可视为电桥的输出端开路。据欧姆定理便可列出桥路 a、b 和 a、d 之间的电位差方程，即

$$U_{ab} = I_1(R_1 \pm \Delta R_1) = \frac{R_1 \pm \Delta R_1}{(R_1 \pm \Delta R_1) + (R_2 \pm \Delta R_2)} U_o$$

$$U_{ad} = I_2(R_4 \pm \Delta R_4) = \frac{R_4 \pm \Delta R_4}{(R_3 \pm \Delta R_3) + (R_4 \pm \Delta R_4)} U_o$$

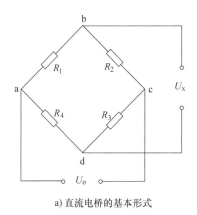
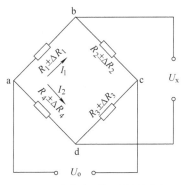

a) 直流电桥的基本形式　　　　　b) 将传感器接入电桥的形式

图 4-38　直流电桥

输出电压

$$U_x = U_{ab} - U_{ad} = \left[\frac{R_1 \pm \Delta R_1}{(R_1 \pm \Delta R_1) + (R_2 \pm \Delta R_2)} - \frac{R_4 \pm \Delta R_4}{(R_3 \pm \Delta R_3) + (R_4 \pm \Delta R_4)} \right] U_o$$

$$= -\frac{(R_1 \pm \Delta R_1)(R_3 \pm \Delta R_3) - (R_2 \pm \Delta R_2)(R_4 \pm \Delta R_4)}{(R_1 \pm \Delta R_1 + R_2 \pm \Delta R_2)(R_3 \pm \Delta R_3 + R_4 \pm \Delta R_4)} U_o \quad (4-71)$$

若接在四个桥臂上的四个电阻式传感器的参数完全相同，即 $R_1 = R_2 = R_3 = R_4 = R_0$，且在测试过程中，各电阻式传感器电阻量的变化均较小并同号，即 $\Delta R \ll R_0$，ΔR_1、ΔR_2、ΔR_3 和 ΔR_4 同时为正或同时为负，则式（4-71）可改写为

$$U_{bd} = \frac{U_o}{4} \left(\frac{\Delta R_1}{R_0} - \frac{\Delta R_2}{R_0} + \frac{\Delta R_3}{R_0} - \frac{\Delta R_4}{R_0} \right) \quad (4-72)$$

式（4-72）就是电桥的加减特性。若式（4-72）中的 ΔR_1、ΔR_2、ΔR_3 和 ΔR_4 是因为环境的变化（如温度的变化）所引起的，且各电阻式传感器均处于相同的测试环境，即 $\Delta R_1 = \Delta R_2 = \Delta R_3 = \Delta R_4$，则电桥的输出电压 $U_{bd} = 0$，传感器因环境的变化所引起的电阻输出在电桥中自动被消除，这就是对测试信号进行补偿的工作原理。事实上，信号的电桥补偿并不需要在四个桥臂上都接上传感器，只要将两个相同的电阻式传感器分别接到 1、2 或 3、4 两个臂上即可。

为了提高电容式传感器和电感式传感器的灵敏度和自动消除环境因素对测试结果的影响，电容式传感器和电感式传感器常采用差动式结构（或称差动式测量），利用电桥的加减特性便可实现电容式传感器和电感式传感器的差动式测量，其具体方法是，将两只电容式传感器或电感式传感器分别接到电桥的1、2或3、4两个臂上，就自动实现了差动式测量。

利用电桥可实现信号的幅值调制，其具体方法是，按照前述电桥补偿与修正的原理，将传感器接到电桥上，只要给电桥供电的电压是高频电压，传感器输出的信号便自动实现幅值调制。

若电桥四个桥臂上的电阻值均随被测量变化，图4-38a所示为全臂电桥；若只有两个桥臂上的电阻随被测量而变，称为双臂半桥；若只有一个桥臂上的电阻值随被测量变化，称为单臂半桥。显然，若要利用电桥进行信号的补偿与修正，就必须采用双臂半桥或全臂电桥。

由式（4-72）可知，电桥的输出 U_{bd} 与电桥供电电压 U_o 有关，电桥供电电压的波动会带来测量误差。为了避免供电电压波动对测试结果的影响，最简单的方法是调节图4-38a所示电桥中各桥臂上的电阻值 R_1、R_2、R_3 和 R_4，使电桥的输出电压 $U_{bd}=0$，这种电桥称为平衡电桥。

对于图4-39a所示直流电桥的基本形式，其输出电压为

$$U_x = \frac{R_1 R_3 - R_2 R_4}{(R_1 + R_2)(R_3 + R_4)} \tag{4-73}$$

当 $U_x=0$ 时，则有

$$R_1 R_3 - R_2 R_4 = 0$$

或

$$\frac{R_2}{R_1} = \frac{R_3}{R_4} \tag{4-74}$$

式（4-74）就是直流电桥的平衡条件。

当然，电桥的平衡不能靠改变接在桥臂上的传感器来实现，常用的方法是在桥臂上串接可变电阻。

为了减小环境因素对测试结果的影响，需要利用电桥对测试信号进行补偿与修正，电桥的输出 U_x 就是经补偿与修正后的测试信号。一旦电桥达到平衡，其输出 $U_x=0$。如此，尽管消除了因电桥供电电压波动所带来的测量误差，但同时却让测试结果消失。显然，如此所带来的问题更加严重。下面举例说明解决此问题的具体方法：

热线（热膜）式汽油发动机进气质量流量传感器的结构原理如图4-39所示，热线（或热膜）电阻 R_H、温度补偿电阻 R_K、精密电阻 R_A、电桥电阻 R_B 分别接在电桥的1、2、3、4桥臂上，利用电桥补偿与修正消除环境温度对测试结果的影响。混合集成电路A有两大功能，即：

1) 实时调节电桥电阻 R_B 的大小，使电桥始终保持平衡。

2) 实时调节加在热线（或热膜）电阻 R_H 上电流的大小，以保持热线（或热膜）电阻 R_H 的温度始终保持设定的数值不变。精密电阻 R_A 的特点是具有恒定不变的电阻值。

热线（热膜）式汽油发动机进气质量流量传感器的工作原理是：汽油发动机的进气量是随发动机工况的变化而变化的，当发动机的进气量大时，安装在进气总管上的热线（热膜）电阻 R_H 在大气流的作用下降温剧烈，为了维持其设定的温度不变，混合集成电路A增

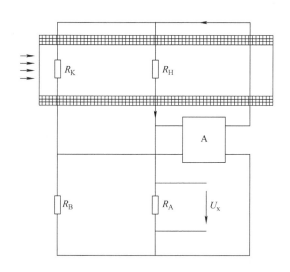

图 4-39 发动机空气质量流量传感器工作原理图
A—混合集成电路　R_H—热线（或热膜）电阻
R_K—温度补偿电阻　R_A—精密电阻　R_B—电桥电阻

大其电流量；当发动机的进气量小时，安装在进气总管上的热线（热膜）电阻 R_H 在较小气流的作用下降温强度小，为了维持其设定的温度不变，混合集成电路 A 减小其电流量。如此热线（或热膜）电阻 R_H 上电流的大小与进气流量成正比变化。从图 4-40 中不难看出，精密电阻 R_A 与热线（或热膜）电阻 R_H 是串联关系，流经此两电阻的电流恒定相等，若设此电流为 I，则精密电阻 R_A 两端的电压 U_x 为

$$U_x = IR_A \tag{4-75}$$

由于精密电阻 R_A 的电阻值恒定不变，精密电阻 R_A 两端的电压 U_x 随进气流量成正比变化。由此可见，同时利用电桥的加减特性消除环境因素的影响、利用平衡电桥避免因供电电压波动所带来的测试误差，其实现工程测试的方法是，在电桥上接入一个精密电阻，从精密电阻两端输出测试信号。

2. 交流电桥

若将电容或电感式传感器接入电桥，电桥的电源就不能是直流电，而应该向电桥提供交流电，如此电桥就变成了交流电桥。

对于交流电桥，交流电桥具有直流电桥所有的特性，比如：1）利用加减特性对信号进行补偿；2）利用平衡电桥消除供电电压对测试结果的影响等，所不同的是在直流电桥中，各桥臂上是纯电阻。在交流电桥中，各桥臂上是复阻抗（即便是交流电桥臂上是纯电阻器件，但由于电阻器件也存在分布电容，因此它仍然是复阻抗）。用复阻抗 Z_1、Z_2、Z_3 和 Z_4 去替换直流电桥中的 R_1、R_2、R_3 和 R_4，则直流电桥的所有计算公式都适合于交流电桥。

二、测试结果的函数补偿

测试结果的函数补偿就是引入修正函数，以消除测试误差，主要是消除系统误差。

在试验汽车之前，先对测试系统进行精确的标定，以确定系统的输出 $y(t)$ 与输入 $x(t)$ 之间的修正函数 $f(t)$。将试验结果 $y(t)$ 乘以修正函数 $f(t)$ 便是被测参量的大小，即

$$x(t) = f(t)y(t) \tag{4-76}$$

这种补偿方法在汽车试验中经常用到。如进行汽车基本性能试验及汽车排放和噪声测试之前，通常应对测试系统（如五轮仪、燃油流量计、废气分析仪和声级计）进行标定，以确定其修正函数 $f(t)$。

实现函数补偿的方法有 2 种：1）将修正函数输入测试系统（键入或旋钮调节），测试系统自动完成对测试结果的修正；2）人工处理，试验人员通过手工计算来完成测试结果的修正工作。方法 1）在汽车试验中被广泛采用，方法 2）在某些特殊场合仍有采用，如汽车燃料经济性的环境修正等。

三、通道补偿

测试信号的通道补偿主要用于消除测试信号的干扰。在进行测试信号的采集和记录时，专门拿出一个信号通道来记录外界的干扰信号（该通道不记录任何测试信号），这个通道称为补偿通道。在进行试验数据处理之前，将测试信号与补偿通道进行比较，这样便可消除外界的干扰。

这种补偿方法在汽车试验中经常用到，尤其是汽车振动与噪声测试。

四、均衡补偿

设汽车试验中某一测试系统的输入（被测量）为 $x(n)$，测试系统的输出为 $y(n)$，在理想情况下，我们都希望 $y(n) = x(n)$，然而，由于实际测量环节中的线性和非线性畸变，通常会出现 $y(n) \neq x(n)$ 的情况。欲将 $y(n)$ 恢复成原被测信号 $x(n)$ 就需采用一些特殊的处理，这种将测试系统的输出恢复成输入信号 $x(n)$ 的过程称为均衡补偿。

若仅考虑到线性时不变系统引起的畸变，则输出 $y(n)$ 与输入 $x(n)$ 的关系为

$$y(n) = g(n)x(n) \tag{4-77}$$

式中　$g(n)$——测试系统的传递函数。

其离散的傅里叶变换表达式为

$$Y(e^{j\omega}) = G(e^{j\omega}) \times (e^{j\omega}) \tag{4-78}$$

欲消除信号的畸变，$G(e^{j\omega})$ 应为

$$G(e^{j\omega}) = G_0 e^{-j\omega n_0} \tag{4-79}$$

即测试系统的输出信号 $y(n)$ 相对于输入信号 $x(n)$ 只有幅度上的增益 G_0 和时间上的延时 n_0，而实际上的 $G(e^{j\omega})$ 与式（4-79）所表达的理想情况有较大的差别。消除幅频特性上的误差，称为幅度均衡；消除相频特性上的误差，称为相位均衡，或称相位补偿。欲做到这些，常用的方法是设计一个数字滤波器（称为均衡滤波器），使之满足

$$y_h(n) = h(n) \times y(n) = x(n) \tag{4-80}$$

$$Y_h(e^{j\omega}) = H(e^{j\omega})Y(e^{j\omega}) = X(e^{j\omega}) \tag{4-81}$$

式中　$h(n)$、$H(\mathrm{e}^{\mathrm{j}\omega})$——分别是均衡滤波器的单位抽样响应函数和频率响应函数；

　　　$y_h(n)$、$Y_h(\mathrm{e}^{\mathrm{j}\omega})$——分别是均衡滤波器补偿后的系统响应函数和频响函数。

从理论上讲，均衡滤波器的频率响应函数是测试系统传输函数频率响应的逆函数，即

$$H(\mathrm{e}^{\mathrm{j}\omega}) = \frac{1}{G(\mathrm{e}^{\mathrm{j}\omega})} \tag{4-82}$$

均衡滤波器的实质是设计一个满足式（4-82）要求的数字均衡滤波器。

第五章 试验数据的采集与处理

试验数据采集与处理是将试验过程中由各类传感器所测得的速度、振动加速度、倾角、温度、压力、流量和位移等模拟量采集、转换成数字量后,再由计算机对其进行分析、处理,以获得所需要的测试结果的过程。

数据采集系统性能的好坏,主要取决于它的精度和速度。在保证精度的条件下,应该尽可能采用高的采样速度,以满足实时采集、实时处理和实时控制的要求。

汽车试验系统有静态与动态之分,与之对应的就有静态数据处理和动态数据处理。静态试验数据处理比较简单,涉及的内容主要是误差分析及试验数据的回归分析等,已在第二章中介绍,在此不再重复。动态试验数据处理的内容多而复杂,一直是工程试验领域的重点和难点问题。各工业领域对动态测试数据的研究方法较为相近,但由于不同工业领域进行动态测试的要求、目的和对象的不同,所以对动态试验数据处理研究的侧重点有所不同。对于汽车产业而言,动态测试研究的重点是振动和噪声。

汽车振动与噪声问题十分复杂,且涉及多个层面,如汽车的行驶平顺性问题、汽车的结构强度问题、汽车噪声的识别与声场测试问题等。关于汽车结构强度问题的动态研究已形成了一个独立的学科——汽车试验模态分析,有兴趣的同学可以去研读相关的内容,噪声识别与声场测试问题在十二章中专门讨论。本章的重点是以汽车行驶平顺性为例讨论汽车动态测试的数据处理中的一般性问题。

第一节 数据采集技术基础

在汽车试验中所需采集的信号,大多是在时间和幅值上均连续变化的模拟量,而试验信号的处理绝大多数由计算机来完成,处理结果又常常需要以模拟量的形式反馈给外部的试验系统。这就需要解决模拟量与数字量之间的相互转换问题,即采样与重构(恢复)。

一、采样与采样定理

1. A/D 转换过程

为了能将传感器输出的模拟信号送到计算机中进行处理,需将其转换成数字量,将连续的模拟信号转换成数字量的过程称为采样,A/D 转换器是常用的采样工具。

2. 采样周期

连续的模拟信号 $x(t)$ 经采样过程后变换为离散的信号(或简称为采样信号)$x^*(t)$,离散信号相邻两个采样值之间的时间间隔 Δt,称为采样周期。

3. 香农采样定律

采样周期 Δt 决定了采样信号的质量和数量:Δt 太小,会使 $x^*(t)$ 的数量剧增,占用大量的计算机内存;Δt 太大,会使模拟信号的某些信息丢失,若将采样后的信号恢复成原来的信号，就会出现失真现象，影响数据处理的精度。因此，必须有一个选择采样周期 Δt 的依据，以确保 $x^*(t)$ 能不失真地恢复成原信号 $x(t)$，这就是香农采样定理。

设传感器输出的连续信号为 $x(t)$，其频谱为 $X(f)$，如果频谱 $X(f)$ 和采样周期 Δt 满足下列条件：

1) 频谱 $X(f)$ 为有限频谱，即当 $f \geq f_c$（f_c 为截止频率），$X(f) = 0$。

2) $\Delta t \leq \dfrac{1}{2f_c}$ 或 $2f_c \leq \dfrac{1}{\Delta t} = f_s$。

则连续时间函数 $x(t)$ 可以由下式

$$x(t) = \frac{\Delta t}{\pi} \sum_{n=-\infty}^{+\infty} x(n\Delta t) \frac{\sin \frac{\pi}{\Delta t}(t - n\Delta t)}{t - n\Delta t} \tag{5-1}$$

唯一确定。

式中，$n = 0, \pm 1, \pm 2, \cdots$；$x(n\Delta t)$ 为第 n 点即 $t = n\Delta t$ 的函数值 x_n。

采样定律表明，$x(t)$ 只要满足 $|f| > f_c$ 时有 $X(f) = 0$，则以 $\Delta t \leq \dfrac{1}{2f_c}$ 采得的离散序列 $\{x_n\}$ 能完全表征连续函数 $x(t)$。因此，采样定律提供了选择采样间隔的准则。若以 f_s 表示采样频率，则 $f_s = \dfrac{1}{\Delta t} \geq 2f_c$。

二、采样方式

采样方式可分为两大类：实时采样和等效时间采样。对于实时采样，当数字化一开始，信号波形的第一个采样点就被采样并数字化。然后，经过一个采样间隔，再采入第二个子样，这样一直将整个信号波形数字化后存入波形存储器。实时采样的优点在于信号波形一到就采入，因此适用于任何形式的信号波形，包括重复的或不重复的，单次的或连续的。由于所有采样点是以时间为顺序，因而易于实现波形显示功能。实时采样的主要缺点是时间分辨率较差，每个采样点的采入、量化、存储等必须在小于采样间隔的时间内完成。若对信号的时间分辨率要求很高，那么实现起来就比较困难。

等效时间采样技术可以实现很高的时间分辨率，但这种采样方式的应用前提是信号波形可以重复产生。由于波形可以重复取得，故采样可以用较慢的速度进行。采样的样本可以是时序的（步进、步退、差额），也可以是随机的。这样就可以把许多采集的样本合成一个采样密度较高的波形，一般也常将"等效时间采样"称为"变换采样"。

第二节　计算机数据采集系统

数据采集系统主要由传感器、信号调理器、多路模拟开关、采样保持器、A/D 转换器和数据记录装置组成，如图 5-1 所示。

一、多路模拟开关

在工程测试中，经常会遇到多路数据采集的问题，如果每一路都单独采用各自的输入回路，即每一路都采用放大、采样/保持和 A/D 转换等环节，不仅成本会成倍增加，还会导致

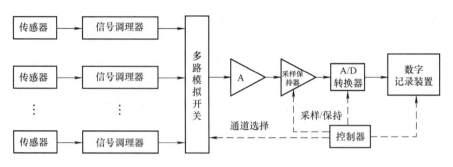

图 5-1 数据采集系统

系统体积庞大以致从结构上无法实现，如 128 路信号的采集。因此，除少数特殊情况外，常采用公共的采样保持及 A/D 转换电路，而要实现这种设计，就须采用多路模拟开关。

多路模拟开关的主要作用是把多个模拟量参数分时地接通送到 A/D 转换器，即完成多到一的转换。

随着大规模集成电路的发展，各厂家已推出各种各样的多路模拟开关。多路模拟开关的通道数有 4 路、8 路和 36 路等。由于组成多路开关的电路不同，多路模拟开关又分为 TTL、CMOS 和 HMOS 等多种不同的结构形式。

多路模拟开关的选用应考以下 4 个因素：

1）在信号电平较低场合，可选用低压型多路模拟开关，但须有严格的抗干扰措施。

2）在切换速度要求高、路数多的情况下，应尽可能选用单片即能完成的模拟开关，因为这样可使每路特性参数基本一致；在使用多片组合时，也宜选用同一型号的芯片以尽可能使每个通道的特性一致。

3）在选择多路模拟开关的速度时，要考虑到与后级设备速度的匹配，通常多路模拟开关的速度应高于采样保持放大器和 A/D 转换器的速度。

4）在使用高精度采样保持放大器和 A/D 转换器进行精密数据采集时，应充分考虑模拟开关的传输精度。多路模拟开关在数据采集系统中主要用作通道选择。

二、采样保持器

如果直接用 A/D 转换器对模拟量进行转换，则应考虑到任何一种 A/D 转换器都需要有一定的时间来完成量化及编码的操作。在转换过程中，模拟量的变化将直接影响转换精度。特别是在同步系统中，几个并联的量均需要取同一瞬时值，若仍直接送入 A/D 转换器进行转换（共用一个 A/D 转换器），所得到的几个量就不是同一时刻的值，无法进行计算和比较。所以要求输入到 A/D 转换器的模拟量在整个转换过程中保持不变，但转换之后，又要求 A/D 转换器的输入信号能够跟随模拟量变化，能够完成上述任务的器件叫采样保持器（SHA）。

SHA 主要由模拟开关、存储介质和缓冲放大器 A 组成，它的一般形式如图 5-2 所示。

采集时间是 SHA 的一个关键动态指标，

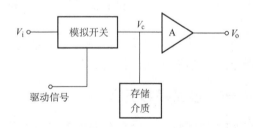

图 5-2 SHA 的一般形式

它主要取决于电容量和输入放大器最大供电电流，采集时间范围是 15ns～10μs。任何 SHA 所具有的最高采样速率均由采样与保持状态所需要的时间之和决定；保持方式的时间（此时瞬态已建立）主要由采用 SHA 的系统决定；用于采样方式的最小时间则由满足给定精度的采集时间确定。

三、A/D 转换器

A/D 转换器的作用是对每一个由采样保持电路在时间上离散的模拟电压值输出一个 n 位二进制数字。A/D 转换技术有几十种，但只有少数几种能以单片集成的形式来实现。这里介绍最常用的两种：计数器式和逐次逼近式 A/D 转换器。

1. 计数器式 A/D 转换器

最简单最廉价的 A/D 转换器是计数器式。一个计数器控制着一个 A/D 转换器，随着计数器由 0 开始计数，A/D 转换器输出一个逐步升高的阶梯形电压。输入的模拟电压和 A/D 转换器生成的电压被送至比较器进行比较，当二者一致或基本一致（在允许的量化误差范围内）时，比较器辅以一个指示信号，立即停止计数器计数。此时，A/D 转换器的输出值就是采样信号的模拟近似值，其相应的数字值由计数器给出。

2. 逐次逼近式 A/D 转换器

逐次逼近式 A/D 转换器采用的是从最高位逐位试探方法，转换前寄存器各位清零，转换时，是把最高位置变为 1，并将 A/D 转换器的输出值与该测得的模拟值进行比较，如果"低于"，该位的 1 被保留；如果"高于"，该位的 1 被清除。然后，次高位置 1，再比较，决定去留……直至最低位完成同一过程。寄存器从最高位到最低位都试探过一遍的最终值就是 A/D 转换的结果。

计数器式和逐次逼近式 A/D 转换器都属于负反馈式比较型 A/D 转换器。但对于一个 n 位 A/D 转换器，逐次逼近式 A/D 转换器只需 n 次比较就可以完成模数转换；而计数器式 A/D 转换器的比较次数却不固定，最多可能需 2^n 次。逐次逼近式 A/D 转换器是中速（转换时间 1ms～1μs）8～16 位 A/D 转换器的主流产品。

四、数据采集系统的控制

整个数据采集系统由控制器控制。控制器使系统的各个部件以适当的时间执行自己的功能。它依次给出一系列脉冲，使多路模拟开关选择通道、采样保持放大器进行采样保持，启动 A/D 转换器，数字记录装置投入工作。在简单的数据采集系统中，它只能实现顺序采样和选点采样，它们是反复执行同一程序。在复杂的大型系统中，则常由计算机控制。图 5-3

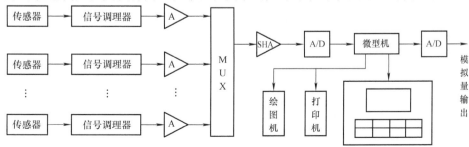

图 5-3 微型计算机化的数据采集系统

所示是微型计算机化的数据采集系统。

第三节　汽车动态试验数据处理

汽车动态试验数据处理的目的在于，获取能够反映汽车整车及零部件性能的参数，将其与性能评价指标体系进行对比，以评价汽车整车及各总成部件性能的优劣。不同的试验对象及同一试验对象的不同性能都对应着不同的试验评价方法。限于篇幅，在此不可能对全部试验对象的各项性能的评价问题一一进行讨论，所以仅以具有代表性的汽车行驶平顺性试验为例讨论汽车试验的动态数据处理问题。

一、汽车行驶平顺性评价

关于汽车行驶平顺性的试验评价，国际标准化组织多年的努力和各国专家的智慧均体现在国际标准 ISO 2631 中。我国于 1985 年制定了相应的国家标准 GB 4970—1985《汽车行驶平顺性随机输入试验方法》，1996 年修订过一次，最近一次修订是 2009 年。GB 4970—2009《汽车行驶平顺性试验方法》中所列的评价内容包括脉冲输入行驶平顺性评价和随机输入行驶平顺性评价两个方面：

1. 脉冲输入行驶平顺性评价

脉冲输入行驶平顺性评价由基本评价和辅助评价两个部分组成。

1）基本评价方法：当振动波形峰值系数小于 9 时，脉冲输入行驶试验用座椅坐垫上方、座椅靠背、乘员（或驾驶人）脚部地板和车厢地板最大（绝对值）加速度响应 $\ddot{Z}_{max}$ 与车速的关系评价。

2）辅助评价方法：当振动波形峰值系数大于 9 时，用基本评价方法不能完全描述振动对人体的影响，还应采用振动剂量值进行评价。

2. 随机输入行驶平顺性评价

1）对乘员（或驾驶人）人体及脚部地板处的振动分别用 X、Y、Z 三个方向的加权加速度均方根值 $\bar{a}_{\omega X}$、$\bar{a}_{\omega Y}$、$\bar{a}_{\omega Z}$ 评价。人体及脚部地板处振动也可以用综合总的加权加速度均方根值 $\bar{a}_{\omega}$ 进行评价。货车车厢的振动用加速度均方根值评价。

2）汽车随机输入行驶试验的评价以评价指标与车速的关系曲线作为基本评价方法。

3）根据需要，随机输入行驶平顺性亦可只用常用车速的评价指标进行评价。

尽管三个版本的汽车行驶平顺性试验标准在试验方法和评价内容等方面存在一定的差异，但评价指标却基本相同，主要是加权加速度均方根值、总的加权加速度均方根值、多轴向综合总的加权加速度均方根值。无论是加权加速度均方根值，还是总的加权加速度均方根值，或是多轴向综合总的加权加速度均方根值，均与 $\frac{1}{3}$ 倍频程这一概念直接相关。

(1) $\frac{1}{3}$ 倍频程　汽车行驶平顺性是基于人体对振动的反应而提出来的。人体对振动的反应不仅在 X、Y、Z 三个轴向各不相同，而且在不同的频带亦存在较大的差异。这里所说的频带是指 $\frac{1}{3}$ 倍频程，是指将试验所设定的分析频段按照如下关系分为若干个频带。

$$f_u/f_l = 2^{\frac{1}{3}} \quad (5-2)$$

式中 f_l、f_u—— 分别是各个频带上的下限和上限频率。

为了方便表达每个频带上的数值，按 $\frac{1}{3}$ 倍频程所分出的每个频带均用中心频率 f_i 来表示，即

$$f_i = \sqrt{f_l f_u} \quad (5-3)$$

客车和轿车行驶平顺性试验的分析频率范围为 0.1~90Hz，货车和越野车行驶平顺性试验的分析频率范围为 0.1~450Hz，按照 $\frac{1}{3}$ 倍频程的分频方法可得到 $\frac{1}{3}$ 倍频程各频带的上限频率、下限频率和中心频率（表5-1）。

表5-1 $\frac{1}{3}$ 倍频程各频带的上限频率、下限频率和中心频率 （单位：Hz）

序号	中心频率 f_i	下限频率 f_l	上限频率 f_u	序号	中心频率 f_i	下限频率 f_l	上限频率 f_u
1	1.0	0.9	1.12	15	25	22.4	28
2	1.25	1.12	1.4	16	31.5	28	35.5
3	1.6	1.4	1.8	17	40.0	35.5	45
4	2.0	1.8	2.24	18	50.0	45	56
5	2.5	2.24	2.8	19	63.0	56	71
6	3.15	2.8	3.55	20	80.0	71	90
7	4.0	3.55	4.5	21	100.0	90	112
8	5.0	4.5	5.6	22	125.0	112	140
9	6.36	5.6	7.1	23	160.0	140	180
10	8.0	7.1	9	24	200.0	180	224
11	10.0	9	11.2	25	250.0	224	280
12	12.5	11.2	14	26	315.0	280	355
13	16.0	14	18	27	400.0	355	450
14	20.0	18	22.4	28	500.0	450	560

人体对振动的反应在不同频带上的差异是指人体对振动的反应在各个频带的敏感度各不相同，如：在垂直方向，人体最敏感的频率范围：座椅坐垫上方垂直方向（Z方向），脚部X、Y、Z三个轴向，是4~12.5Hz；座椅坐垫上方纵、横两个水平方向（X、Y方向），座椅靠背横向和垂直两个方向（Y、Z方向），是0.5~2Hz；座椅坐垫上方绕X、Y、Z三个旋转方向，是0.5~1Hz；座椅靠背纵向（X方向）是0.5~8Hz。振动频率为4~8Hz，人体的内部器官会产生共振；8~12.5Hz的振动对人体脊椎的影响最大。振动频率离人体最敏感的频率范围越远，人体对振动的敏感性越差。大约在3Hz以下，水平振动比垂直振动更敏感，且车身部分系统在此频率范围产生共振。基于上述人体对振动反应的概念，提出了三个界限，分别是：

1）舒适降低界限：与乘坐舒适性有关，用以评价人在车上是否能进行吃、读、写等正常活动。

2) 疲劳降低功效界限：与持续工作效率有关，是指驾驶人所承受的振动在此界限内，是否能保持正常有效的驾驶操作。

3) 暴露极限：与人体的健康与安全有关，人体承受的振动在此界限内应保持健康和安全。是人体所能承受振动能量的上限。

舒适降低界限与疲劳降低工作效率界限振动加速度的均方根值 σ_a 彼此相差10dB，此两界限指标的加速度均方根值彼此相差3.15倍。

基于舒适性的评价，考核的内容包括座椅支承面处输入点3个方向的线振动和该输入点3个方向的角振动；座椅靠背和脚支承面两个输入点各3个方向的线振动，共考核3个输入点12个方向的振动，如图5-4所示。

基于健康影响的评价，仅考核座椅支承面处输入点3个方向的线振动。

汽车行驶平顺性试验中的无量纲量 dB 和噪声测量中的 dB 具有几乎相同的概念，它是为了表达上的方便所采用的对数表达方式。将所测得的汽车振动加速度均方根值取对数后再乘以20便是振动测量中的分贝值，即 $20\lg \bar{a}$。

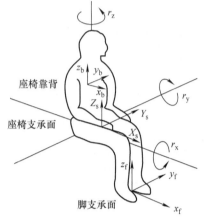

图5-4　3个输入点共12个方向的振动

(2) 轴加权　由于人体对振动的反应在各个轴向存在一定的差异，在进行多轴向总的加权加速度均方根值计算时，需基于各轴向振动对人体影响的大小进行等效处理，即轴加权处理。具体处理方法是：

椅面输入点 X_s、Y_s、Z_s 三个线振动的轴加权系数 $k=1$，是12个轴向中人体最敏感的，其余各轴向的轴加权系数均小于0.8。

当评价振动对人体健康的影响时，就考虑 X_s、Y_s、Z_s 这三个轴向，且 X_s、Y_s 两个水平轴向的轴加权系数取 $k=1.4$，比垂直轴向更敏感。

座椅靠背水平轴向 x_b、y_b 可以由椅面 X_s、Y_s 水平轴向代替，此时轴加权系数取 $k=1.4$。

(3) 频率加权　由于人体对振动的反应在各个频带的敏感程度各不相同，为了便于用统一的尺度评价各个频带上的振动，引入了频率加权的概念，即利用频率加权函数 $w(f_i)$ 将人体最敏感频率范围以外各频带上人所承受的加速度均方根值 $\bar{a}_j$ 折算为等效人体最敏感的频率范围。

$$\bar{a}_{wj} = W(f_j) \bar{a}_j \tag{5-4}$$

式中　$\bar{a}_{wj}$——第 j 个1/3倍频程上的加权加速度均方根值（m/s²）；

$\bar{a}_j$——第 j 个1/3倍频程上的加速度均方根值（m/s²）；

f_i——1/3倍频程各频带的中心频率（Hz）；

$W(f_i)$——频率加权函数，不同部位、不同方向的加权函数分别是：

$$W_k(f_i) = \begin{cases} 0.5 & (0.5 < f_i < 2) \\ f_i/4 & (2 < f_i < 4) \\ 1 & (4 < f_i < 12.5) \\ 12.5/f_i & (12.5 < f_i < 80) \end{cases} \tag{5-5}$$

$$W_d(f_i) = \begin{cases} 1 & (0.5 < f_i < 2) \\ 2/f_i & (2 < f_i < 80) \end{cases} \tag{5-6}$$

$$W_c(f_i) = \begin{cases} 1 & (0.5 < f_i < 8) \\ 8/f_i & (8 < f_i < 80) \end{cases} \tag{5-7}$$

$$W_e(f_i) = \begin{cases} 1 & (0.5 < f_i < 1) \\ 1/f_i & (1 < f_i < 80) \end{cases} \tag{5-8}$$

式中，频率加权函数 $W_k(f_i)$、$W_d(f_i)$、$W_c(f_i)$、$W_e(f_i)$ 所对应的部位与方向见表 5-2，加权函数曲线如图 5-5 所示。

表 5-2　不同部位、不同方向所对应的频率加权函数符号

位置	坐标轴名称	频率加权函数
座椅坐垫上方	纵向（X 轴）	W_d
	横向（Y 轴）	W_d
	垂向（Z 轴）	W_k
	绕 X 轴	W_e
	绕 Y 轴	W_e
	绕 Z 轴	W_e
靠背	纵向（X 轴）	W_c
	横向（Y 轴）	W_d
	垂向（Z 轴）	W_d
脚	纵向（X 轴）	W_k
	横向（Y 轴）	W_k
	垂向（Z 轴）	W_k

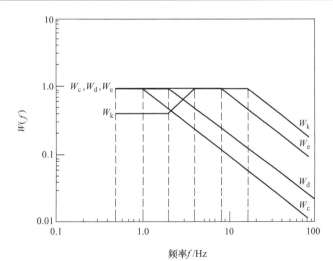

图 5-5　频率加权曲线

二、汽车平顺性试验

GB 4970—2009《汽车行驶平顺性试验方法》中规定，汽车行驶平顺性需用脉冲输入和随机输入两种方法进行试验，并对测点上的载荷作出明确规定。

1. 人-椅系统载荷

测试部位的载荷应为身高 1.70m ± 0.05m、体重为 65kg ± 5kg 的真人。人的坐姿：测试部位的乘员应全身放松，系好安全带，双手自然放在大腿上，其中驾驶人的双手自然地置于转向盘上，在试验过程中应保持坐姿不变。一般情况下，乘员应自然地靠在靠背上，否则应注明。这样的规定显然是为减小负载效应对测试结果的影响。

2. 脉冲输入行驶试验

汽车行驶平顺性脉冲输入行驶试验的方法与流程如下：

1）将三角形凸块（图5-6）放置在试验道路中间，并按汽车轮距调整好两个凸块的间距。为保证汽车左右车轮同时驶过凸块，应将两个凸块放置在与汽车行驶方向垂直的一条直线上。

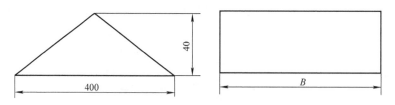

图5-6 脉冲输入用三角形状的单凸块
（B 视车型而定，必须大于轮宽）

2）试验时，汽车以规定的车速（10km/h、20km/h、30km/h、40km/h、50km/h、60km/h）匀速驶过凸块，在汽车通过凸块前500m应稳住车速；当汽车前轮接近凸块时开始记录，待汽车驶过凸块且冲击响应消失后停止记录。

3）每种车速的有效试验次数不少于5次。

3. 随机输入行驶试验

试验时，汽车应在稳速段稳住车速，然后以规定的车速匀速驶过试验路段，测量各测试部位的加速度时间历程。

1）良好路面的试验车速：40km/h～最高设计车速（但不超过试验路面要求的最高车速）之间，每间隔10km/h 或 20km/h 试验一次。

2）一般路面：M 类车辆为 40km/h、50km/h、60km/h、70km/h；N 类车辆为 30km/h、40km/h、50km/h、60km/h。

三、振动信号的处理

在进行振动信号处理之前，应了解振动信号处理的基本要求，选配信号处理设备（如选用何种滤波器、哪种数据采集系统等）和对信号处理设备的参数进行设置，使之得到一个满意的试验结果。

1. 振动信号处理的基本要求

截断频率 f_c 要求如下：

对于客车、乘用车座椅和各类车辆驾驶室座椅：$f_c = 100 \text{Hz}$；

各类车辆（包括客车和乘用车）车厢底板及车桥：$f_c = 500 \text{Hz}$；

驾驶人手臂振动：$f_c = 1000 \text{Hz}$；

晕车界限：$f_c = 2 \text{Hz}$。

2. 采样时间间隔

由香农采样定理可知，为了避免频率混淆，采样频率 f_s 应不小于信号频率成分中最高频率 $f_{\max}$ 的两倍，即

$$f_s \geqslant 2f_{\max} = 2f_c \tag{5-9}$$

采样时间间隔 Δt 是由采样频率决定的，其关系为

$$\Delta t \leqslant \frac{1}{f_s} = \frac{1}{2f_c} \tag{5-10}$$

将上述的截止频率代入式（5-9）和式（5-10）可得到各种不同试验的采样频率和采样时间间隔。

1）客车、乘用车座椅和各类车辆驾驶室座椅上的采样频率和采样时间间隔为 $f_s \geqslant 200 \text{Hz}$，$\Delta t \leqslant 0.005 \text{s}$；

2）各类车辆车厢底板及车桥上测点的采样频率和采样时间间隔为 $f_s \geqslant 1000 \text{Hz}$，$\Delta t \leqslant 0.001 \text{s}$；

3）驾驶人手臂振动的测量，其采样频率和采样时间间隔为 $f_s \geqslant 2000 \text{Hz}$，$\Delta t \leqslant 0.0005 \text{s}$；

4）晕车界限的测量，其采样频率和采样时间间隔为 $f_s \geqslant 4 \text{Hz}$，$\Delta t \leqslant 0.25 \text{s}$。

3. 分辨带宽

分辨带宽与信号处理的精度要求有关，对前面所列的前三项测量，其分辨带宽 $\Delta f = 0.1953 \text{Hz}$ 就可以满足测试精度的要求，而对于晕车界限的测试，其分辨带宽应为 $\Delta f = 0.0039 \text{Hz}$。

4. 独立样本个数

对于常用的信号处理设备，单个子样的采样点数一般为 1024 个点，从理论上讲，采样点数越多，信号处理的精度越高，但点数的增加会使计算时间成几何级数增加。

为了节省计算机时，且达到信号处理的精度，常采用集合平均的方式，即将加速度的时间历程分成若干段（即若干个独立的子样或称为独立样本）进行处理。保证信号处理精度所需的最小独立样本的个数称为信号处理中的独立样本个数 q，通常 $q \geqslant 25$。

5. 采用合适的窗函数

关于窗函数的选取在后面将专门讨论。

四、振动信号的数值计算

试验目的和试验内容的不同，振动信号处理所需要获得的数值量亦不同，对于汽车行驶平顺性而言，其振动信号的数值计算包括如下 2 个方面。

1. 脉冲输入行驶试验的数值计算

（1）最大（绝对值）加速度响应（n 次试验的平均值）

$$\ddot{Z}_{max} = \frac{1}{n}\sum_{j=1}^{n}\ddot{Z}_{maxj} \quad (n \geq 5) \tag{5-11}$$

式中　n——脉冲试验有效试验次数，$n \geq 5$；

　　　$\ddot{Z}_{max}$——最大（绝对值）加速度响应（m/s²）；

　　　$\ddot{Z}_{maxj}$——第 j 次试验结果的最大（绝对值）加速度响应（m/s²）。

（2）峰值系数

$$C = \frac{a_{wmax}(t)}{\bar{a}_w} \tag{5-12}$$

式中　$a_{wmax}(t)$——加权加速度时间历程峰值（m/s²）；

　　　$\bar{a}_w$——加权加速度均方根值（m/s²）。

（3）振动剂量值

$$VDV = \left[\int_0^T a_w^4(t)\mathrm{d}t\right]^{\frac{1}{4}} \tag{5-13}$$

式中　$a_w(t)$——加权加速度时间历程（m/s²）；

　　　T——作用时间（从汽车前轮接触凸块到汽车驶过凸块且冲击响应消失的时段）（s）。

2. 随机输入行驶试验的数值计算

（1）加速度均方根值　振动加速度的均方根值

$$\bar{a}^2 = R_a(0) \tag{5-14}$$

式中　$R_a(0)$——$\tau = 0$ 时的自相关函数。

自相关函数 $R_a(0)$ 可以从两种途径获得，即

$$R_a(0) = \frac{1}{2T}\int_{-\infty}^{+\infty} a^2(t)\mathrm{d}t \tag{5-15}$$

$$R_a(0) = \frac{1}{2\pi}\int_{-\infty}^{+\infty} S_a(f)\mathrm{d}f \tag{5-16}$$

式中　T——采样时间（s）；

　　　$a(t)$——加速度的时间历程（m/s²）；

　　　$S_a(f)$——自功率谱函数。

由式（5-12）和式（5-13）不难看出，若要获得 $\frac{1}{3}$ 倍频程各频带上的加速度均方根值，用式（5-13）计算似乎优势比较明显。因为功率谱函数 $S_a(f)$ 是频率 f 的函数，欲得到各频带的加速度均方根值 $\bar{a}$，只需将式（5-13）中积分的上、下限换成对应频带上的上、下限频率 f_u 和 f_l 即可：

$$\bar{a}^2 = R_a(0) = \frac{1}{2\pi}\int_{f_l}^{f_u} S_a(f)\mathrm{d}f \tag{5-17}$$

从理论上讲，用式（5-12）也可得到 $\frac{1}{3}$ 倍频程各频带上的加速度均方根值，即用一组

宽带和 $\frac{1}{3}$ 倍频程各频带带宽一致的带通滤波器对加速度时间历程进行滤波，得到一组按频带排列的加速度时间历程 $a_i(t)$，然后将其代入下式：

$$\bar{a}_i^2 = \frac{1}{2T}\int_{-\infty}^{+\infty} a_i^2(t)\,dt = \frac{1}{T}\int_0^{+\infty} a_i^2(t)\,dt \tag{5-18}$$

便可计算出 $\frac{1}{3}$ 倍频程各频带上的加速度均方根值 $\bar{a}_i$。但这种方法不仅需调用的仪器复杂（需一组带宽不同的滤波器或带宽可调的带通滤波器），而且费时、数据处理的误差也较大，因为实际滤波器特性与理想滤波器特性存在较大的差异。

欲获得加速度的均方根值，首先需计算出自功率谱函数 $S_a(f)$。自功率谱函数的计算有两种方法，即相关函数法和直接计算法。相关函数法是通过对样本记录的自相关函数作傅里叶变换得到。

$$S_a(f) = \int_{-\infty}^{+\infty} R_a(\tau)e^{-j2\pi f\tau}\,d\tau \tag{5-19}$$

显然，若已知自相关函数，则不必将其变换成自功率谱函数就可以直接得到加速度均方根值。由此可见，相关函数法并不适合于加速度均方根值的计算。因此在工程上常采用直接计算法，它是对样本记录截断后的数值进行快速傅里叶变换得到自功率谱函数。

根据帕斯瓦定理，在时域中计算的信号总能量等于在频域中计算的信号总能量（工程上将信号的二次方 $a^2(t)$ 定义为能量），即

$$\int_{-\infty}^{+\infty} a^2(t)\,dt = \int_{-\infty}^{+\infty} A^2(f)\,df \tag{5-20}$$

式中　$a(t)$——加速度的时间历程；
　　　$A(f)$——加速度时间历程 $a(t)$ 的傅里叶变换。

比较式（5-15）和式（5-16），得

$$\frac{1}{2T}\int_{-\infty}^{+\infty} a^2(t)\,dt = \frac{1}{2\pi}\int_{-\infty}^{+\infty} S_a(f)\,df \tag{5-21}$$

将式（5-21）代入式（5-20）并整理，得

$$\frac{1}{2\pi}\int_{-\infty}^{+\infty} S_a(f)\,df = \frac{1}{2T}\int_{-\infty}^{+\infty} A^2(f)\,df \tag{5-22}$$

将式（5-22）代入式（5-16）后再代入式（5-11），得

$$\bar{a}^2 = \frac{1}{2T}\int_{-\infty}^{+\infty} A^2(f)\,df \tag{5-23}$$

式中　T——采样时间；
　　　$A(f)$——加速度时间历程 $a(t)$ 的傅里叶变换，在工程实际中 $f \geq 0$。

$\frac{1}{3}$ 倍频程各频带上加速度均方根值

$$\bar{a}_i = \sqrt{\frac{1}{T}\int_{f_l}^{f_u} A_i^2(f)\,df} \tag{5-24}$$

式中　$\bar{a}_i$——中心频率为 f_i 所对应频带上的加速度均方根值；
　　　f_l、f_u——分别为各频带上的下限和上限频率；
　　　$A_i(f)$——中心频率为 f_i 所对应频带上加速度时间历程的傅里叶变换。

式（5-24）是汽车振动信号处理中计算加速度均方根值常用的计算方法，即先对加速度的时间历程进行傅里叶变换，再按频带进行积分。

（2）加权加速度均方根值　加权加速度均方根值是根据人体对振动频率的敏感程度进行加权计算的加速度均方根值，有单轴向加权加速度均方根值、总的加权加速度均方根值和综合总的加权加速度均方根值等三个指标。

1）单轴向加权加速度均方根值

$$\bar{a}_{Wi} = W(f_i)\bar{a}_i \tag{5-25}$$

式中　$\bar{a}_{Wi}$——第 i 个频带上加权加速度均方根值；

$W(f_i)$——频率加权函数；

$\bar{a}_i$——第 i 个频带上加速度均方根值。

式（5-25）告诉我们，欲得到加权加速度均方根值，首先需按式（5-21）计算出 $\frac{1}{3}$ 倍频程各频带上的加速度均方根值 $\bar{a}_i$，再将其乘以频率加权函数 $W(f_i)$。随着滤波技术的发展，加速度加权均方根值的计算又有了另一种方法，即先对加速度时间历程 $a(t)$ 进行频率加权处理，其方法是，用具有图 5-5 所示特性的滤波器对 $a(t)$ 进行滤波，显然这一滤波过程就实现了对时域振动信号 $a(t)$ 的频率加权处理。再对经过频率加权处理的振动信号 $a_f(t)$ 进行傅里叶变换得 $A_f(f)$，将其代入式（5-24）便可得到加速度加权均方根值 $\bar{a}_{Wi}$。

在工程上能实现对时域振动信号进行频率加权处理的滤波器称为频率负荷滤波器，简称负荷滤器。由图 5-5 不难发现，图中所给出的滤波器特性似乎更接近实际的滤波器特性，所以这类滤波器并不难制造。

2）总的加权加速度均方根值，是指座椅坐垫上方、座椅靠背、脚支撑面等各点总的加权加速度均方根值，按下式计算。

$$\bar{a}_{\Sigma Wi} = \sqrt{k_X^2 \bar{a}_{WX}^2 + k_Y^2 \bar{a}_{WY}^2 + k_Z^2 \bar{a}_{WZ}^2} \tag{5-26}$$

式中　$\bar{a}_{WX}$、$\bar{a}_{WY}$、$\bar{a}_{WZ}$——分别是 X、Y、Z 三个轴向加权加速度均方根值（m/s²）；

k_X、k_Y、k_Z——分别为 X、Y、Z 三个轴向的轴加权系数，座椅坐垫上方、座椅靠背、脚支撑面等各点的轴加权系数，见表 5-3；

$\bar{a}_{\Sigma Wi}$——座椅坐垫上方、座椅靠背、脚支撑面三个点的加权加速度均方根值，$i=1，2，3$。

表 5-3　各点的轴加权系数

位置	坐标轴名称	轴加权系数
座椅坐垫上方	X 轴（纵向）	$k_{1X} = 1.00$
	Y 轴（横向）	$k_{1Y} = 1.00$
	Z 轴（垂直方向）	$k_{1Z} = 1.00$
座椅靠背	X 轴（纵向）	$k_{2X} = 0.80$
	Y 轴（横向）	$k_{2Y} = 0.50$
	Z 轴（垂直方向）	$k_{2Z} = 0.40$

(续)

位置	坐标轴名称	轴加权系数
脚支撑面	X 轴（纵向）	$k_{3X} = 0.25$
	Y 轴（横向）	$k_{3Y} = 0.25$
	Z 轴（垂直方向）	$k_{3Z} = 0.40$

有的试验设备采用总的加权加速度振级评价汽车的行驶平顺性，其计算式为

$$L_{aw} = 20 \lg \frac{\bar{a}_{\Sigma W_i}}{a_0} \tag{5-27}$$

式中 L_{aw}——总的加速度加权振级（dB）；

a_0——参考加速度均方根值，$a_0 = 10^{-6} \text{m/s}^2$。

总的加权加速度均方根值及总的加权加速度振级 L_{aw} 与人体对振动反应主观感觉之间的对应关系见表 5-4。

表 5-4 $\bar{a}_{\Sigma W_i}$ 及 L_{aw} 与人体对振动反应主观感觉之间的对应关系

总的加权加速度均方根值 $\bar{a}_{\Sigma W_i}/(\text{m/s}^2)$	总的加速度加权振级 L_{aw}/dB	人体对振动反应主观感觉
< 0.315	110	没有不舒适
0.315 ~ 0.63	110 ~ 116	有一些不舒适
0.5 ~ 1.0	114 ~ 120	不舒适
0.8 ~ 1.6	118 ~ 124	相当不舒适
1.25 ~ 2.5	112 ~ 128	很不舒适
> 2.0	126	极不舒适

3）综合总的加权加速度均方根值是指同一个测试部位的三个测点（座椅坐垫上方、座椅靠背、脚支撑面）加权加速度均方根值的总叠加，即

$$\bar{a}_{\Sigma W} = \sqrt{\sum_{i=1}^{3} \bar{a}_{\Sigma W_i}^2} \tag{5-28}$$

第四节　研究汽车行驶平顺性常用的方法

从理论上讲，应用试验的方法测出汽车整车的频率响应函数，然后针对频率响应函数的幅频特性，采取适当的技术措施（调整振动参数），使之对人体最敏感频率范围的振动具有较强的衰减特性。因为 $y(j\omega) = H(j\omega)x(j\omega)$，汽车上测试点的输出就是路面不平所激起的振动（系统的输入）经车轮到测试点之间的振动系统所组成的"滤波器"对其滤波的结果。然而，从前面对获取汽车整车频率响应函数的讨论中不难发现，用前面所述的一种从技术上可行的正弦输入法获取汽车这一复杂振动系统的频率响应函数存在如下严重不足：1）频率响应函数 $H_{mn}(j\omega)$ 是单个车轮正弦输入所获得的结果，汽车在行驶时，其输入同时来自四个车轮，而系统多点输入的频率响应函数的获取，目前尚没有一个准确易行的试验方法；2）由车轮到汽车座椅的振动系统，它是由多个系统串、并联所组成的复杂系统，导致汽车行驶平顺性差的问题究竟出在哪一个环节，从 $H_{mn}(j\omega)$ 中不能获知，如此便不知从何处采取

技术措施。正因为如此,在现有的技术条件下,研究汽车行驶平顺性问题常不采用测系统传递特性的方法,而是采用随机输入法或试验模态分析法(关于试验模态分析法,它是一门专门的学科,有兴趣的同学可以去查阅相关书籍)。下面就来讨论最常用的随机输入法。

随机输入法是在汽车振动传递的各个环节上,如车轴(或轮毂上)、车身底板及座椅上都装上三向加速度传感器,然后将汽车开到各种不同的典型路面(如砂石、沥青及混凝土路面)上以不同的车速 v_i(从某一低速,如 $v_1 = 30\text{km/h}$ 开始,逐渐提高汽车行驶速度直到 $v_n = 80\% v_{\max}$)行驶,分别测出不同路面和不同车速下的车轴、车身底板及座椅上的加速度时间历程 $y_{mnj}(t)$($m = 1, 2, 3$ 分别代表车轴、车身底板和座椅三个部位;$n = 1, 2, 3, 4$ 分别代表三个不同部位中的四个不同测点,如 $y_{14}(t)$ 表示车轴上的第四个传感器的输出;j 为试验序号,一种路面用一种车速进行的试验称为一次试验,如在不同路面上,每种路面测十种不同的车速,则试验次数为 $j = 1, 2, \cdots, 30$)。然后用下式计算出每次试验各传感器输出的加速度均方根值 $\bar{a}_{mnji}$

$$\bar{a}_{mnji} = \sqrt{\frac{1}{T} \int_{f_1}^{f_u} | Y_{mnji}(f) | \mathrm{d}f} \tag{5-29}$$

式中 $\bar{a}_{mnji}$ ——第 m 部位的第 n 个测点第 j 次实验 $\frac{1}{3}$ 倍频程各频带上的加速度均方根值;

f_1、f_u——$\frac{1}{3}$ 倍频程各频带的下限频率和上限频率;

T——采样时间,为了保证测试精度,T 应为 $3 \sim 5\text{min}$;

$Y_{mnji}(f)$——第 m 部位的第 n 个测点第 j 次试验三向加速度传感器输出时间历程的傅里叶变换;

i——$\frac{1}{3}$ 倍频程的频带序号。

若某被试车辆的行驶平顺性不够好,显然是座椅上振动的输出不够理想,即要么是座椅上振动的输出能量在各频带上分布不合理,如振动能量在人体最敏感的频率范围(座椅坐垫上方垂直振动 $4 \sim 12.5\text{Hz}$,水平振动 $0.5 \sim 2\text{Hz}$,晕车界限 $0.1 \sim 1\text{Hz}$)内的加速度均方根值较大;要么是振动输出的总能量较大,即各频带上加速度均方根值均较大。那么汽车行驶平顺性不好原因何在呢?首先我们来看看车身底板上输出的数值 $\bar{a}_{2nji}$,若 $\bar{a}_{2nji}$ 的数值较小,则说明问题出在座椅上;若 $\bar{a}_{2nji}$ 均较大,则要看车轴上的输出 $\bar{a}_{1nji}$,若 $\bar{a}_{1nji}$ 较小,则说明汽车悬架设计不合理;否则说明轮胎的选用有问题。若只是某种路面或某几种车速,座椅上的振动输出 $\bar{a}_{3nji}$ 较大,则说明振动系统的固有频率设计得不合理。

显然,有了随机输入汽车各振动频率环节上的振动输出 $\bar{a}_{mnji}$,则可以帮助人们去查找汽车行驶平顺性不好的原因。此外,由于随机输入能够较好地反映汽车的实际状况,且易于操作,因此它是研究汽车行驶平顺性中常采用且有效的试验方法。

第五节　动态数据处理中的泄漏

图 5-7 是某次试验所记录下的汽车振动加速度的时间历程 $x(t)$,欲对该动态信号进行分析,就需要按照采样原理对 $x(t)$ 进行分段截取。如何实现对动态信号的分段截取呢?

最简单的方法是用矩形函数

$$u(t) = \begin{cases} 1 & |t| \leq t_m \\ 0 & |t| > t_m \end{cases} \quad (5\text{-}30)$$

与动态信号 $x(t)$ 相乘,即

$$u(t)x(t) = \begin{cases} x(t) & |t| \leq T \\ 0 & |t| > T \end{cases} \quad (5\text{-}31)$$

显然,在设定的时间段 $|t| \leq T$ 内 $u(t)x(t) = x(t)$。

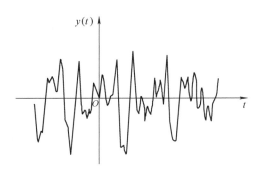

图 5-7 测得的振动加速度的时间历程

图 5-8a 是矩形函数 $u(t)$ 的曲线,图 5-8b 是 $x(t)$ 与 $u(t)$ 相乘的结果。从图 5-8b 中可以看出,用 $u(t)$ 去截取动态信号就好比是打开了一个窗,因此将矩形函数 $u(t)$ 称为矩形窗函数。进行动态信号处理时不可避免地要用到窗函数。

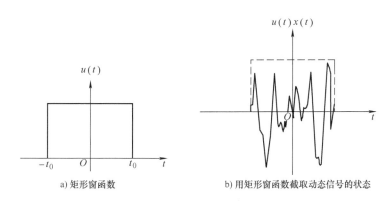

a) 矩形窗函数　　　　　　b) 用矩形窗函数截取动态信号的状态

图 5-8　用矩形窗截取的动态信号

进行动态信号的处理可以将其归纳为两种方法。一是在时间域内对动态信号进行计算得到所要的试验结果,式(5-18)属于此类,通常将这种方法称为动态信号的时域分析法;另一种是将动态信号通过傅里叶变换将其转换到频域后再作计算而得到试验结果,式(5-24)即属此类,这种将动态信号转换到频域处理的方法称为动态信号的频域分析法。

对于动态信号的时域处理,在设定的时间段内,由于 $u(t)x(t) = x(t)$,所以用矩形窗函数 $u(t)$ 去乘以 $x_i(t)$,然后再进行积分运算,所得的结果和原来完全一致,即窗函数的引入不会改变动态信号的处理结果。

对动态信号的频域处理,情况会有些不同,因为 $F[u(t)x(t)] \neq F[x(t)]$,若仍用 $F[u(t)x_i(t)]$ 去代替式(5-21)中的 $X_i(f)(F[x_i(t)] = X_i(f))$,则必然带来误差。下面举一个最简单的例子。

例:设 $x(t) = A_0 \cos 2\pi f_0 t$,$u(t) = \begin{cases} 1 & |t| \leq T \\ 0 & |t| > T \end{cases}$,求 $F[u(t)x(t)]$。

解:由频域卷积定理可知,

$$F[u(t)x(t)] = F[u(t)]F[x(t)] = U(f)X(f)$$

$$X(f) = \int_{-\infty}^{+\infty} A_0 \cos 2\pi f_0 t e^{-j2\pi ft} dt = \frac{A_0}{2} [\delta(f-f_0) + \delta(f+f_0)]$$

$$U(f) = \int_{-\infty}^{+\infty} u(t) e^{-j2\pi ft} dt = \int_{-T}^{T} e^{-j2\pi ft} dt = \begin{cases} 2T \dfrac{\sin 2\pi fT}{2\pi fT} & f \neq 0 \\ 2T & f = 0 \end{cases}$$

由于 $U(f)X(f)$ 的数学计算十分麻烦，在此采用图解法，如图 5-9 所示。从图中可以看出，由于积分区间的有限性，使得 $F[u(t)x(t)]$ 在 $\pm f_0$ 处的脉冲变为以 $\pm f_0$ 为中心的 $\dfrac{\sin\alpha}{\alpha}$ 型连续函数。这个连续函数在原脉冲位置 $\pm f_0$ 处达到最大值 $\dfrac{A_0 T}{\pi}$，从而形成曲线的主峰，称为主瓣。

在主瓣两侧还出现一系列小峰，称为副瓣。原来集中于一个频率上的功率，由于副瓣的存在，被分散到一个较宽的频带上，这种功率分散的效应称为泄漏。事实上，泄漏是在信号处理过程中所产生的误差。显然，泄漏的产生降低了动态信号分析的精度。

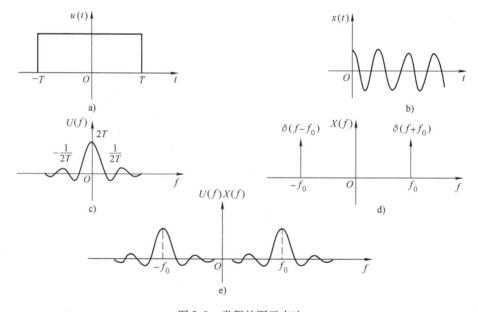

图 5-9 卷积的图示表达

上述特性可以推广到任意类型的函数。图 5-10a 是某一振动信号用时域法得到的结果，图 5-10b 是用矩形窗函数在频域中计算得到的结果。从图中可以看出，原本比较光滑的曲线 $X(f)$，用频域法经加矩形窗处理后，它就变成了一条充满"皱波"的曲线，为了便于区别用 $\hat{X}(f)$ 表示。皱波的形成就是泄漏所带来的数据处理误差。

由上述分析可知，泄漏出现在频域分析中，时域分析没有泄漏。产生泄漏的原因是窗函数，而窗函数又是动态数据处理不可不用的，那么如何减小或抑制泄漏呢？下面介绍两种常用的方法。

一、选用合适的窗函数

从图 5-9 中可以看出，泄漏的大小取决于谱窗副瓣的大小。较小的副瓣使得卷积 $U(f)$

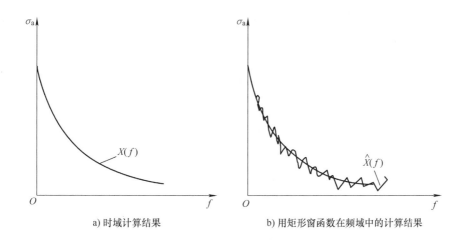

图 5-10 泄漏时动态信号处理的影响

$X(f)$ 曲线下的负面积较小,它在动态数据处理中的表现形式是曲线 $\hat{X}(f)$(图 5-9)具有较小的皱波;但副瓣的减小往往会带来主瓣变宽,即主瓣能量不够集中,分辨率下降的问题。由此可见,一个好的窗函数,其傅里叶变换的主瓣应窄、副瓣应小。工程测试领域提出了多种形式的窗函数,在汽车试验中较常用的主要是哈宁窗和海明窗。

1. 哈宁窗

哈宁窗的时域形式为

$$d(t) = \begin{cases} \dfrac{1}{2}\left[1 + \cos\dfrac{\pi t}{T}\right] & |t| \leqslant T \\ 0 & |t| > T \end{cases} \quad (5\text{-}32)$$

哈宁窗的频域形式为

$$D(f) = \dfrac{1}{2}U(f) + \dfrac{1}{4}U\left(f - \dfrac{1}{2T}\right) + \dfrac{1}{4}U\left(f + \dfrac{1}{2T}\right) \quad (5\text{-}33)$$

式中 $U(f)$——矩形窗函数的频域形式。

哈宁窗时域离散形式(常称为哈宁数字时移窗)为:

$$d_r = \begin{cases} \dfrac{1}{2}\left[1 + \cos\dfrac{nr}{m}\right] & |r| \leqslant m \\ 0 & |r| > m \end{cases} \quad (5\text{-}34)$$

哈宁窗频域离散形式(常称为哈宁数字谱窗)为

$$D_k = \dfrac{1}{2}U_k + \dfrac{1}{4}U_{k-1} + \dfrac{1}{4}U_{k+1} \quad (5\text{-}35)$$

式中 U_k——矩形数字谱窗,$U_k = 2m\Delta t \dfrac{\sin\pi k}{\pi k}$ ($k = 0, 1, 2, \cdots, m$)。

矩形数字时移窗为

$$u = \begin{cases} 1 & |t| \leqslant T \\ 0 & |t| > T \end{cases}$$

从式(5-33)可以看出,哈宁窗由一个压低 $\dfrac{1}{2}$ 的矩形谱窗 $U(f)$ 和两个各左、右移位

$\frac{1}{2T}$、峰高为 $\frac{1}{4}U(f)$ 的谱窗叠加而成。图 5-11 为 $D(f)$ 的图形，图中虚线是三个变异的矩形谱窗。

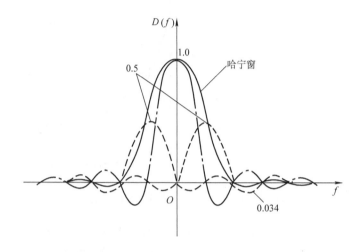

图 5-11　哈宁窗的构成图

比较图 5-9c 和图 5-11 可知，矩形窗 $U(f)$ 的主瓣高为 $2T$，第一副瓣的高约为主瓣的 20%；哈宁窗 $D(f)$ 的主瓣高为 T，宽为 $\frac{2}{T}$，第二副瓣的高约为主瓣的 2.4%。可见哈宁窗的副瓣有明显的降低，达到了抑制泄漏的目的。但它的主瓣宽度都拓宽了一倍。这说明减小泄漏是以拓宽主瓣为代价。主瓣被拓宽的结果是使得动态数据处理的分辨率下降。

2. 海明窗

海明窗的时域形式为

$$W(t) = \begin{cases} 0.54 + 0.46\cos\dfrac{\pi t}{T} & |t| \le T \\ 0 & |t| > T \end{cases} \quad (5\text{-}36)$$

海明窗的频域形式为

$$W(f) = 0.54 U(f) + 0.23 U\left(f - \frac{1}{2T}\right) + 0.23 U\left(f + \frac{1}{2T}\right) \quad (5\text{-}37)$$

海明数字时移窗为

$$W_r = \begin{cases} 0.54 + 0.46\cos\dfrac{nr}{m} & |r| \le m \\ 0 & |r| > m \end{cases} \quad (5\text{-}38)$$

海明数字谱窗为

$$W_k = 0.54 U_k + 0.23 U_{k-1} + 0.23 U_{k+1} \quad (5\text{-}39)$$

比较式（5-37）和式（5-33）可以看出，哈宁窗和海明窗的结构一样，只是系数作了调整，其结果是将副瓣的高度压得更低，即达到了进一步抑制泄漏的目的。海明窗的主瓣宽度与哈宁窗一样，约为 $1.08T$，第一副瓣的高度接近于零。由此可见，海明窗抑制泄漏的效果会更好一些。

汽车试验中动态信号的处理选用哪种窗函数，应视动态信号 $x(t)$ 的类型及精度要求而定。

二、平滑处理

泄漏在动态试验信号处理中的表现形式是 $\hat{X}(f)$ 曲线上充满了皱波。抑制泄漏的目的是减少皱波幅度，使 $\hat{X}(f)$ 曲线更接近于光滑的 $X(f)$ 曲线。欲达到这一目的，用数学计算的方法也可达到，通常称之为平滑处理。平滑处理的方法有多种，在此仅介绍一种最常用的方法。图 5-12 是图 5-10 中的 $\hat{X}(f)$ 曲线，将 $\hat{X}(f)$ 曲线沿 f 轴离散成 $m+1$ 个点，各点所对应的频率分别为 $f_0, f_1, \cdots, f_m$。对于 $f_1 \sim f_{m-1}$ 中的任意点 f_k 处的值 $\hat{X}_k$，参考前、后两点 f_{k-1} 和 f_{k+1} 处的值 $\hat{X}_{k-1}$ 和 $\hat{X}_{k+1}$，以圆滑过渡为准则进行修正。修正后的值称为平滑处理的估计值，计为 $\hat{X}_k$，以区别于未经平滑处理的原始估计值 $\hat{X}(k)$。

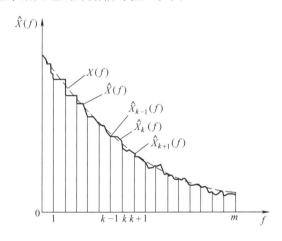

图 5-12　平滑处理示意图

平滑处理时，$f_1 \sim f_{m-1}$ 各点处的值按下式计算：

$$\hat{X}(f) = \frac{1}{2}\left\{\frac{1}{2}[\hat{X}(k-1) + \hat{X}(k)] + \frac{1}{2}[\hat{X}(k) + \hat{X}(k-1)]\right\}$$

$$= \frac{1}{4}\hat{X}(k-1) + \frac{1}{2}\hat{X}(k) + \frac{1}{4}\hat{X}(k+1) \tag{5-40}$$

在 f_0 及 f_m 两个端点处，按下式计算：

$$\begin{cases} \hat{X}_0 = \frac{1}{2}[\hat{X}(0) + \hat{X}(1)] \\ \hat{X}_m = \frac{1}{2}[\hat{X}(m-1) + \hat{X}(m)] \end{cases} \tag{5-41}$$

第六节　动态信号处理的栅栏效应与细化技术

一、动态信号处理的栅栏效应

用频率分析法处理动态信号的第一步是对动态信号 $x(t)$ 进行傅里叶变换以得到 $X(f)$。

汽车试验中的动态信号 $x(t)$ 往往是随机的，即它不能用确定的函数描述。显然，不能用下述连续函数的傅里叶变换公式进行计算。

$$X(f) = \int_{-\infty}^{+\infty} x(t) e^{-j2\pi ft} dt \qquad (5-42)$$

解决随机动态信号处理问题的方法是：先用 A/D 转换器按采样定理将连续的随机信号离散成数字序列 $x(n)$，再用离散傅里叶变换对其进行处理：

$$X(f) = \sum_{n=-\infty}^{\infty} x(n) e^{-j2\pi fn} \qquad (5-43)$$

关于离散傅里叶变换已有专门的算法（常用的是快速傅里叶变换 FFT）和通用软件，有兴趣的同学可以去查阅相关书籍。

动态信号 $x(t)$ 经离散傅里叶变换所得到频谱 $X(f)$ 的 N 根谱线位置是 $f_k = k\dfrac{1}{T} = k\dfrac{f_s}{N}$（$T$ 是采样时间，f_s 是采样频率，$k = 0, 1, 2, \cdots, N-1$），即 $X(f)$ 仅在基频 $\dfrac{1}{T}$ 的整数倍的频率点上有数值。那些位于离散谱线之间的频谱图形都没有显示，即不能知道其准确的数值，若要获得谱线之间某频率点的数值，则只能根据该点相邻谱线的数值给出一个估计值。如此必然会带来误差。由于谱线就像是一个栅栏，因此将其称为动态信号处理的栅栏效应。

在前面介绍动态信号处理的基本要求中有一个十分重要的指标，即分辨带宽 Δf，它反映了频率分辨率的大小，分辨带宽 Δf 越小，频率分辨率越高，反之，频率分辨率越低。事实上，Δf 就是离散傅里叶变换所得到的频谱谱线的间距。当采样时间 T 和采样频率 f_s 一旦确定，则频率分辨率 Δf 随之被确定，因为：

$$\Delta f = \frac{1}{T} = \frac{1}{N\Delta T} = \frac{f_s}{N} \qquad (5-44)$$

由式（5-44）可以看出，增加采样点数 N 可以提高频谱分析的分辨率，但采样点数 N 的增加会使计算时间成几何级数地增加。若要解决这一矛盾，就要用到下面介绍的细化技术。

二、细化技术

细化技术又称细化的快速傅里叶变换。由采样定理可知，避免频率混淆的采样频率 f_s 不得低于信号截止频率 f_c 的两倍，即 $f_s \geq 2f_c$。计算机进行快速傅里叶变换计算时按固定点数进行计算，通常点数 $N = 1024$ 个点。将 $f_s = 2f_c$ 和 $N = 1024$ 代入式（5-44）得频谱分析的分辨带宽 Δf 为

$$\Delta f = \frac{2f_c}{1024} = \frac{f_c}{512} \qquad (5-45)$$

式（5-45）告诉我们，动态信号的截止频率 f_c 越高，分辨带宽 Δf 越大，即频率分辨率越低。当动态信号的频率较高时，其频率分辨率通常难以满足实际的需要。为了能在分析频率范围内得到高的频率分辨率，将分析频率范围中取一小段频率 Δf_c 来进行快速傅里叶变换，如此便可在 Δf_c 的频带上得到和分析频率范围 $0 \sim f_c$ 内同样多的谱线。通常将 $0 \sim f_c$ 频

率范围内的频谱分析称为基带傅里叶分析,将所选频段 Δf_c 内的频谱分析称为选带傅里叶变换。Δf_c 可以是 f_c 的数百分之一,如此便可将分辨率提高数百倍。

对于基带傅里叶变换,其分辨带宽为

$$\Delta f = \frac{2f_c}{N} \tag{5-46}$$

而选带傅里叶变换的分辨带宽为

$$\Delta f_B = \frac{2\Delta f_c}{N} \tag{5-47}$$

实现细化技术计算的方法有多种,其中应用最广的是移频式细化技术计算法。

由傅里叶变换的移项原理知,将动态信号 $x(t)$ 乘以单位旋转因子 $\mathrm{e}^{-\mathrm{j}2\pi f_k t}$ 后,便把信号 $x(t)$ 的频率原点移到了需要细化的 f_k 处,即频率分量 f_k 被移到了坐标原点,这样便形成了一个以 f_k 为频率起始点的新信号。再用窗函数截取感兴趣的频段 Δf_c,并按 *FFT* 的计算步骤对其进行计算所得到的便是以 f_k 为起始点的有限频段的细化频谱。

细化技术在工程测试领域应用十分广泛,通常专用的信号处理机都具有这种功能。细化技术对于动态信号的深入分析、模态分析中进行各阶主模态的分离、噪声分析中对声源的识别等都十分有用。

第六章 虚拟仪器系统

汽车产业技术的发展，汽车试验的项目和内容逐年大幅增加，试验方法不断发生变化，这对汽车试验仪器设备提出了多功能、高效率、易拓展等诸多新的要求。在此背景下，美国国家仪器（National Instruments，NI）公司充分利用微电子技术、计算机技术、网络技术的发展成果，率先提出了虚拟仪器系统的新概念，并于1986年成功开发出了虚拟仪器系统。

虚拟仪器系统，是一种以计算机和测试模块的硬件为基础、以计算机软件为核心、仪器操作面板虚拟在计算机显示屏幕上的全新仪器系统，在许多方面突破了传统仪器的概念。其功能可由仪器设备供应商或用户利用计算机软件自由定义。

第一节 虚拟仪器的组成与特点

一、虚拟仪器的组成

虚拟仪器由通用仪器硬件平台（简称硬件平台）和应用软件两大部分组成，如图6-1所示。

虚拟仪器的硬件平台由通用计算机和测试硬件设备两部分构成。虚拟仪器中的计算机可以是各种类型的计算机，如台式计算机、便携式计算机、工作站、嵌入式计算机等，管理着虚拟仪器的软件资源，是虚拟仪器的硬件基础。因此，计算机技术在显示、存储能力、处理器性能、网络、总线标准等方面的进步，推动了虚拟仪器系统的快速发展。

NI公司在提出虚拟仪器概念并推出第一批实用成果时，强调软件在虚拟仪器中的重要地位。使用者可以根据不同的测试任务，在虚拟仪器开发软件系统的提示下编制不同的测试软件，执行复杂的测试任务。在虚拟仪器系统中用灵活强大的计算机软件代替传统仪器的某些硬件，特别是系统中应用计算机直接参与对测试信号的分析处理，使仪器中的一些硬件甚至整个仪器从系统中消失，而由计算机的软硬件资源来完成其功能。

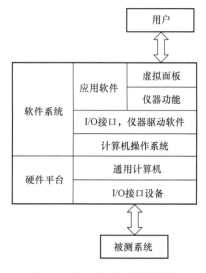

图6-1 虚拟仪器系统的构成

二、虚拟仪器的特点

与传统仪器相比，虚拟仪器在以下方面有9个特点。

1. 仪器功能方面

1) 虚拟仪器是一种创新型的非物理意义上的计算机仪器，而非一种传统意义上的具体仪器，其功能可由用户软件定义，具有柔性的结构和灵活的组态，能给予用户一个充分发挥自己能力和想象力的空间。

2）一台计算机被设计成多台不同功能的测量仪器，能集多种功能于一体，构成多功能和多用途的综合仪器，极大地丰富和增强了传统仪器的功能。

3）由于计算机有极其丰富的软件资源、极高的运算速度和庞大的存储空间，对试验数据有强大的分析和处理能力，不仅可以进行快捷、实时处理，也可以将数据存储起来，以供需要时调出分析之用。这种能力所引申出的仪器功能，在传统仪器中是不可能具有的。

2. 用户界面方面

1）友好的人机交互界面使仪器的使用操作十分简便，图形化的用户界面既美观又可以方便地由用户自己定义，使之更具个性化。

2）功能复杂的仪器面板，可以划分成几个分面板，每个分面板都可以实现功能操作的单纯化和面板布置的简洁化，从而提高操作的正确性与便捷性。

3）软面板上虚拟的显示器件和操作元件的种类与形式，不受标准件和加工工艺的限制，通过编程既可随时从库中取用，又可根据用户认知和操作要求进行面板设计，具有极大灵活性和创新性。

3. 系统集成方面

1）由于虚拟仪器硬件和软件都有开放的工业标准，基于计算机的开放式标准体系结构，用户可以将仪器的设计、使用和管理统一到一个标准上，既提高了资源的可重复利用率，又可随心所欲地将不同厂家的产品集成在一起组成一个满足复杂测试要求的虚拟仪器系统，其开发技术难度低、效率高、周期短、成本低。

2）基于标准化的计算机总线和仪器总线，仪器硬件实现了模块化、系列化，大大方便了系统集成，缩小了系统尺寸，提高了系统的工作速度；软件的标准化和互换性，可方便地组建小型化、多用途、高性能即插即用的模块化仪器系统。

3）基于计算机网络技术的虚拟仪器网络化技术，广泛支持各种网络标准，既可实现方便灵活的互联，又可通过高速计算机网络组建一个大型分布式网络化的集成试验系统，实现远程试验、监控与故障诊断。

虚拟仪器有别于传统仪器的根本原因在于"虚拟仪器的关键是软件"，这也使虚拟仪器具有性能高、扩展性好、开发周期短、无缝集成等诸多传统仪器所不具有的优点。

第二节 虚拟仪器的硬件

虚拟仪器的实质是利用 I/O 接口设备完成信号的采集与传输，利用计算机强大的软件功能完成信号的运算、分析与存储，利用计算机显示器模拟传统仪器的控制面板，并以多种形式表达和输出测试结果。虚拟仪器的硬件又称虚拟仪器的通用仪器硬件平台，主要由通用计算机和测试硬件设备等组成，如图 6-2 所示。

虚拟仪器中的硬件设备，按其功能不同可分为 PC-DAQ、Serial、PXI、VXI、GPIB 等总线标准体系结构，其功能是完成测试信号的采集、放大、模/数转换等工作。外围测试硬件设备可以选择 GPIB 系统、VXI 系统、PXI 系统、PC-DAQ 系统和串行系统等，也可以选择由两种或两种以上系统构成的混合系统。其中，最简单、最廉价的形式是采用基于 ISA 或

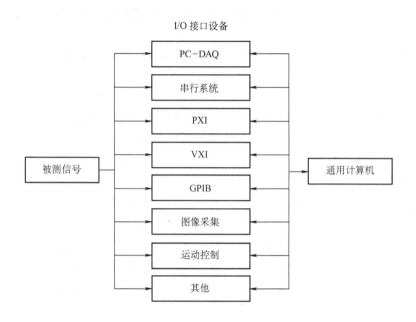

图 6-2　虚拟仪器的硬件平台

PCI 总线的数据采集卡，或基于 RS232 或 USB 串行总线的便携式数据采集模块。

一、PC-DAQ 系统

PC-DAQ（Data Acquisition）系统是以数据采集板卡、信号调理电路及计算机为仪器硬件平台组成的插卡式虚拟仪器系统。采用计算机自身的 PCI 总线或 PCI Express 总线，将数据采集卡插入计算机的 PCI 或 PCI Express 插槽中。PC-DAQ 型虚拟仪器系统通过数据采集卡与相应的应用软件，将来自传感器的被测信号采集到计算机中，然后进行运算、分析、显示等处理，并可通过 D/A 转换实现反馈控制。利用 PC-DAQ 系统可以方便快速地组建基于计算机的仪器。该方式是构成虚拟仪器系统最基本的方式，也是最廉价的方式。

1. PCI 总线

PCI（Peripheral Component Interconnect）总线是当今使用最广泛的计算机内部总线之一，于 20 世纪 90 年代初首次推出，其目标之一是统一当时计算机上可用的众多 I/O 总线，如 VESA 局部总线、EISA、ISA 和微通道等。PCI 总线具有许多优点，最重要的特性包括独立于处理器、带缓冲隔离、总线主控和真正的即插即用操作。带缓冲隔离从电气和时钟域把 CPU 局部总线与 PCI 总线基本分开。通过总线主控，PCI 设备能够通过一个仲裁进程访问 PCI 总线，并直接控制总线处理，而不是等待主机 CPU 服务该设备，这样可使服务 I/O 处理的总延迟下降。即插即用操作支持设备的自动检测和配置，免除了为基址和 DMA 中断手动设置开关和路线的工作。

PCI 总线的典型应用，不是直接用于仪器控制，而是作为外围总线连接 GPIB 或串行设备。由于 PCI 总线的高带宽，也用作模块化仪器的通信总线，而 I/O 总线则内置在测量设备中。

2. PCI Express 总线

PCI Express 是新一代的总线接口，采用了目前业内流行的点对点串行连接，比起 PCI 以及更早期的计算机总线的共享并行架构，每个设备都有自己的专用连接，不需要向整个总线请求带宽，而且可以把数据传输率提高到一个很高的频率，达到 PCI 所不能提供的高带宽。相对于传统 PCI 总线在单一时间周期内只能实现单向传输，PCI Express 的双单工连接能提供更高的传输速率和质量，它们之间的差异与半双工、全双工类似。

PCI Express 总线接口因总线位宽的不同而有所差异，包括 X1、X4、X8 以及 X16（X2 模式将用于内部接口而非插槽模式）。较短的 PCI Express 卡可以插入较长的 PCI Express 插槽中使用。PCI Express 接口能够支持热插拔。PCI Express 卡支持的三种电压分别为 +3.3V、3.3Vaux 以及 +12V。用于取代 AGP 接口的 PCI Express 接口位宽为 X16，能够提供 5GB/s 的带宽，即便有编码上的损耗但仍能够提供 4GB/s 左右的实际带宽，远远超过 AGP 8X 的 2.1GB/s 带宽。

PCI Express 规格从 1 条通道连接到 32 条通道连接，有非常强的伸缩性，以满足不同系统设备对数据传输带宽不同的需求。如：PCI Express X1 规格支持双向数据传输，单向数据传输带宽 250MB/s，PCI Express X1 已经可以满足主流声效芯片、网卡芯片和存储设备对数据传输带宽的需求，但是远远无法满足图形芯片对数据传输带宽的需求。因此，必须采用 PCI Express X16，即 16 条点对点数据传输通道连接取代传统的 AGP 总线。PCI Express X16 也支持双向数据传输，每向数据传输带宽高达 4GB/s，双向数据传输带宽高达 8GB/s，相比之下，目前广泛采用的 AGP 8X 数据传输只提供 2.1GB/s 的数据传输带宽。

尽管 PCI Express 技术规格允许实现 X1（250MB/s）、X2、X4、X8、X12、X16 和 X32 通道规格，但是依目前形式来看，PCI Express X1 和 PCI Express X16 将成为 PCI Express 主流规格，同时芯片组厂商将在南桥芯片当中添加对 PCI Express X1 的支持，在北桥芯片当中添加对 PCI Express X16 的支持。由于 PCI Express 采用串行数据包方式传递数据，所以 PCI Express 接口每个针脚可以获得比传统 I/O 标准更多的带宽，这样就可以降低 PCI Express 设备生产成本和体积。此外，PCI Express 也支持高阶电源管理、热插拔、数据同步传输、为优先传输数据进行带宽优化。

二、GPIB 系统

GPIB（General Purpose Interface Bus）系统是以 GPIB 标准总线仪器与计算机为硬件平台组成的虚拟仪器系统。一个典型的 GPIB 系统由一台计算机、一块 GPIB 接口卡和若干台 GPIB 仪器子系统构成。其中每个仪器子系统都是一台带有 GPIB 接口的仪器，通过标准 GPIB 电缆与计算机连接。一块 GPIB 接口卡可与多达 15 台 GPIB 仪器子系统连接。利用 GPIB 技术，可以灵活地组建测控系统，拓展系统的功能和规模，各厂家的产品均具有良好的兼容性与互换性。

GPIB 是一种最通用的 I/O 接口，专为测试和仪器控制所设计。GPIB 的硬件规范和软件协议先后被纳入两个国际工业标准：ANSI/IEEE 488.1—1987 和 ANSI/IEEE 488.2—1993。通过 GPIB 总线，可以将若干台基本仪器和计算机仪器搭成积木式的测试系统，在计算机的控制下完成复杂的测试任务。GPIB 仪器系统可以利用计算机增强和扩展传统仪器的功能，组成大型柔性自动测试系统，技术易于升级，维护方便，仪器功能和面板自定义，开发和使用容易。

GPIB 总线可为一个系统控制器提供多达 15 台仪器的连接，连线长度小于 20m，用户可以克服设备数和连线长度的限制。GPIB 线缆和连接器具有多种用途，在任意环境中均可作为工业级使用。

PC 自身很少带有 GPIB，通常使用一个插卡（如 PCI – GPIB）或一个外部转换器（如 GPIB – USB）在 PC 中增加 GPIB 仪器功能。GPIB 总线的特点是：1）可使用高级语言编程，编程方便，减轻了软件设计负担；2）利用计算机对带有 GPIB 接口的仪器进行操作和控制，可实现系统的自校准、自诊断功能，从而提高了虚拟仪器系统的使用性能和测试精度；3）可以将多台带有 GPIB 接口的仪器组合起来，形成较大的自动测试系统，高效灵活地完成各种不同的测试任务。

三、VXI 系统

VXI 系统是以 VXI 标准总线仪器模块与计算机为硬件平台组成的虚拟仪器系统。VXI 系统采用机箱式结构，一个插接模块相当于一台仪器或特定功能的器件，多个模块共存于一个机箱内并组成一个测试系统。控制器（计算机）与 VXI 总线的连接方式包括 GPIB – VXI 方式、嵌入式方式、1394 – VXI 方式和高速 MXI 总线方式。

VXI 是高速计算机总线——VME（Versa Module Eurocard）在仪器领域的扩展。1993 年由多家公司组成的 VXI Plug&Play 系统联盟，致力于来自各厂商的 VXI 模块的规范化，为最终用户集成 VXI 系统提供最大的便利。

VXI 总线系统主要由主机箱、"0 槽"控制器、具有各种功能的模块化仪器和驱动软件、软面板（SFP）、软件开发平台以及系统应用软件等组成，其主要特点如下：

1）人机界面良好。

2）总线系统结构开放、标准统一，用户购买 VXI 总线产品之后，在组建系统时能真正做到"即插即用"。

3）数据传输速率快（40Mb/s）、吞吐量大、系统组建方便灵活、易于与其他总线兼容。

4）仪器系统由传统的"多机箱堆放式"发展成"单机箱多模块式"，具有安装密度高、体积小、重量轻、易于携带等优点。

5）资源利用率高、容易实现系统集成，大大缩短了研制周期，能实现系统资源共享、易于升级扩展，可根据各种现场的需要方便快速地更换模块，更新组合系统。即使若干年后老机型被淘汰，其主体部分（如计算机、VXI 机箱、VXI 模块等）还可用于新机型，资源的重复使用率为 75% ~ 85%，能将设备的成本及投资风险降至最低。

6）软件开发工具丰富，测试人员只需调出代表仪器的图标，输入相关的条件和参数，利用鼠标按测试流程将有关仪器连接起来，即可完成全部编程工作，自动生成测试程序，以用户指定方式显示测量结果。

由于 VXI 总线标准开放，具有传输速率高、数据吞吐能力大、定时和同步精确、模块化设计、结构紧凑、使用方便灵活等特点，便于组织大规模、功能多样的现代集成式虚拟仪器系统。

四、PXI 系统

PXI 系统是以 PXI（PCI eXtensions for Instrumentation）标准总线仪器模块与计算机为硬件平台组成的虚拟仪器系统。PXI 总线是 PCI 总线在仪器领域的扩展，它将 PCI 总线技术发展成适合于试验、测量与数据采集场合应用的机械、电气和软件规范。PXI 规范将台式计算机的性价比优势与 PCI 总线面向仪器领域的必要扩展完美地结合起来，形成一种主流的虚拟仪器测试平台。PXI 总线与 PCI 总线电气兼容，传输速度高达 132MB/s。PXI 总线系统也采用机箱式结构，用户可以根据自己的需求从众多的 PXI 总线产品中选择合适的模块，组建相应的测控系统。PXI 总线产品的市场增长速度很快，有取代 VXI 总线系统的趋势。

PXI 总线是 National Instruments 公司在 1997 年下半年推出的总线标准，并作为开放式规范供仪器业界使用，对模块式测量仪器有着重要的影响。PXI 总线与 VXI 总线有很多相似之处，同时又具有不少自己的特点。VXI 总线是 VME 计算机总线的仪器扩展，PXI 总线是 PCI 计算机总线的仪器扩展。

PXI 总线综合了计算机总线（VME 和 PCI）、插件（Compact PCI）、软件（Windows98 和 NT）以及仪器总线（GPIB 和 VXI）和开发工具等方面的特点，具有坚实的硬件、软件基础。PXI 总线把 PCI 计算机外设总线与专用仪器总线结合在母板上，使机箱能够安装 PCI 微机和 PXI 仪器模块。机箱有 11 个插槽，左边 3 槽接系统控制器或系统扩展器。右边 7 槽接仪器模块，中间还有 1 个系统控制器插槽。模块尺寸有 3U 和 6U 两种。3U 只有一个 PCI 接口；6U 可有两个 PCI 接口。PXI 总线仪器专用总线有时钟、本地、触发、电源等。机箱电源功率 300W，有良好通风和电磁屏蔽，可在苛刻的环境运行。PXI 总线是很好的模块仪器平台，能更好地满足工程试验的要求。

五、串行系统

串行系统是以串行总线仪器与计算机为硬件平台组成的虚拟仪器系统。虚拟仪器系统所用的串行总线主要是 RS-232、RS-485、USB、IEEE 1394 和 CAN。

1. RS-232 总线

RS-232 总线常用于控制调制解调器和打印机，但每次只能连接和控制一台仪器。由于 RS-232 接口标准出现较早，难免有不足之处：1）接口的信号电平值较高，易损坏接口电路的芯片，由于 RS-232 与 TTL 电平不兼容，故需使用电平转换电路方能与 TTL 电路连接；2）传输速率较低，在异步传输时，波特率仅为 20Kb/s；3）接口使用一根信号线和一根信号返回线构成共地的传输形式，信号传递过程中易产生共模干扰，抗噪声干扰能力差；4）传输距离有限，最大传输距离标准为 15m。

2. RS-485 总线

为了克服 RS-232 串行总线的不足，陆续推出了一些新的串行总线标准，RS-485 就是其中之一，其特点是：1）RS-485 的电气特性逻辑"1"以两线间的电压差为 +（2~6）V 表示，逻辑"0"以两线间的电压差为 -（2~6）V 表示，接口信号电平比 RS-232 低，接口电路芯片易损坏的缺点得以克服。此外，RS-485 与 TTL 电平具有良好的兼容性，可方便与 TTL 电路连接；2）RS-485 的数据速率高（最高传输速率为 10Mb/s）；3）RS-485 接口采用平衡驱动器和差分接收器的组合结构，抗噪声干扰性好；4）RS-485接口的最大传输距离标准值为 1200m，实际上可达 3000m，RS-485 接口在总线上允许最多连接 128 个收发器，即具有多站能力，用户可以利用单一的 RS-485 接口方便地建立起设备网络。

3. USB 通用串行总线

USB（Universal Serial Bus，通用串行总线）主要用于将外围设备连接到计算机。USB 是一项即插即用技术，可以热插拔，使用方便。通过集线器连接，一个端口最多可以支持 127 台设备并发运行。第一版 USB 1.0 是在 1996 年推出的，传输速率只有 1.5Mb/s。两年后升级为 USB 1.1，传输速率提升到 12Mb/s。2000 年 4 月推出的 USB 2.0（目前广泛使用的版本），传输速率达到了 480Mb/s，是 USB 1.1 的 40 倍。最新版的 USB 3.1 Gen2，其最大传输带宽高达 10Gb/s。

尽管 USB 的最初设计只是作为计算机的外部总线，但其高速度和使用方便性使得 USB 在仪器控制应用中非常有吸引力。USB 在仪器控制中也存在一些不足，主要是：1) USB 线缆不是工业级线缆，在噪声环境中可能会导致数据丢失；2) USB 线缆没有闭锁机制，很容易从计算机或仪器中拔出；3) USB 系统的最大线缆长度是 30m，但通过使用 USB 转接设备（GPIB-USB、485-USB、CAN-USB 等），可以克服 USB 的上述缺点。

4. IEEE 1394 总线

IEEE 1394 总线接口是苹果公司开发的串行标准，俗称火线接口。同 USB 一样，IEEE 1394 也支持外设热插拔，可为外设提供电源，省去了外设自带电源的麻烦，能连接多个不同设备，支持同步数据传输。

IEEE 1394 有两种传输模式：Backplane 模式和 Cable 模式。Backplane 模式最小的速率也比 USB1.1 的最高速率高，分别为 12.5Mb/s、25Mb/s、50Mb/s。Cable 模式的速率非常高，有 100Mb/s、200Mb/s 和 400Mb/s 三种，在 200Mb/s 可以传输不经压缩的高质量数据电影。

IEEE 1394 有 IEEE 1394a 和 IEEE 1394b 两个版本，IEEE 1394b 是 IEEE 1394 技术的升级版本，是仅有的专门针对多媒体——视频、音频、控制及计算机而设计的家庭网络标准。它通过低成本、高安全的 CAT5（五类）实现了高性能家庭网络。IEEE 1394a 自 1995 年开始提供产品，IEEE 1394b 是 IEEE 1394a 技术向下兼容的扩展。IEEE 1394b 能提供 800Mb/s 或更高的传输速率。

5. CAN 总线

控制器局部网 CAN（Controller Area Network）总线是德国博世公司于 20 世纪 80 年代初为解决现代汽车中众多控制与测试仪器之间的数据交换而开发的一种串行数据通信协议，通信介质可以是双绞线、同轴电缆或光导纤维。由于 CAN 总线采用了许多新技术及独特的设计，因此 CAN 总线与一般的通信总线相比具有如下特点：

1) CAN 是具有国际标准的现场总线。

2) CAN 为多主工作方式，网络上任何一个节点均可在任意时刻主动地向网络上其他节点发送信息，而不分主从。

3) 在报文标识符上，CAN 上的节点分成不同的优先级，可满足不同的实时要求，优先级高的数据最多可在 134μs 内得到传输。

4) CAN 采用了非破坏总线仲裁技术，当多个节点同时向总线发送信息出现冲突时，优先级低的节点会主动地退出发送，优先级高的节点可以不受影响地继续传输数据，从而大大节省了总线冲突的仲裁时间。即便是在网络负载很重的情况下，也不会出现网络瘫痪情况。

5）CAN 节点只需通过报文的标识符滤波即可实现点对点、一点对多点及全局广播等几种方式传送接收数据。

6）CAN 的直接通信距离最远可达 10km，通信速率最高可达 1Mb/s（此时通信距离最长为 40m）。

7）CAN 上的节点数主要取决于总线驱动电路，目前可达 110 个，标准帧的报文标识符有 11 位，扩展帧的报文标识符（29 位）个数几乎不受限制。

8）报文采用短帧格式，传输时间短，受干扰概率低，数据出错率极低。

9）CAN 的每帧信息都有 CRC 校验及其他检错措施，具有极好的检错效果。

10）CAN 的通信介质可以为双绞线、同轴电缆或光纤，选择灵活。

11）CAN 节点在错误帧的情况下具有自动关闭输出功能，而总线上其他节点的操作不受影响。

12）CAN 总线具有较高的性价比、结构简单、器件容易购置、每个节点的价格较低、开发技术容易掌握、能充分利用现有的单片机开发工具。

13）CAN 协议建立在国际标准组织的开放系统互联模型基础上，由于 CAN 的数据结构简单，又是范围较小的局域网，其模型结构只取 OSI 底层的物理层、数据链路层和应用层，不需要其他中间层，应用层数据直接取自数据链路层或直接向数据链路层写数据，结构层次少，利于系统中实时控制信号的传送。

六、以太网/无线局域网系统

基于以太网/无线局域网的虚拟仪器可方便地实现测试的远程控制、测试资源共享和测试结果的发布。由于以太网/无线局域网系统采取冲突竞争的传输方式，具有传输不确定性的特点，但随着传输速率的提高、冗余措施的加强和自诊断程序的完善，以太网/无线局域网系统完全可以满足中小型控制系统的实时性要求。

由于以太网/无线局域网系统又具有价格低廉、开放性好和技术成熟等优点，因此以太网/无线局域网系统也越来越广泛地应用于工程测试领域。

以太网提供的网络配置支持如下理论数据传输速率：10Mb/s（10Base-T）、100Mb/s（100Base-TX）、1Gb/s（1000Base-T）。目前最常用的是 100Base-TX 网络。

无线局域网是近年来发展起来的一种新兴的无线通信技术，应用无线扩频技术组成的无线局域网，传输速率可以达到 54Mb/s（802.11g 或 802.11a 标准），通信距离可以达到 20km（借助功率放大和专用天线）。

以太网/无线局域网用作仪器控制总线的不足之处是：实际传输速率较低、不确定性和安全性较差。

虽然以太网络能够达到的理论传输速率为 1Gb/s，但由于其他网络流量开销和低效的数据传输使得实际的网络传输速率很难达到理论值；对于敏感数据，用户必须采取额外的安全措施，以确保数据的完整性和私密性。

第三节　虚拟仪器的软件

虚拟仪器的应用软件包括实现仪器功能的测试程序（仪器功能软件）和实现虚拟面板的界面程序（面板软件）。仪器功能软件利用计算机强大的计算能力和开发平台丰富的函数库对试验数据进行分析处理、存储和管理等，以实现特定功能。虚拟面板软件是用户与仪器之间信息交互的窗口，利用计算机强大的编程环境，使用可视化技术，按照用户需求定制虚拟面板，实现设备与用户之间信息交流。

常用的虚拟仪器系统开发语言有文本编程语言，如 C、C++、C#、VB.net 等，图形化编程语言 LabVIEW（Laboratory Virtual Instrument Engineering Workbench，实验室虚拟仪器工程平台）等。模块化仪器或分立台式仪器通常会提供多种编程语言调用需求的驱动程序，或至少会提供 LabVIEW 及 C 语言下的驱动。虚拟仪器系统的开发人员就可以自由选择所擅长的编程语言开发自定义的系统。为了方便仪器制造商和用户进行仪器驱动器和应用软件的开发，NI、Agilent 等公司推出了专用于虚拟仪器开发的集成开发环境，目前流行的有 LabVIEW、LabWindows/CVI 和 Agilent VEE 等。

LabVIEW 图形化编程语言（G 语言，Graphics Language，图形化编程语言），被称为"工业界的 Windows"，是工业测控领域应用最广泛的虚拟仪器开发语言，因此本书将重点介绍 LabVIEW 编程语言。

一、图形化编程软件 LabVIEW

LabVIEW 是美国 NI 公司推出的一种基于 G 语言的虚拟仪器软件开发工具。

LabVIEW 为虚拟仪器设计者提供了一种全新的程序编写方法，设计者可以在一个便捷、轻松的设计环境中，利用 LabVIEW 所提供的图形化控件迅速地组建一个测控系统，构造自己的仪器面板，而几乎不需要编写任何程序代码。

1. LabVIEW 的特点

作为一种功能强大的虚拟仪器开发工具，LabVIEW 具有以下 7 个特点：

1）LabVIEW 也是通用的编程系统，有一个可以完成任何编程任务的庞大函数库，提供专门用于设计数据采集程序和仪器控制程序的功能库和开发工具库，为数据采集、分析及存储提供丰富的库函数。

2）提供用于 PCI、GPIB、PXI、VXI、RS232、USB 等各种仪器总线标准的应用程序模块，使不懂总线标准的设计者也能够驱动不同接口的设备与仪器。

3）具有强大的外部接口能力和函数扩展功能，可以方便地实现与外部应用软件（如 Word、Excel 等）和 C、MATLAB 等编程语言之间的通信。

4）具有强大的互联网功能，内置便于应用 TCP/IP、DDE（动态数据交换）、ActiveX 等软件标准的库函数，支持常用网络协议，方便网络、远程测控仪器的开发。

5）提供传统的程序调试手段，如设置断点、单步运行等，同时提供独具特色的调试工具，设计者能够通过探针、动态执行程序等观察程序运行的细节，使程序调试和开发更为便捷。

6）LABVIEW 的 G 语言编程形式非常适用于数据流式的编程，编程者可以很清楚地看到自己程序运行过程中的数据流向,便于编程和调试。

7) 灵活的仪器面板设计:LABVIEW 不论是在 G 语言的编程模式还是前面板的控件布局上都给编程增添了乐趣,开发者能随心所欲地对仪器的功能和按键布局进行设计。

2. LabVIEW 基本开发环境

LabVIEW 开发环境包括两个设计窗口:前面板(Panel)设计窗口(图 6-3)和流程图(Diagram)编辑窗口(图 6-4)。虚拟仪器的面板设计是在前面板窗口中完成的,前面板窗口提供包括旋钮、按键、刻度盘、开关、指示灯、图表等图形指示模板供用户调用。流程图编辑窗口提供类似文本编程语言的数据类型、程序流程控制逻辑,集成功能丰富的函数及接口,利用节点、端口和连线组成 G 语言风格程序代码。

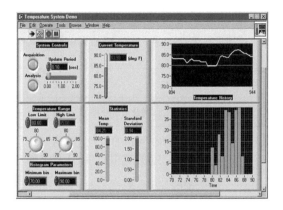
图 6-3 前面板设计窗口

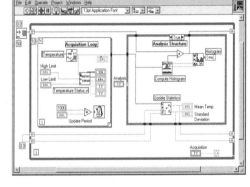
图 6-4 流程图编辑窗口

LabVIEW 为系统开发者提供了 3 个模板工具:工具模板(Tools Palette)、控件模板(Controls Palette)和函数模板(Functions Palette)来完成系统界面和程序功能设计开发任务,如图 6-5 所示。

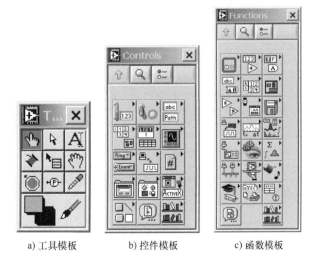

a) 工具模板　　b) 控件模板　　c) 函数模板

图 6-5 LabVIEW 的操作模板

(1) 工具模板　工具模板为编程者提供用于操作、编辑前面板和程序面板上对象的各种工具，见表 6-1。

表 6-1　工具面板各图标

图标	名称	功能
	操作工具	用于为前面板各种控制件和显示件赋值。当它指向一个数字或字符控件时，光标形状会变成一个文本操作符
	定位/尺寸/选择工具	用于选中、移动对象或改变对象的大小
	文本编辑工具	用于输入各种控件多需要的数字或字符值，也用于创建独立于其他控件的浮动标签
	连线工具	使用该工具，通过连线建立程序框图中各个对象之间的数据传递关系
	对象弹出菜单工具	该工具置于某一对象上时，单击鼠标左键即可弹出对象的快捷菜单（使用其他工具时，要用鼠标右键才可以弹出对象的快捷菜单）
	滚动工具	用于滚动整个窗口内的图形，无须使用滚动条
	断点工具	用于在程序中为某个对象设置断点，使程序运行到这里时暂停
	探针工具	用于在程序框图中设置探针，以观察程序运行的中间结果
	取色工具	用于从窗口中提取颜色设置当前色
	着色工具	用来为控件、前面板、程序框图等设置颜色，包括前景色和背景色

(2) 控件模板　控件模板提供各种旋钮、开关、显示屏等仪器面板部件，外形与实物相似，见表 6-2。其中包括数字量、布尔量、字符串和路径、数组与簇、表、图以及自定义控件等。每个图标代表一个子虚拟器件。在这些图标中，"Control" 型作为输入，用于参数设置；"Indicator" 型作为输出，用于结果显示、仪器工作状态指示等。通过鼠标点击控件模板上的虚拟控件和示件并拖放到前面板视图中，就可以构造虚拟仪器的前面板。

表 6-2　控件模板顶层子模块

图标	名称	子模板内容
	数值量	Num Ctrls 和 Num Inds 两个模板的集合，并增加了一对时间标签控件
	布尔量	基本上是 Buttons 和 LEDs 两个模板的集合
	字符串和路径	字符串控制件和显示件、文本路径控制件和显示件、联合框
	数组和簇	数组壳、簇壳、错误信息控制件和显示件、变体显示件
	列表框和表格	列表框、多列列表框、表格、树形列表框和快速表
	图形	图线、图形、图片形式的控件，包括显示一维、二维图线的 Chart、Graph、XY Graph、快速 XY Graph、强度图、数字波形图和三维曲面图等
	环和枚举量	文本环、菜单环、枚举量、图片环、图片与文本环
	容器	分页控件（将一些前面板控件重叠在不同页面中，通过页面标签选择）、子面板控件、ActiveX 控件容器

（续）

图标	名称	子模板内容
	输入输出	波形、数字波形、数字表、通道名、FP 资源名、VISA 资源名、IVI 逻辑名以及图像、运动等各种与硬件有关的控件
	对话框	专门用于设计对话框，包括选择、确认等控件
	经典控件	包括控制模板绝大部分控件，但控件的外观类似于旧版本 LabVIEW
	参考号	LabVIEW 对很多对象的操作都需要一个参考号标识，该子模板包括各类参考号
	装饰件	用于前面板装饰的一些图形
	从文件系统选择控件	单击该图标会弹出一个文件对话框，从 Windows 文件系统中选择需要打开的 VI
	用户控件	把控件放在 \ National Instruments \ LabVIEW7.0 \ user.lib 目录中时，将出现在这个子模板中

（3）函数模板 函数模板是创建 LabVIEW 程序，实现系统硬件、数据分析、功能定义和流程控制的工具，所包括的子模块见表 6-3。

表 6-3 函数模板顶层子模块

图标	名称	子模板内容
	结构	包括顺序结构（层叠和平铺）、选择结构、While 循环、For 循环、事件结构、公式节点、全局变量、局部变量、反馈节点
	数值	包括算术运算符、数值类型转换函数、三角函数、对数函数、复数函数、数值常数、表达式节点、数值分析的三个快速 VI
	布尔量	包括逻辑运算符、布尔型常数、布尔量与数值的转换函数
	字符串	包括对字符串操作的各种函数，字符串与数值、数组和路径的转换函数，字符串常量，构成串的快速 VI 字符
	数组	操作数组的各种函数、数组外壳、数组与簇的转换函数
	簇	操作簇的各种函数、簇外壳、簇与数组的转换函数
	比较	各种比较运算符、选择函数、极值函数、强制范围转换函数、用于比较运算的快速 VI
	时间与对话框	计时、时间控制、提取系统时间的几个函数、对话框函数、出错处理函数、关于计时和对话框的 4 个快速 VI
	文件输入/输出	对各种格式文件读写的函数和快速 VI，对文件和路径进行操作的各种函数
	测量	用传统 DAQ 方法进行数据采集的 Data Acquisition 函数子模板，用 DAQmx 方法进行数据采集的 DAQmx – Data Acquisition 函数子模板，还有关于视觉、运动和分布式模块等函数的几个子模板
	波形	关于波形操作的函数和快速 VI
	分析	波形测量的 4 个子模板、信号处理子模板、点对点分析子模板、数学子模板

(续)

图标	名称	子模板内容
	仪器输入/输出	包括IVI族仪器驱动程序、GPIB仪器通信、串口仪器通信、VISA仪器通信、VXI仪器控制等子模板和仪器输入输出助手快速VI
	应用程序控制	打开与关闭应用程序和VI的参考号、通过参考号调用、属性节点、包含节点、程序的停止和退出等应用程序控制函数,菜单、帮助、事件等函数子模板
	图形和声音	包括三维图形、图片和声音的函数
	通信	包括使用.NET和ActiveX技术与其他Windows应用程序链接的函数,使用DataSocket、TCP、UDP等协议的网络传输函数,电子邮件、无线通信函数,应用程序调用函数
	报告生成	生成应用程序报告的函数,报告可使用数字、文本、图像等形式,可以包括程序的前面板、程序框图和说明等内容,可以存储、打印和网络发布
	高级	调用库函数和其他应用程序代码的两个节点,输入设备控制、数据操作、读写寄存器地址、访问注册表、程序同步等子模板
	选择VI	单击该图标弹出一个文件对话框,从Windows文件系统中选择需要打开的VI
	装饰	用于对程序框图进行装饰的对象
	用户VI	把VI放到\National Instruments\LabVIEW 7.0\user.lib目录中时,将出现在这个子模板中

3. LabVIEW 程序框图

LabVIEW 程序采用数据流工作方式,程序框图中节点之间的数据流向决定了程序的执行顺序,用图标表示函数,用连线表示数据流向。G 语言程序各模块接口之间的连线就是数据线。数据通过数据线在模块之间传递。LabVIEW 不像一般语言按照语句的顺序一行一行地执行,它是依靠在数据线上传递的数据来控制程序的,只有当模块要求的输入数据完全到达这个模块时才能执行,然后向其所有的输出端口输出数据,这些数据再沿数据线流向其他模块。这就是 LabVIEW 的数据流工作方式。

(1) LabVIEW 的数据类型　LabVIEW 的基本数据类型有五种:Numeric(数值)、Boolean(逻辑)、String(字符串)、Enum(枚举),还有一种叫 Ring(环型枚举),和 Enum 很类似,可以循环枚举。

Numeric 类型的数据按精度可分为若干种类型,与标准 C++的数据类型基本是一致的。其代表符号直观地表现其类型,见表6-4,可以在数值对象上点右键,通过弹出菜单中 Representation 修改。

表6-4 LabVIEW 的数值数据类型

符号	I8	I16	I32	U8	U16	U32
类型	8位整型 (短整型)	16位整型 (单字型)	32位整型 (长整型)	8位无符号整型	16位无符号整型	32位无符号整型
符号	SGL	DBL	EXT	CSG	CDB	CXT
类型	单精度 浮点型	双精度 浮点型	128位扩展 浮点型	单精度 复数	双精度 复数	128位扩展 复数型

1）数组：同类型元素的集合。一个组可以是一维或多维，每维最多可有 231 个元素。可以通过组索引访问其中的每个元素。和 C 语言一样，索引的范围是 0 到 $n-1$，组中元素的个数为 n，第一个元素的索引号为 0，第二个是 1，依此类推。组的元素可以是数据、字符串等，但所有元素的数据类型必须一致。

2）簇：它的元素可以是不同类型的数据。它类似于 C 语言中的 Stuct。使用簇结构可以把分布在流程图中各个位置的数据元素组合起来，这样可以减少连线的拥挤程度，用于错误处理。

（2）LabVIEW 的结构

1）循环结构：For 循环和 While 循环，如图 6-6 所示。两种循环与大部分计算机语言中的循环结构非常相似。For 循环既可以将最大循环次数作为循环终止条件，也可以设定其他循环终止条件。另外，在不指定循环次数时，For 循环可以自动索引数组中的数据，以数据大小作为最大循环次数。

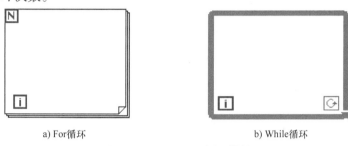

a) For循环　　　　　　　　　　b) While循环

图 6-6　LabVIEW 的循环结构

2）Case 结构：与文本式编程语言类型，LabVIEW 提供了 Case 结构。图 6-7a 左边带有问号的小方框是用来连接 Case 结构选择端的值，如图 6-7b、c 所示。如果连接的是代数值

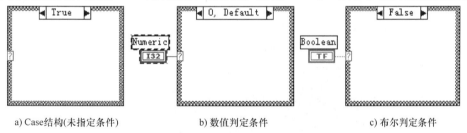

a) Case结构(未指定条件)　　　b) 数值判定条件　　　c) 布尔判定条件

图 6-7　LabVIEW 的 Case 结构

则上边框之中显示的是数字，如果是逻辑型，则显示的是 True 或 False 两种条件。Case 结构每次只能显示一个子图，单击上面中间的箭头显示条（或点击箭头）可以选择不同的子图。

3）顺序结构：顺序结构（图 6-8）就是按照顺序依次执行的结构，顺序结构的数据只有在整个结构全部执行完了以后才能输出。

（3）LabVIEW 程序运行检查　在完成前面板程序与流程图程序设计之后，虚拟仪器设计已基本完成，是否达到预期功能，还需运行检验。

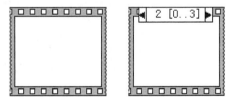

图 6-8　LabVIEW 的顺序结构

LabVIEW 提供的程序调试方法主要有：

1）设置程序运行为高亮方式：在程序运行前点击高亮按钮，则运行过程中正在执行的节点会以高亮形式显示。这种方式一般用于单步模式，可以跟踪数据流传输情况。

2）单步执行：按下单步按钮进入单步执行模式，下一个将要执行的节点就会闪烁，指

示它将被执行。通过单步执行可以跟踪程序运行的细节。再次点击单步按钮，程序将会变成连续执行方式。

3）探针：从工具模板中选择探针工具，将探针置于某根连线上，可以查看程序运行过程中该连线上的实时数据。

4）断点：使用断点工具可以在程序的某一地方终止程序执行，同时结合探针或者单步方式查看数据。

综上所述，在 LabVIEW 开发平台创建虚拟仪器的过程，就是在前面板设计窗口与流程图设计窗口分别进行虚拟前面板及其相应的流程图程序设计。图形化的编程思想与文本式的编程方法是一致的，为了完成对信号数据的采集，需要编写对 I/O 接口硬件设备的驱动程序；为了对采集的信号进行运算、分析处理，需要编写运算、分析处理程序等。使用 LabVIEW 进行虚拟仪器设计的特别之处在于该平台将传统程序所需要的常量、数组、数据流控制命令、各种常用函数和数据运算、标准 I/O 设备的调用等用图标表示，因而不熟悉文本式编程方法的工程师、科学家可以随心所欲地设计程序，大大提高了虚拟仪器开发的效率。

二、文本式编程软件 LabWindows/CVI

文本式编程软件 LabWindows/CVI 是 NI 公司开发的虚拟仪器软件之一，它是用户开发数据采集、仪器控制及自动测试和过程监控的一个开发平台。它采用标准 C 语言格式，将功能强大、使用灵活的 C 语言开发平台与数据采集、分析和表达的测控专业工具有机地结合起来。为了加速应用开发，LabWindows/CVI 借助自动编码产生工具和易于使用的 GUI 开发工具来提供一种交互环境，它包含有强大的仪器库、32 位 ANSI C 编译器、连接器、调试器、编辑器等。

三、虚拟仪器的操作

使用 LabVIEW 或 LabWindows/CVI 设计的虚拟仪器可脱离其开发环境，用户最终看见的是和实际的硬件仪器相似的操作面板，如图 6-9 所示。

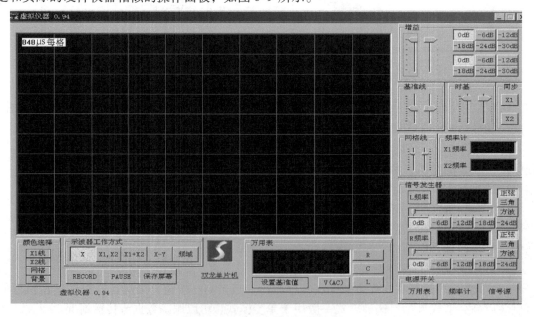

图 6-9 虚拟仪器的操作面板

第四节　虚拟仪器系统在汽车试验中的应用

为了提升汽车的使用性能，现代汽车中的电控系统越来越多。据统计，平均一辆汽车中含有 15～20 个 ECU（高档汽车多达 60 个以上）。汽车是一种使用环境恶劣、多变的高机动性产品，多 ECU 的同步与协调工作显得十分重要。为此，在汽车电控系统的开发过程中，需对汽车电控单元进行仿真与严格测试，虚拟仪器系统是一种理想的工具。下面就以汽车电控系统为例，介绍虚拟仪器系统在汽车中的应用。

图 6-10 是利用 NI 虚拟仪器系统软、硬件平台实现 ECU 仿真和定制板卡的流程图。

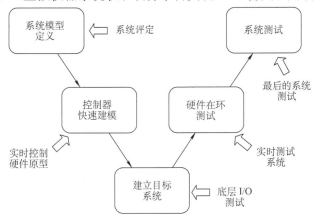

图 6-10　ECU 仿真和定制板卡工作流程

一、系统模型定义

依据所要开发汽车 ECU 的技术与性能要求，完成设计规范（如控制算法、控制对象参数），确立仿真模型的结构。仿真模型有线性、非线性、离散和连续等多种不同的形式。线性系统建模比较简单，由于汽车上的电控系统往往具有非线性特性，因此，用线性模型代替非线性系统其精度相对较差；对于离散或连续，则取决于系统的控制方式。

Simulink 是工程上常用仿真建模工具，Simulink 模型可直接转化为 LabVIEW 模型。

二、控制器快速建模

快速控制原型（Rapid Control Prototype，简称快速原型）有别于机械制造中根据 CAD 数据自动构建物理模型的快速成型技术。因为软件仿真不能完全体现实际的动态环境，需要开发一个控制器硬件原型用以在真实环境下验证算法，即将控制器模型下载到一个实时硬件平台，通过 I/O 连接至真实环境中的传感器、执行器并进行测试，该过程即快速原型，也常称为软件在环。选用实时硬件平台是为了实现仿真的时效性、确定性和稳定性。

连接 LabVIEW 与 Simulink，利用控制器快速建模工具和硬件在环测试工具进行快速建模。使用 LabVIEW 面板作为 Simulink 数据的输入和输出，把用 Simulink 制作的模型导入到 LabVIEW 中。

三、建立目标系统

建立目标系统实际上是系统建模和产品原型设计，控制器模型在通过快速原型环节验证之后，将该模型自动或手工生成 C 代码或其他支持类型的代码，并下载到 ECU 的微控制器。对所产生的目标代码进行测试，如图 6-11 所示。

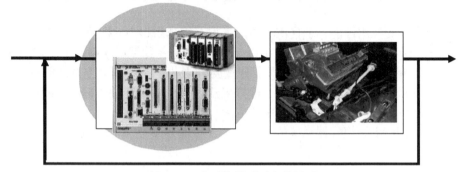

图 6-11　由系统模型到产品原型

四、硬件在环测试

硬件在环（Hardware In the Loop，简称 HIL）是指将已下载目标代码的 ECU 通过 I/O 连接至先前建立的环境模型（硬件在环仿真器），并测试该 ECU 在各种工况下的功能和稳定性。硬件在环是一个闭环的测试系统，可重复地进行动态仿真；可在实验室里仿真夏季和冬季的道路试验，无需真实的测试环境组件，节约测试成本；可进行临界条件测试和模拟极限工况，如发动机冷却液温度和机油温度、ABS 试验时车速和道路附着系数，没有实际风险；可通过软件（模型）、硬件（故障输入模块）模拟开路、与地短接、ECU 引脚间短接等错误，以及模拟传感器、执行器出错情况。在仿真测试环境中验证开发的产品（图 6-12），所使用的工具是实时系统（包括 I/O）和仿真软件。

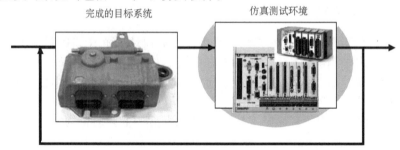

图 6-12　产品验证

1. 利用 LabVIEW FPGA 开发定制板卡

如图 6-13 所示，定制板卡用于原型开发和硬件在环仿真：输出与定时信号同步的脉冲、PWM 输出、PWM 编码、定制通信协议。

2. 利用 NI-RIO 构建高度灵活的 HIL 系统

ECU 开发完成后，必须全面测试其功能，尤其是故障情况和极限条件下的测试。如果用实际的控制对象进行测试，很多情况是无法实现的，或要付出高昂的代价，但如果利用 NI-RIO 构建高度灵活的 HIL 系统，就可以对开发的 ECU 进行各种条件下的测试，特别是故障和极限条件下的测试。

五、系统测试

在完成关键的硬件在环之后，将修正后的控制器连接至真实 I/O 环境，并进行台架试

第六章 虚拟仪器系统

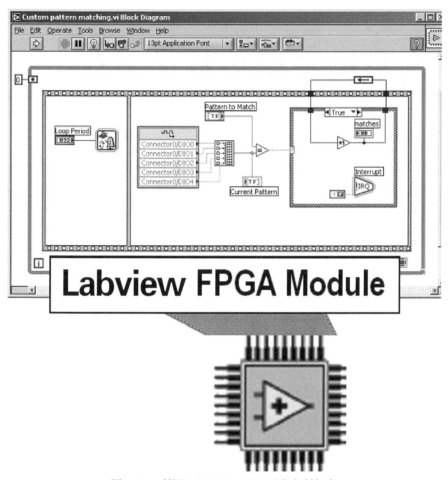

图 6-13 利用 LabVIEW FPGA 开发定制板卡

验、道路试验,直至最后生产出厂,图 6-14 是汽车电动助力转向系统 ECU 测试的原理图。

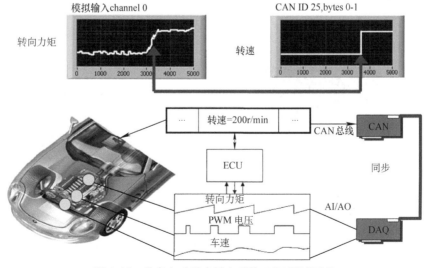

图 6-14 汽车电动助力转向系统 ECU 测试原理

— 167 —

第七章 汽车整车出厂检验系统

为了确保汽车产品质量，汽车制造公司除对汽车制造过程严加控制和管理外，汽车在出厂前还要进行全面检测和调试，以避免存在质量问题的汽车产品流入市场。这种将各种不同功能的汽车检测设备组合在一起用于汽车整车质量控制的系统，称为汽车整车出厂检验系统。该系统采用的是流水式的检测方式，因此有的汽车制造公司称之为整车检测线。

第一节 汽车出厂检验的主要内容与设备

汽车整车出厂检验在汽车发达国家早已形成了规范统一的模式，检测设备大多采用美国宝克、德国杜尔、日本自动车等厂商专门为汽车下线检测开发的成套产品。不过在我国有所不同，合资公司和乘用车公司采用的是国外的模式，简称通用模式；国内其他汽车公司采用的是我国特有的模式，简称中国模式。

一、汽车出厂检验通用模式

汽车出厂检验通用模式的检测内容有：四轮定位、灯光、制动、行驶性能、路试、排放、淋雨等。但在我国的汽车合资公司，汽车出厂检验还额外增加了一项检测内容——侧滑。其原因是：我国相关法规规定，机动车辆必须经汽车安检线检验合格后方可上路行驶，侧滑是汽车安检线的检验内容之一。

1. 四轮定位的检测

通用模式中所用四轮定位检测设备兼有检测和调试功能，如图 7-1 所示。该试验台由四

a) 整体结构

b) 单个车轮的驱动转鼓与测试单元

图 7-1 四轮定位参数测试与调整试验台

套独立的转鼓和四套测试系统组成（图7-1b），四套转鼓的作用是将被试车辆摆正，四套测试系统的作用是独立测试每个车轮的外倾角和前束角。该四轮定位参数测试与调整试验台有关前束角和外倾角的测试原理在第三章已有详细介绍。关于四轮定位参数的调整，对于绝大多数车型只调前束角；对于少数在结构上设计为车轮外倾角可调的车型，则须对前束角和外倾角都进行调整。调整的依据是所测得的前束角、外倾角及后轮推力角。

后轮推力角是指两个后轮共同确定的行驶方向与汽车纵轴线的夹角 φ（图7-2），左偏为正、右偏为负：

$$\varphi = \frac{(\alpha_l - \alpha_r) - (\beta_l - \beta_r)}{2} \tag{7-1}$$

式中 φ——后轮推力角；

α_l——左后轮外倾角；

α_r——右后轮外倾角；

β_l——左后轮前束角；

β_r——右后轮前束角。

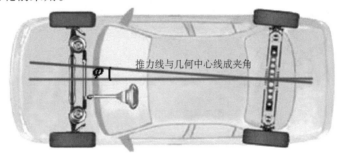

图7-2 后轮推力角

注意：汽车制造厂用于下线检测的四轮定位设备，几乎都不检测主销倾角（主销内倾角、主销后倾角）参数，其原因是：1) 主销倾角参数通常是不可调的；2) 主销倾角参数由制造精度保证。

2. 灯光检测

灯光检测包括远光灯发光强度和远、近光灯照射位置等内容，其目的是：指导远、近光灯照射位置的调整；避免远光灯发光强度不符合国标要求的车辆流入市场。图7-3所示是一种新型光成像式灯光检测仪，具有测试汽车前照灯发光强度和灯光照射位置的双重测试功能。灯光检测仪大多安装在四轮定位参数测试与调整试验台的后端，四轮定位参数测试调整完后，紧接着检测灯光。为了提高灯光检测的效率，满足检测节拍的要求，通常在汽车下线检测线上安装2台性能完全相同的

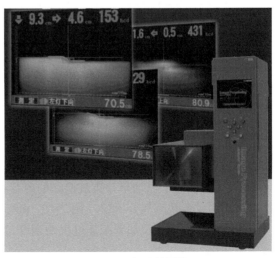

图7-3 灯光检测仪

灯光检测仪，分别用于汽车左、右前照灯的检测。

3. 制动性能检测

图7-4所示是制动试验台，该试验台具有4套独立的转鼓组件，每套转鼓组件分别由各自的交流电动机驱动，可提供附加的转矩使转鼓加速或附加阻力。其检测内容包括：车轮阻滞力、每轮制动力、前后桥制动平衡系数、总制动力、驻车制动、ABS与ESP系统性能测试、最大静态制动力测试、制动踏板力测试、驻车制动力测试等。

图7-4 制动试验台

4. 行驶性能测试

汽车行驶性能测试的设备是具有4套独立转鼓组件的汽车底盘测功机（又称转鼓试验台），测试由前轮测试和后轮测试两部分组成。在测试过程中，该试验台可以模仿汽车运行的实际工况，如图7-5所示。为了适应多车型的需要，汽车下线检测的汽车底盘测功机均配有车型选择器和操作表盘盒，测功机前、后转鼓的轴距按照车型预先设定，通过选择开关进行车型选择，计算机控制自动切换（车轮定位参数测试与调整试验台和制动试验台等都具有此功能）。汽车行驶性能测试的内容有：前行、倒车、加速、离合器操纵、车速表校验等。

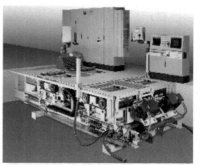

图7-5 转鼓试验台

5. 排放检测

汽车排放检测依据的是国标GB18285—2018《汽油车污染物排放限值及测量方法（双怠速法及简易工况法）》和GB3847—2018《柴油车污染物排放限值及测量方法（自由加速法及加载减速法）》。对于汽油车，排放检测的内容有：怠速、高怠速及简易工况的排气污染物浓度，检测用仪器是五气分析仪（图7-6）和汽车底盘测功机。对于柴油车，排放检测的内容是：发动机自由加速及加载减速过程的烟度，检测用仪器是不透光烟度计（图7-7）和汽车底盘测功机。

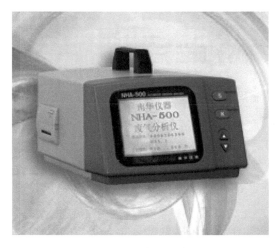
图 7-6 五气分析仪

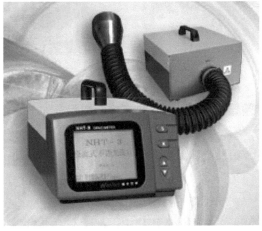
图 7-7 不透光烟度计

6. 淋雨试验

汽车密封性包括防尘密封性和防雨密封性。对于汽车下线检测,由于高密度的扬尘环境在室内不易再现,且防尘密封性试验所需的时间较长,因此汽车下线检测主要检测汽车的防雨密封性,其方法是建造一个专用的淋雨试验台(图 7-8),模拟强降雨环境,检测汽车前后风窗、侧窗、车门、行李舱等各部的密封性能。汽车下线防雨密封性检测设备主要由房体、喷淋系统、吹干系统和控制系统等组成。

图 7-8 淋雨试验台

二、汽车出厂检验中国模式

汽车出厂检验中国模式的特点是:将汽车出厂检验视为国家的一种要求,而不像通用模式那样将汽车出厂检验视为保证汽车产品质量的客观需要。正因为如此,汽车出厂检验中国模式就是在汽车总装厂内建一条汽车安检线,其检验内容是:排放、侧滑、轴重、制动、车速表校正、灯光等。

第二节 汽车出厂检验工艺流程

从总体上看，各汽车制造公司汽车出厂检验流程的前半部分大多比较一致，后半部分略有差异。常见的汽车出厂检验流程有如下三类：

第一类：四轮定位—灯光—侧滑—制动—行驶性能—路试—排放—淋雨。

第二类：四轮定位—灯光—侧滑—制动—行驶性能—淋雨—路试—排放。

第三类：将第一类或第二类检验流程中的制动和行驶性能检测合在一起，用一个综合试验台完成相应的检测。

上述三类检验流程中，都设有侧滑检测工位，但国内的汽车合资企业很少检测汽车的侧滑量，其原因是：1）侧滑试验台是针对汽车车轮定位参数设计的一个简易功能和测试精度均很差的设备，已采用了功能强大、测试精度高的汽车车轮定位参数测试与调整系统，再做侧滑检测本身就是一种多余；2）侧滑试验台在测试原理上存在错误，在大多数情况下得到的是错误的测试结果；3）在国家标准 GB 7258—2017《机动车运行安全技术条件》中，关于侧滑的检测已有了新的界定，即：侧滑量的检测只是对装用非独立悬架汽车的一项要求，对于装用独立悬架的汽车，没有条款规定必须进行侧滑项的检测。

汽车出厂检验工艺流程中的四轮定位、灯光、制动、行驶性能、排放、淋雨等工位的检验内容和设备在上一节中已作了介绍。下面介绍路试环节的检验内容。

路试检验的主要目的是发现汽车存在的质量问题；主观评价汽车的操控性能。为了达到此目的，汽车公司大多建有包含各种特征路面的专用汽车试验跑道。所生产的车型不同，典型路面的设置与试车跑道的长度会有所不同。对于乘用车生产企业，试车跑道总长多为 1000~1500m，设有高速直行路面、蛇形路段、涉水池、低附着系数路面（路旁有喷水设备）、高附着系数路面、起伏路面、鱼鳞坑路面、卵石路面、扭曲路面、冲撞路面等，检验内容包括：汽车起动、灯光与信号装置的工作有效性、加速、制动、转向、ABS 与 ESP 系统性能、汽车跑偏等。

第三节 汽车出厂检验评价方法

汽车出厂检验具有二大功能，即：1）发现问题、解决问题；2）对汽车产品质量给出客观评价。

一、四轮定位检验评价

四轮定位检验评价的指标当然是厂定所检车型的车轮定位参数。但值得注意的是，汽车的所有车轮都是通过弹性环节与车身相连，这种结构的特殊性决定车轮定位参数需设定较大的公差范围。由此可见，要想出厂的新车具有良好的操纵稳定性，只是将车轮定位参数调整到允许的误差范围内是不够的,需将各定位参数调整到最佳的匹配状态,所以汽车前轮前束角应根据后轮推力角和前轮外倾角进行调整,且应在规定的公差范围内。

二、灯光检测评价

为了避免夜间会车时汽车灯光直照对方驾驶人的眼睛,使得对方驾驶人看不清路面而引发交通事故,汽车前照灯均作了防眩目设计。常用的方法是采取结构措施使近光灯投射出的光斑对着对方驾驶人眼睛的方向缺损一部分,如图7-3所示。若用传统光生伏特效应的前照灯检测仪检测近光灯的照射位置,由于无法辨认光斑的明暗截止线,因此无法给出符合使用要求的测试结果。由此可见,较科学的检测与评价方法是:利用先进的CCD/CMOS图像识别系统的前照灯检测仪检测出近光灯光斑的明暗截止线,以此来确定近光灯的照射位置。

三、制动检测评价

制动性能是汽车法规规定的检测项目,其检测结果应符合法规的要求,其内容包括:制动力总和与整车质量的百分比、轴制动力与轴荷的百分比、驻车制动力与整车质量的比、制动力平衡、车轮阻滞力和制动协调时间等。除此之外,还要对ABS及ESP系统的工作有效性、调节速率、反应时间、动态特性、制动系统最大静态制动力、制动踏板力、驻车制动操纵力等给出评价,其评价方法主要是与企业相关标准作比较。

四、汽车行驶性能检验评价

汽车行驶性能的评价对于汽车下线检测而言,设备供应商按照汽车生产企业的相关标准将评价指标与评价方法均固化到设备控制系统的软件中了,其评价内容包括:汽车起动、换档、前进、倒退、加速、车速表验证等。驾驶人的操作完全按照显示屏上的提示进行,汽车的运行过程由移动的光标实时显示在屏幕上,若光标的运行轨迹在给定二条曲线所辖的允许范围内,则汽车的行驶性能符合出厂要求。

五、路试检验评价

路试检验评价以试车员的主观评价为主,不少的汽车公司已开始探讨开发汽车出厂路试检验专用设备,如东风本田汽车公司委托武汉理工大学开发的汽车跑偏自动在线检测系统已投入使用。路试检验评价的内容十分广泛,包括汽车各总成部件的运行状况、是否有异响、发动机的工作温度、机油压力、发电机的发电量与充电特性、汽车起动、加速、制动、操纵性能、汽车维持直行的能力与转向回正特性、悬架的缓冲与减振特性、车轮是否摆振等。

六、淋雨试验评价

淋雨试验评价相对比较简单,其方法是目视检查所有有密封要求的部位(驾驶舱、行李舱、发动机舱),均不得有渗漏现象。

七、排放检测评价

排放检测评价依据的是国家汽车排气污染物排放限制标准,各种有害气体及微粒的排放量均应低于国家规定的限制指标。

第八章 汽车整车性能的道路试验

汽车整车性能道路试验是指在室外修建的专用性能试验道（并非是汽车使用过程中行驶的实际道路）上，对反映汽车各项性能的技术参数进行测试工作的总称。汽车性能有动力性、经济性、制动性、操纵稳定性、行驶平顺性、通过性、排放与噪声等多项。汽车整车性能道路试验的特点是：1) 性能试验在室外的道路上进行，试验结果能较好地反映汽车的实际运行状况；2) 专用性能试验道路的路面状况几乎不发生变化，进行整车性能试验时不受交通状况的影响，试验结果的可比性好。汽车整车性能道路试验是汽车质量控制和产品研发的重要环节。

第一节 汽车整车性能试验前的准备性试验

在进行汽车整车性能试验之前，需要做一些准备性试验，其内容包括磨合行驶试验、预热行驶、滑行试验及直接档最小稳定车速测试等。

一、磨合行驶试验

磨合行驶对于所有的汽车都十分重要。在进行汽车整车性能试验之前，若磨合不充分、磨合状态不够好，不仅汽车性能不可能得到最佳的发挥，而且在进行整车性能试验的过程中总成部件极易出现损坏。要想达到预期的磨合效果，需要制定符合车型特点的磨合行驶试验规范，其内容包括磨合行驶试验的总里程、各种不同载荷与道路状态下的里程分配、磨合过程中不同阶段的行驶车速、磨合期间的故障记录与统计分析、磨合结束后的整车维护与行驶检查等。

二、车轮定位参数的测试与调整

汽车磨合行驶试验结束后，应对汽车进行一次磨合期维护，其内容主要是调整、紧固、润滑、更换发动机润滑油等。除此之外，还应利用四轮定位仪对车轮定位参数进行测试与调整，其测试内容包括：全部车轮的外倾角、前束角、转向轮主销内倾角、主销后倾角、各个车轮的相对位置。根据所测的后轮外倾角、前束角及各车轮的相对位置计算后轮推力角；根据后轮推力角及转向轮外倾角计算汽车的航向偏角，据此及转向轮前束角的设计参数调整左、右轮前束角，避免汽车行驶时跑偏。

车轮定位参数的测试与调整，其目的在于避免因车轮定位参数的失准而引起的车轮运动学上的不协调，进而带来 2 个问题：1) 行驶阻力增加，影响汽车的动力性和经济性；2) 产生附加的侧向力和侧向运动，影响汽车的操纵稳定性和行驶平顺性。

三、汽车最小转弯直径的测试与调整

在进行汽车转向轻便性试验之前，必须要进行汽车最小转弯直径的测试，否则没法确定转向轻便性试验所要用到的双纽线轨迹。

最小转弯直径是指：将汽车转向盘向左或向右转到极限位置，汽车以尽可能低的速度圆周行驶，前外轮所画出的圆形轨迹直径中的较大者。理想情况下，汽车左转和右转所测得的最小转弯直径应该相等，由于制造和装配调整不可避免会存在一定的误差，实际测得的汽车左转和右转的最小转弯直径不可能完全相等，但二者之差应控制在一个允许的范围内（如不大于 20cm）。若左转和右转所测得的最小转弯直径之差大于许用值，则应调整左、右转向轮限位螺钉，使左转和右转的最小转弯直径尽可能一致。

四、预热行驶

人们都有这样的经验，即汽车短距离行驶及在寒冷地区或寒冷季节行驶时的油耗高、加速较缓慢，这表明汽车的热状态对整车性能有较大的影响。为此，在进行整车性能试验时，汽车必须处于正常的热状态。使汽车进入正常热状态最直接且有效的方法是一定里程的预热行驶。由于不同地区、不同季节的环境温度存在较大差异，因此预热行驶的里程应视情而定。

五、滑行试验

滑行试验是对汽车底盘技术状况的综合检查。汽车以一定的初速度（国家标准规定，汽车滑行试验的起始车速为 50km/h）摘档滑行直到停车所驶过的距离越远，则汽车底盘的技术状况越好；反之，说明汽车底盘的技术状况不佳，应对其进行全面调整。当然，汽车的滑行距离还与汽车质量的大小有关。质量大的车辆，惯量大，滑行距离就长。对某一具体车型，滑行试验所测得的滑行距离达到多少才表明其技术状况符合进行汽车整车性能试验的要求，通常取决于汽车制造公司技术资料的积累。

六、直接档最小稳定车速测试

在 2009 年前，汽车直接档最小稳定车速测试的目的之一是为确定汽车直接档加速试验的起始车速提供依据。国家标准规定，将测得的直接档最小稳定车速向上圆整到 5 或 10 的整数倍即为汽车直接档加速试验的起始车速。事实上，对于某一具体的试验车辆而言，若该车技术状况欠佳，则通过试验所测得的直接档最小稳定车速通常会偏高；若该车技术状况良好，则试验测得的直接档最小稳定车速会相对较低。由此可见，汽车直接档最小稳定车速的高低，从另外一个侧面反映了包括发动机在内的汽车整车技术状况的好坏。

第二节 汽车动力性试验

汽车动力性试验的评价指标有：最高车速、加速能力和爬坡能力等，与之对应的试验内容有最高车速测试、汽车起步连续换档加速时间与直接档加速时间的测试、汽车的最大爬坡度与爬长坡能力的测试。

一、最高车速

汽车最高车速是指汽车在标准满载状态，在良好平直路面（清洁、干燥、平坦的沥青或混凝土铺装的直线道路，纵向坡度在 0.1% 以内）所能达到的最高平均车速 $\bar{v}_{max}$。显然，汽车最高车速是一个间接测试量，其大小为汽车驶过规定的距离 s（国标规定为 200m）与所用时间 t 的比，即 $\bar{v}_{max} = \dfrac{s}{t}$。在新的汽车试验标准中，增加了汽车在试车场高速环道上通过 1000m 所能达到的最高平均车速的试验内容。无论是在良好平直路面，还是在高速环道上进行汽车最高车速试验，需测试的量都是行驶距离 s 和时间 t。

二、加速能力

汽车加速到设定的某一高速所需的时间短，则加速能力就强，因此常用汽车起步连续换档加速时间与直接档加速时间评价汽车的加速能力。

汽车起步连续换档加速时间，是指汽车由 1 档（小型车辆）或 2 档（大、中型车辆）起步，以最大的加速强度（低档的后备功率大，加速能力强，因此最大加速强度的换档操作方法是在发动机达到最高转速时，以可能的最快速度换档）逐步换至最高档后汽车到达设定的距离（400m）或车速（100km/h；最高车速的 90% 低于 100km/h 的车辆，其加速终了的车速为 90% $\bar{v}_{max}$ 向下圆整到 5 的整数倍）所需的时间。

直接档加速（又称超车加速）时间，是指汽车用直接档（对于采用二轴变速器的轿车与轿车变型车，其档位为速比与 1 最接近的那个档）由 50km/h 的速度全力加速至 100km/h（最高车速的 90% 低于 100km/h 的车辆，其加速终了的车速为 90% $\bar{v}_{max}$ 向下圆整到 5 的整数倍）所需的时间。直接档加速快，则汽车超车时两车并行的时间短，有利于超车时的行车安全。

汽车加速性的评价指标是加速时间，欲得到加速时间，须记录汽车在加速过程中驶过的距离或加速过程中的速度变化。事实上，有了汽车行驶距离和时间的实时记录，便可获得汽车在加速过程中的速度变化。由此可见，汽车加速性能试验的测试量依然是行驶距离 s 和时间 t。

对于电动汽车，国标规定用 0~50km/h 全速加速所需的时间评价电动汽车的加速性能。

三、爬坡能力

实际的各类公路不可避免会有一定的坡度，若汽车能顺利且快速爬过所遇到的各种坡度，必然需要有强劲的动力。由此可见，汽车的爬坡能力应包括最大爬坡度和爬长坡的能力两个方面。

1. 最大爬坡度

最大爬坡度是指汽车在标准满载状态下所能爬过的最大坡度 i_{max}。尽管汽车试验场建有多种不同坡度的爬坡试验道，但由于不仅各种汽车的最大爬坡度各不相同，而且同一种车型的不同车辆其最大爬坡度亦不可能相同，有限的几种不同坡度的爬坡试验道不可能完全满足爬坡试验的要求。为了能够得到较为准确的最大爬坡度试验结果，常需要采用调整配重或变换档位的方法测试汽车的最大爬坡度：

$$\alpha_{\max} = \arcsin\left(\frac{m_z}{m_a} \frac{i_1}{i_n} \sin\alpha_t\right) \tag{8-1}$$

式中　$\alpha_{\max}$——汽车最大爬坡度；

　　　m_z——按试验要求配重后的汽车总质量（kg）；

　　　m_a——汽车满载总质量（kg）；

　　　i_1——1 档速比；

　　　i_n——试验实际选用档位的速比；

　　　α_t——试验坡道的实际坡度。

2. 汽车爬长坡的能力

汽车爬长坡的能力是指汽车在连续长坡的路段上所能达到的平均车速。显然，汽车所能爬过的坡度越大，在连续长坡路段行驶的平均车速越高，说明汽车的爬坡能力越强。汽车爬坡试验所要测试的参数仍然是行驶距离 s 和时间 t。

第三节　汽车经济性试验

由于传统汽车几乎都用内燃机产生动力，因此业内习惯将其称为汽车燃料经济性或燃油经济性。但近些年，汽车产品结构发生了较大变化，除传统汽车外，还有电动汽车（纯电动、油电混合动力、燃料电池汽车）。传统汽车燃料经济性的评价指标是百公里燃油消耗量（L/100km），美国的评价指标是燃烧 1 加仑燃油汽车行驶的里程（mile/gal）。纯电动汽车的经济性评价指标是百公里的能量消耗（kW/100km）；混合动力电动汽车经济性的评价指标是百公里等效燃料消耗量（L/100km）。

在我国，汽车经济性试验（传统汽车：燃料消耗量试验；电动汽车：能量消耗量）的内容和方法没有一个统一的标准。各种不同的车型都有各自不同的标准。不过对于道路试验而言，无论是哪一个版本的标准，也不论是哪一项试验内容（汽车等速燃料消耗量试验、汽车全加速燃料消耗量试验、循环工况燃料消耗量试验等），尽管试验操作方法各不相同，测试参数却基本相同，都是测量汽车行驶的距离 s、时间 t 及燃油的流量 Q。当然，对于电动汽车还需多测一个充电量 E。

一、汽车等速燃料消耗量试验

1. 试验用档位

对于采用手动变速器的车辆，用直接档或最高档；对于采用自动变速器的车辆，用 D 档。

2. 试验车速

对于采用手动变速器的车辆，试验用下限车速为实测汽车直接档或最高档最小稳定车速向上圆整为 10 的整数倍，如果实测汽车直接档或最高档最小稳定车速为 33km/h，则进行汽车等速燃料经济性试验的下限车速为 40km/h；对于采用自动变速器的车辆，试验用下限车速为 50km/h。试验用上限车速各类车辆均为 80% 的最高车速向上圆整为 10 的整数倍；在试验用下限车速和上限车速之间每间隔 10km/h 测一个点。

3. 试验方法

汽车以设定车速匀速通过 500m 的试验路段，试验往返各进行两次，记录汽车每次通过 500m 测试路段的时间和燃料消耗量，计算每次试验的平均车速，并将燃油消耗量换算成每 100km 消耗的燃料升数（L/100km）。试验平均车速的最大误差应小于 ±2km/h，每种车速等速行驶的燃料消耗量为四次测试结果的算术平均值。

二、汽车全加速燃料消耗量试验

1. 试验用档位

对于采用手动变速器的车辆，用直接档或最高档；对于采用自动变速器的车辆，用 D 档。

2. 试验车速

起始车速：对于采用手动变速器的车辆，实测汽车直接档或最高档最小稳定车速向上圆整为 10 的整数倍，如果实测汽车直接档或最高档最小稳定车速为 33km/h，则进行试验的起始车速为 40km/h；对于采用自动变速器的车辆，试验起始车速为 50km/h。

终了车速：80% 的最高车速向上圆整为 10 的整数倍。

3. 试验方法

汽车以设定的起始车速匀速通过 50m 的预备路段，快速踩下加速踏板，记录汽车全加速通过 500m 测试路段的时间和燃料消耗量，将燃油消耗量换算成每 100km 消耗的燃料升数（L/100km）。试验往返各进行两次，四次试验的算术平均值即为试验结果。

三、循环工况燃料消耗量试验

1. 试验工况

15 个城市工况（四个循环）+13 个郊外工况（三个循环），如图 8-1 所示。

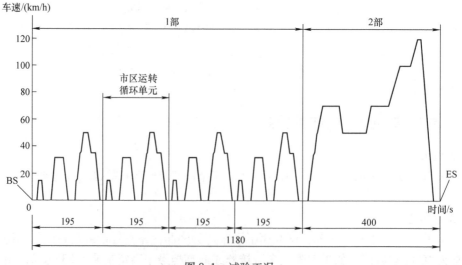

图 8-1 试验工况

2. 试验方法

循环工况燃料消耗量试验在汽车底盘测功机上进行，收集汽车按照上述工况运行全过程所排出的废气量，测试废气中与碳相关的废气量（CO、CO_2、HC），据此按下式计算汽车的燃料消耗量。

$$汽油车\ FC = \frac{0.1154}{D}(0.866 \times HC + 0.429 \times CO + 0.273 \times CO_2) \tag{8-2}$$

$$柴油车\ FC = \frac{0.1155}{D}(0.866 \times HC + 0.429 \times CO + 0.273 \times CO_2) \tag{8-3}$$

式中　　FC——燃料消耗量（L/100km）；

　　　　HC——碳氢化合物排放量（g/km）；

　　　　CO——一氧化碳排放量（g/km）；

　　　　CO_2——二氧化碳排放量（g/km）；

　　　　D——228K（15℃）状态下燃料的密度（kg/L）。

第四节　汽车制动性能试验

汽车制动性能有三项评价内容，即制动效能、制动效能的恒定性和制动时汽车的方向稳定性。尽管各种不同类型的汽车，其制动性能试验的内容都是前述三项，但由于不同类型的汽车其最高车速、最大总质量、使用环境及用途均存在较大差异，因此其具体试验方法（主要是制动初速度、汽车的载荷状态等）略有差异，下面以乘用车为例介绍汽车的制动性能试验。

一、制动效能

制动效能的好坏可用制动距离和制动减速度来评价，由于制动距离能更直接地反映制动效能，因此在进行汽车制动效能试验时，主要测试汽车的制动距离，制动减速度只作为参考。汽车制动的实质是利用机械摩擦将汽车行驶的动能转换成热能的过程，汽车制动时初始速度的上升，制动距离会大幅上升。由此可见，用制动距离评价制动效能时，必须要对制动时的初始速度作出明确规定。汽车空载和满载都应分别进行汽车制动效能试验。

1. 发动机脱开的汽车制动性能试验

试验初始车速为100km/h（最高车速小于100km/h的车辆用最高车速进行试验）。试验时，温度最高的制动器温度应大于100℃；试验在附着系数不小于0.8的平直道路上进行。将汽车加速到规定的制动试验起始车速5km/h以上，脱开档位，当车速下降至设定的起始车速时全力制动。对于没有空档的电动汽车，汽车制动性能的各项试验均在传动系统与电机结合的状态进行。测试参数有车速、距离和时间，制动减速度通常利用车速、距离和时间计算得到。

2. 发动机结合的汽车制动性能试验

试验起始车速：汽车最高车速125~200km/h的车辆，制动试验的起始车速为80%的最高车速；最高车速大于200km/h的车辆，制动试验的起始车速为160km/h。试验时，温度最高的制动器温度应大于100℃；试验在附着系数不小于0.8的平直道路上进行。将汽车加速到规定的制动试验起始车速5km/h以上，保持当前档位，当车速下降至设定的起始车速时全力制动。测试参数有车速、距离和时间，制动减速度通常利用车速、距离和时间计算得到。汽车制动效能试验还包括应急制动系统的制动效能和部分管路失效的制动效能。

二、制动效能的恒定性

制动效能的恒定性包括制动系统的抗热衰退性和涉水恢复性。几乎所有的摩擦材料都具有温度上升、摩擦系数下降的特性。汽车制动不可避免会带来制动器的温升。为了保证行车安全，应确保制动器温升后的制动效能不会有大幅下降，制动器恢复到正常温度后，制动效能应完全恢复到原始状态。涉水恢复性是指汽车涉水后（制动器被水浸泡过后）经过一两次的制动就能完全恢复其制动效能。显然，制动效能恒定性试验所要测试的参数仍然是车速 v、距离 s 和时间 t。

三、制动时的方向稳定性

制动时的方向稳定性是指汽车在左右轮分别在附着系数不相等的路面上制动时应能维持直行状态；汽车在弯道上制动，汽车应不会失去转向能力。只有装用 ABS 的汽车才具有制动的方向稳定性，此项试验事实上是对 ABS 的考核。因此制动时的方向稳定性试验需测试的参数除前述的车速、距离和时间外，还应测试汽车各车轮的转速及制动轮缸中的压力。

第五节 汽车操纵稳定性试验

汽车操纵稳定性是汽车转向操纵性能与汽车行驶稳定性的总称。汽车操纵稳定性试验在国际上尚没有统一的标准，其评价方法有主观评价和客观评价。国际上颇具影响力的汽车公司都很重视主观评价的结果，有的汽车公司甚至将试验工程师对新开发车型操纵稳定性的主观评价结果作为该车型是否可以投放市场的依据。我国专门制定了汽车操纵稳定型的试验标准，共有六项内容，其中操纵性试验标准有二项，分别是转向轻便型试验和蛇行试验；行驶稳定性试验有四项标准，分别是稳态回转试验、转向回正试验、转向盘转角脉冲输入试验和转向盘转角阶跃输入试验。

一、汽车转向轻便性

转向操纵力的大小与汽车行驶速度有关，汽车行驶速度越高，所需的转向操纵力越小；反之，汽车行驶速度越低，所需的转向操纵力越大；汽车原地操纵转向盘（俗称原地操舵）所需的力最大。

1. 汽车转向轻便性的评价指标

尽管汽车在正常行驶过程中很少出现原地操舵的现象，但在狭窄路段掉头或在拥挤的停车场泊车等情况下，有时不可避免会采用原地操舵的操作方式。为此，各国的汽车标准中常将汽车原地操舵所需的最大力作为对汽车转向系统的一项最低要求，各汽车生产厂商必须严格遵守。

国标 GB/T 6323.5 中所列汽车转向轻便性评价指标主要有转向盘最大作用力和转向盘作用功。在此需特别指出的是，国标中的转向盘最大作用力是特指汽车以 (10 ± 2) km/h 的车速沿双纽线轨迹行驶作用在转向盘上的最大作用力。

若单纯就转向轻便而论，显然转向盘最大作用力和转向盘作用功越小越好。但转向轻便往往与"路感"是一对矛盾。转向越轻便,路感会越差。当转向盘最大作用力小到某一数值时,高速行驶的汽车将会失去路感。实践表明,没有路感的车辆是极不安全的。正因为如此,各国乃至不同的汽车公司对汽车转向轻便性都有各自不同的指标值。美系和欧系车转向操纵相对较重,亚系车的转向操纵相对较轻。

2. 试验方法

欲得到转向轻便性的评价指标值,需对汽车沿双纽线轨迹行驶过程中转向盘作用力、转向盘转角进行测试,并利用五轮仪或 GPS 测速系统实时向驾驶人提供车速信息,以确保汽车在试验过程中的行驶速度符合(10 ± 2)km/h 的要求。

二、蛇行试验

汽车低速行驶时较易掌控;高速行驶时操控相对比较困难,尤其是高速行驶在弯道多而急的道路上。欲改善汽车在弯道上高速行驶的转向操纵性能,需进行针对性的试验,经深入研究发现,蛇行穿杆试验是一种考核汽车转向操纵性能的好方法。

1. 试验方法

在任意方向坡度不大于 2% 的平直、干燥、清洁的混凝或沥青路面上,按图 8-2、表 8-1 的规定布置标桩 10 根。试验汽车以近似基准车速二分之一的稳定车速蛇行通过试验路段,逐次提高车速(车速间隔自行选择)蛇行通过试验路段,试验车速最高为 80km/h。

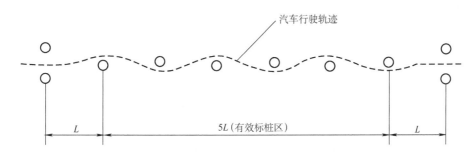

图 8-2 标桩的布置

表 8-1 标桩间距与基准车速

汽车类型	标桩间距/m	基准车速/(km/h)
乘用车、轻型客车及最大总质量小于等于 2.5t 的货车和越野汽车	30	65
中型客车及最大总质量大于 2.5t、小于等于 5t 货车和越野汽车		50
大型客车及最大总质量大于 6t、小于等于 15t 的货车和越野汽车	50	60
特大型客车及最大总质量大于 15t 的货车和越野汽车		50

2. 评价指标

(1)蛇行车速 大量的试验表明,能够有效蛇行通过试验路段的车速越高,其转向操纵性能越好。试验标准规定,蛇形试验的最高车速为 80km/h,但对于转向操纵性能差的车辆,往往达不到 80km/h 的蛇行车速。显然,蛇行车速是蛇行试验最重要的评价指标。

(2)平均转向盘转角 汽车蛇行时,转向盘平均转角的大小反映了转向操纵的灵敏性。

转向操纵的灵敏性与转向轻便性是一对矛盾，尽管动力转向系统的广泛应用使得这一矛盾不像以往那样突出，但若既要转向灵敏又要转向轻便则必然带来另外一些问题：1）动力转向系统的能耗增加，进而影响汽车的燃料经济性；2）汽车高速行驶时将失去路感（解决这一问题最好的办法是采用电动助力转向系统）。

（3）平均横摆角速度　横摆角速度是汽车行驶稳定性的重要评价指标之一，尽管蛇行试验的目的是考核汽车的转向操纵性能，但若汽车在行驶过程中正常的转向操纵会带来行驶稳定性的下降，显然这类汽车的转向操纵性能肯定不符合行驶安全的要求。

（4）平均侧向加速度　侧向加速度是曲线运动的固有特征，其大小与汽车行驶的速度和曲线曲率的大小有关，速度越高、曲率越大，则侧向加速度越大，若不同的车辆以相同的速度沿曲线行驶，其侧向加速度的大小与曲线曲率成正比。图8-2中的虚线是汽车蛇行试验的理想轨迹，事实上，众多的汽车高速通过蛇行试验路段的实际轨迹会明显偏离那条理想的轨迹曲线。其偏离量越大，则实际轨迹曲线的曲率越大，汽车蛇行的侧向加速度越大，汽车遵循驾驶人给定行驶路线的能力越差，即汽车转向操纵性能越差。

三、稳态回转试验

汽车的行驶稳定性与转向特性直接相关，具有过度转向特性的车辆转弯行驶时易出现危险的急转而翻车的现象。基于行车安全的考虑，应使汽车具有一定的不足转向量。稳态回转试验的目的在于测试汽车的转向特性，评估汽车弯道行驶的安全性。

1. 评价指标

判断汽车转向特性最直接的方法是：在保持转向盘转角不变的情况下，若汽车的转弯半径随车速的上升而增大，即不足转向特性；反之，汽车的转弯半径随车速的上升而减小，即过度转向特性；若汽车的转弯半径不随车速的变化而变化，即中性转向。显然，**转弯半径比**是汽车转向特性最直接的评价指标。汽车具有不同转向特性的直接原因是轮胎的**侧偏特性**，**前后轮侧偏角差**是汽车转向特性的另一个评价指标。汽车转弯行驶时，车身侧倾角大会给人一种极不安全的感觉，因此汽车稳态回转的第三个评价指标是**车身侧倾角**。

2. 试验方法

在试验场地上用明显颜色画出半径为15m或20m的圆周，驾驶人操纵汽车以最低稳定速度沿所画圆周行驶，测出汽车的行驶车速及转向盘转角，固定转向盘不动，缓缓连续而均匀地加速（纵向加速度不超过$0.25m/s^2$），直至汽车的侧向加速度达到$6.5m/s^2$（或受动力系统功率限制而所能达到的最大侧向加速度或汽车出现不稳定状态）为止，记录汽车横摆角速度、前进车速、车身侧倾角、汽车纵向加速度和侧向加速度。

四、转向回正性能试验

为了减轻驾驶人的疲劳，汽车驶离弯道后，应能自动回复到原来的直行状态。汽车的这种性能正好使其具有维持直行的能力，是汽车行驶稳定性的重要保证。汽车回正能力过强，会带来转向轮摆振，汽车回正能力的大小随车速的上升而增大。为此，欲了解汽车的回正性能，需测试汽车高速和低速的回正能力。

1. 试验方法

（1）低速回正性能试验　在试验场地上用明显的颜色画出半径为15m的圆周，试验车直线行驶，记录各测量变量零线，然后调整转向盘转角，使汽车沿半径为（15±1）m 的圆周行驶，调整车速，使侧向加速度达到（4±0.2）m/s² ，固定转向盘转角，稳定车速并开始记录，等待 3s 后，突然松开转向盘（加速踏板的位置保持不变）记录松手后至少 4s 的汽车运动过程。对于侧向加速度达不到（4±0.2）m/s² 的汽车，按所能达到的最高侧向加速度进行试验。

（2）高速回正性能试验　试验车以最高车速的 70%（按四舍五入的方法圆整为 10 的整数倍）的车速直行，逐渐转动转向盘，直到汽车的侧向加速度达到（2±0.2）m/s²，待汽车稳定后，突然松开转向盘记录松手后至少 4s 的汽车运动过程。

2. 评价指标

汽车转向回正性能的影响因素除前面提及的回正能力的强弱外，还有回正的快慢。其评价指标是：超调量、稳定时间、残留横摆角速度及横摆角速度的自然频率。

五、转向盘转角脉冲输入试验

汽车在行驶过程中，有时需要紧急避让突如其来的障碍，其操作方法是突然向左（或向右）将转向盘转过某一角度，在极短的时间内迅速将转向盘拉回原直行位置。汽车在如此的状态下也应能安全稳定行驶。

1. 试验方法

试验车以 70% 最高车速（按四舍五入圆整为 10 的整数倍）直线行驶，在 0.3s（最多不超过 0.5s）的时间内给转向盘一个三角脉冲转角输入后保持转向盘不动直到回到稳定的直行状态。试验过程中，转向盘的最大转角应使汽车最大侧向加速度为 4m/s²。记录试验的全过程。

2. 评价指标

汽车转向系统是复杂的动态系统，传递函数和频率响应函数能完整地表达任一系统的动态特性。由于脉冲响应函数和频率响应函数是一对傅里叶变换对，脉冲输入简单易行，因此常用脉冲输入法获取系统的频率响应函数。频率响应函数是复函数，函数的模称为幅频特性，函数的相位差称为相频特性。转向盘转角脉冲输入试验的评价指标是汽车横摆角速度的幅频特性和相频特性。

六、转向盘转角阶跃输入试验

对于汽车转向操纵而言，转向盘转角脉冲输入只是一种理论上的概念，实际能够达到的效果是三角波输入而并非脉冲，由此得到汽车横摆角速度的幅频特性和相频特性并不能完整地表达转向系统的动态特性，为此还希望借助于其他典型输入一并来评价汽车转向系统。比较容易实现的就是转向盘转角阶跃输入。

1. 试验方法

试验车以 70% 的最高车速（四舍五入将其圆整到 10 的整数倍）直线行驶，待稳定后以尽可能快的速度（起跃时间不大于 0.2s 或起跃速度不低于 2000°/s）转动转向盘，使其达到预先选好的位置（按稳态侧向加速度值 1~3m/s² 确定，从侧向加速度为 1m/s² 做起，每间隔 0.5m/s² 进行一次试验）固定数秒钟（待所测变量过渡到新稳态值），记录试验全过程，记录过程中保持车速不变。

2. 评价指标

转向盘转角阶跃输入试验的评价显然应依据记录的横摆角速度与侧向加速度阶跃响应试验曲线，计算出表征阶跃响应曲线的特征量：响应时间、超调量及总方差。

第六节　汽车行驶平顺性试验

测试汽车行驶平顺性的目的在于：1）保证乘员舒适与健康；2）避免货物在运输途中损坏。振动是导致乘员感到不适及货物损坏的直接原因。振动的大小可以用位移、速度和加速度三者中任意一个量完整地描述，对于高速行驶的汽车而言，由于加速度是最容易测试的量，因此汽车行驶平顺性的测试量是汽车行驶时的振动加速度。

一、试验方法

1. 试验车配载

汽车行驶平顺性试验应按汽车最大总质量配载，根据需要可以增做其他载荷状态的试验。

（1）测试部位配载　测试部位的载荷应为身高 1.70m±0.05m、体重 65kg±5kg 的真人。

（2）非测试部位配载　非测试部位按照表 8-2 配载。载荷物应均匀分布且固定牢靠，试验过程中配载物不应晃动和颠离配载处。

表 8-2　试验车非测试部位配载　　　　　　　　　　　　　　　（单位：kg）

车型			人均质量	行李质量	配载物分布			
					座椅上方	座椅前地板	车顶拉手上	行李舱/架
商用车、专用车			65	—	55	10	—	—
客车	长途客车		60	30	50	10	—	13
	公交车	座位	60	—	50	10	—	—
		站位	60	—	—	55	5	—
	旅游客车		60	22	50	10	—	22
乘用车			60	5	50	10	—	5

2. 测点处人的坐姿

测点处的乘员应全身放松，佩戴安全带，双手自然放在大腿上，自然靠在座椅靠背上；驾驶人的双手自然置于转向盘上。试验过程中，乘员和驾驶人的姿势保持不变。

3. 脉冲试验用凸块

脉冲试验采用如图 8-3 所示的三角形凸块。试验要求不同，脉冲试验也可用其他类型的凸块或减速板。

4. 传感器的安装

汽车行驶平顺性试验用振动加速度传感器，可以是压电晶体式加速度传感器，也可采用电容式加速度传感器，测试部位分别为：

M 类车辆：驾驶人座椅及同侧后排座椅；

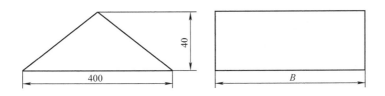

图 8-3　三角形凸块

B—根据需要确定，车型不同，B 的数值各不相同，其值必须大于轮宽

N 类车辆：驾驶人座椅、车厢地板中心、驾驶人同侧距车厢边板和车厢后板各 300mm 的地板上。

座椅处的测试，需在坐垫上方、座椅靠背、脚步地板 3 个不同点分别安装 3 个三向加速度传感器，传感器的安装位置如图 8-4 所示。车厢地板处的测试，只需安装单向加速度传感器测试其垂直振动。

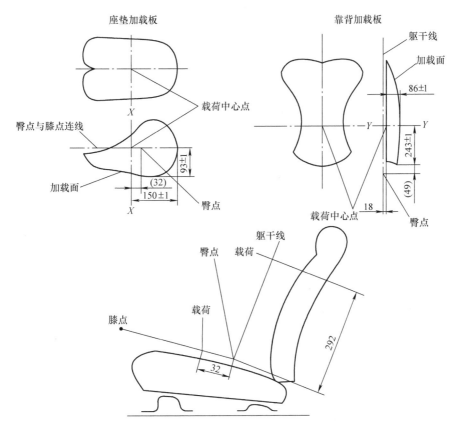

图 8-4　加速度传感器安装位置图

5. 试验车速

脉冲输入行驶试验的车速：10km/h、20km/h、30km/h、40km/h、50km/h、60km/h。

随机输入行驶试验通常应分别在良好路面和一般路面两种不同的道路上进行，其试验车速要求分别是：

1）良好路面上的试验车速：40km/h～最高设计车速（不超过试验道路规定的最高行驶速度）之间，每间隔 10km/h 或 20km/h 做一次试验。

2）一般路面上的试验车速：M 类车辆 40km/h、50km/h、60km/h、70km/h；N 类车辆 30km/h、40km/h、50km/h、60km/h。

6. 试验方法

（1）脉冲输入行驶试验　将凸块放置在试验道路中间与汽车行驶方向垂直的直线上，按汽车轮距调整好两个凸块的间距。试验时汽车以规定的车速匀速驶过凸块，在汽车通过凸块前 50m 应稳住车速，当汽车前轮接近凸块时开始记录传感器的输出信号，待汽车驶过凸块且冲击响应消失后停止记录。每种车速有效试验次数不少于 5 次。

（2）随机输入行驶试验　汽车按照规定的车速匀速通过试验路段，试验过程中尽可能匀速行驶，速度波动应控制在 ±4% 试验车速以内。样本记录的有效长度不小于 3min。

汽车行驶平顺性试验的数据处理与评价见第五章。

第七节　汽车噪声试验

为了减小噪声对人体健康的影响，我国政府早在 20 世纪 80 年代初就制定了环境噪声、发动机噪声、汽车行驶噪声等各类标准，对于控制噪声污染起到了重要作用。

一、汽车行驶噪声试验方法

汽车行驶噪声的测试有车外噪声（加速行驶）和车内噪声（匀速行驶、油门全开加速行驶、定置），其中加速行驶的车外噪声反映的是汽车噪声对环境的影响；匀速、油门全开行驶与定置的车内噪声反映的是汽车噪声对驾驶人及乘员的影响。

1. 加速行驶车外噪声的测试方法

汽车加速行驶车外噪声的测试在空旷的室外场地上进行，测试场地的要求及声传感器的安装位置如图 8-5 所示。加速路段长 2×（10m±0.05m），AA′（或 BB′）为汽车加速的始端线，BB′（或 AA′）是汽车加速的终端线。汽车按规定的档位和车速沿中心线稳定行驶，当汽车前端到达始端线时，以尽可能快的速度踩下加速踏板并保持不变，直到汽车尾端通过终端线。试验往返各进行 2 次，用声级计的快档记录汽车通过测试区的最大声级，每次测得的分贝数减去 1dB（A）作为测试结果。同侧 4 次测试结果的最大差值应小于 2dB（A），否则应重新测试。汽车进行噪声测试时必须是空载。

2. 车内噪声的测试方法

汽车车内噪声测试包括匀速行驶、油门全开加速行驶和车辆定置三种不同工况，测试位置如图 8-6 所示。车辆载荷状态：空载、只允许测试设备和必不可少的人员留在车内（驾驶室内的人员不得超过 2 人）；开口（天窗、进风口、出风口等）必须关闭；辅助装置（刮水器、空调系统等）在噪声测试过程中不得工作。测点数：对于轿车和载货汽车，至少应包括驾驶人座椅和乘客座椅 2 个点；对于小型客车，至少应测试驾驶人座椅、中间座椅及后排座椅 3 个点；对于中型及大型客车，则至少应测试驾驶人座椅、中间座椅、后轴上方座椅和后排座椅等 4 个点。

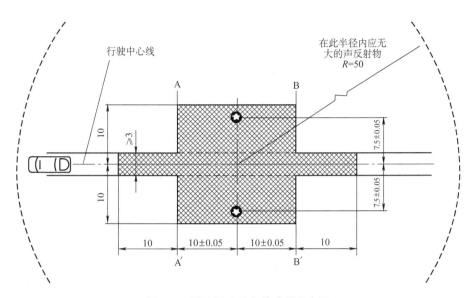

图 8-5 测试场地及声传感器的布置

注：图中尺寸单位是 m；☆处是声传感器的安装位置，声传感器离地高 1.2m±0.02m。

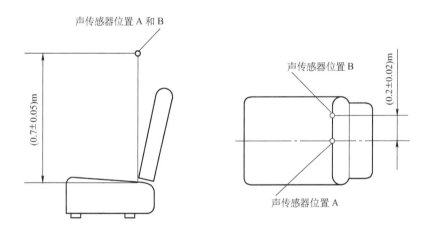

图 8-6 车内噪声的测试位置（测试驾驶人座椅处噪声时应将声传感器置于 B 位置，其他座椅处应将生传感器置于 A 位置）

（1）匀速行驶的车内噪声　在 60km/h 或 40% 的最高车速（取小者）至 120km/h 或 80% 的最高车速（取小者）的范围内至少以等间隔的 5 种车速进行 A 声级的测量。

（2）油门全开加速行驶的车内噪声　汽车用最高档（若变速器置最高档，发动机额定转速的 90% 所对应的车速超过 120km/h 时，选用次高档）以 45% 的发动机额定转速所对应的车速油门全开加速至 90% 的发动机额定转速所对应的车速或 120km/h 的车速（取小者），记录车内各测点噪声 A 声级的最大值。

（3）定置噪声　将变速器置于空档，起动发动机使之以怠速稳定运转，尽可能快地将油门全开，发动机达到高转速后至少保持 5s，记录发动机怠速运转的噪声和发动机加速运转过程的最大噪声。

在进行汽车噪声测试之前,应进行一定里程的预热行驶,直至达到正常的热状态。

第八节　汽车道路性能试验用仪器设备

汽车技术与产业的高速发展,需要进行试验的项目和内容越来越多。为了节省试验成本、简化试验过程、提高试验效率,近些年汽车试验仪器生产企业基于美国国家仪器公司提出的虚拟仪器的概念,开发出了以计算机为平台、以软件为核心、可以根据试验项目和内容的实际需要灵活组合、能完成汽车道路试验全部内容的仪器系统——汽车道路动态试验系统。该试验系统除具有上述汽车各项性能试验的功能外,还可以进行各类探索、研究性的试验,如:车轮的运行姿态、车身的仰俯与侧倾、温度场与声传递特性等。图8-7所示是汽车道路动态试验系统的组成示例。

图8-7　汽车道路动态试验系统

一、汽车动力性、经济性及制动性试验用仪器设备

由前面的分析可知,汽车性能试验需测试的量主要是距离 s 和时间 t,对于试验过程需要得到的速度 v 和加速度 a(减速度即负的加速度)可以由 $v=\dfrac{\mathrm{d}s}{\mathrm{d}t}$ 和 $a=\dfrac{\mathrm{d}^2 s}{\mathrm{d}^2 t}$ 计算得到。用于汽车性能道路试验中测试距离 s 和时间 t 的设备称为五轮仪,名称的由来是:早期的汽车通常只有四个车轮,早期用来测试汽车行驶距离和时间的设备是利用挂在汽车上的第五个车轮,故称其为五轮仪。汽车试验用五轮仪已发展了第三代(图8-8),尽管第二代和第三代的五轮仪已不再用第五车轮,但业内仍习惯于将其成为五轮仪。由于第一代五轮仪需要第五车轮在路面上滚动来完成相关测试,所以将其称为接触式五轮仪;第二代利用光电传感器实现非接触测试;第三代利用的是卫星定位原理完成测试。

a) 接触式五轮仪

b) 非接触式五轮仪

c) GPS五轮仪

图8-8　汽车试验用五轮仪

任何类型的五轮仪均可完成汽车动力性和不带 ABS 的汽车制动性能中全部项目的试验工作。通常，五轮仪均自带有燃油流量传感器的接口，对于以内燃机为动力的传统汽车，配上一个燃油流量传感器便可以完成汽车经济性试验全部项目的测试工作；对于电动汽车的能量消耗量试验，只需再配一块电度表就可满足其经济性试验的要求。图 8-9 所示是目前常用的燃油流量传感器，可用于所有流体类燃料（汽油、柴油、酒精及生物燃料等）发动机汽车及混合动力电动汽车燃料经济性试验。

图 8-8b 所示的非接触式五轮仪就是第七章介绍的虚拟仪器系统在汽车试验中的典型应用，在该非接触式五轮仪的基础上配置 4 个车轮增量传感器（图 8-10）、4 个制动管路压力传感器（图 8-11）和 1 个制动踏板开关就可以完成各类汽车制动性能全部项目的试验工作。

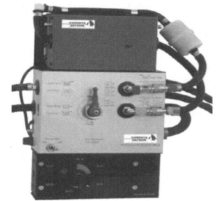  

图 8-9　燃油流量传感器　　　图 8-10　车轮增量传感器　　　图 8-11　管路压力传感器

二、汽车操纵稳定性试验设备

尽管汽车操纵稳定性六项试验的内容、目的和方法各不相同，但将各项试验所要测试的量综合起来大致是汽车的纵向行驶速度与加速度、横摆角速度、侧向加速度、车身侧倾角、转向盘转角与转矩等。显然，汽车纵向行驶速度与加速度的测量用前面述及的 3 种五轮仪中的任何 1 种均可实现；转向盘转角与转矩的测量通常采用转向盘转矩/转角传感器。横摆角速度、侧向加速度及车身侧倾角的测试则有 2 种不同的设备组合方式：

1）利用陀螺仪测量车身侧倾角、惯性式加速度传感器测试汽车的侧向加速度（此二者常做成一个整体），利用式（8-4）计算汽车横摆角速度

$$\omega_\tau = \frac{a_y}{v_a} \tag{8-4}$$

式中　a_y——汽车的侧向加速度（m/s²）；

　　　v_a——汽车的纵向行驶速度（km/h）。

2）利用安装在车身两侧的 2 个高度传感器测出汽车左右侧离地的高度 h_l、h_r，利用式（8-5）计算车身侧倾角

$$\varphi = \arctan \frac{|h_l - h_r|}{L} \tag{8-5}$$

式中　L——车身左右两侧高度传感器的距离。

利用测向速度传感器测试汽车的横向速度 v_y（汽车纵向速度和横向速度传感器常做成一体），将其对时间微分即是汽车的侧向加速度 $a_y\left(a_y=\dfrac{\mathrm{d}v_y}{\mathrm{d}t}\right)$，将相关量代入式（8-4）便可计算出汽车的横摆角速度 ω_τ。汽车操纵稳定性试验设备如图 8-12 所示。

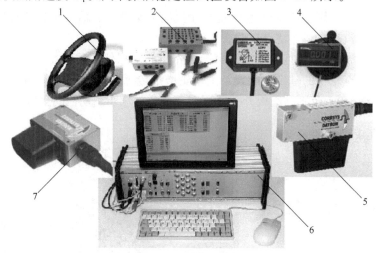

图 8-12　汽车操纵稳定性试验仪器系统
1—转向力/转向角传感器　2—配电盒　3—带侧向加速度传感器的陀螺
4—外接数显　5—高度传感器　6—带数采的计算机系统　7—双向速度传感器

三、汽车行驶平顺性试验用仪器设备

汽车行驶平顺性试验所要测试的参数是汽车的行驶车速 v_a 和振动加速度（a_x，a_y，a_z），相应的测试仪器是 GPS 速度传感器（最方便）和三向加速度传感器，如图 8-13 所示。

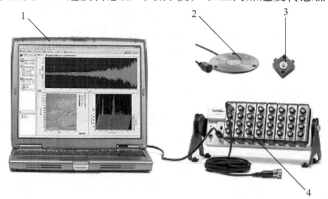

图 8-13　汽车行驶平顺性测试系统
1—信号处理计算机　2—加速度传感器（座椅）　3—加速度传感器（车厢底板）　4—数采

四、汽车噪声试验用仪器设备

汽车噪声试验用仪器设备主要是精密声级计（图 8-14）和信号采集与处理设备。由于

汽车行驶噪声分析处理的方法与所用的工具与汽车振动及行驶平顺性试验相近，所不同的是噪声分析设备要求有较高的采样频率。因此采样频率高的振动分析设备均可用于汽车行驶噪声的处理。即便是专用的汽车行驶噪声分析设备，其组成与工作原理亦与前面介绍的汽车行驶平顺性处理设备相同，故在此不再重复。

图 8-14　精密声级计

第九章 汽车室内台架试验系统

汽车室内台架试验的特点是精度高、试验不受室外环境条件的影响，因此试验效率高、试验结果的重复性好。室内台架试验系统不仅可以进行机构、总成及零部件试验，如发动机、变速器、悬架系统等的性能及其结构强度、刚度、疲劳寿命、耐久性等，还可进行整车性能试验，如动力性、经济件、制动性、操纵稳定性、平顺性等。

第一节 汽车整车性能室内台架试验系统

汽车性能只有在运行过程中才能体现出来，为此要想在室内进行整车性能试验，就必须让汽车运行起来。然而，将试验道路建在室内不太现实，为此常利用转鼓替代汽车行驶的路面，即转鼓试验台，又称汽车底盘测功机，是汽车在室内进行整车性能试验最基础的设备。

一、汽车底盘测功机的结构形式

汽车底盘测功机有二轮单鼓、二轮双鼓、四轮单鼓和四轮双鼓等多种不同的结构形式，如图9-1、图9-2、图9-3和图9-4所示。双鼓式汽车底盘测功机其转鼓直径较小，大多在300mm～500mm之间；单转鼓式汽车底盘测功机的转鼓直径较大，目前转鼓直径最大的汽车底盘测功机，其转鼓直径达6300mm；转鼓直径最小的单鼓式汽车底盘测功机，其转鼓直径通常也在500mm以上。

图9-1 二轮单鼓

图9-2 二轮双鼓

图9-3 四轮单鼓

图9-4 四轮双鼓

汽车底盘测功机的结构形式和转鼓直径的大小对试验精度有很大影响。要想获得高精度的测试结果，常采用大直径的单转鼓式汽车底盘测功机。其原因是：当转鼓直径 D 远大于车轮直径 d 时，车轮在转鼓上行驶的动力学特征与在道路上行驶时的动力学特征十分接近，即转鼓曲率对测试精度的影响非常小。理论和实践都表明，当转鼓直径达到6m时，转鼓曲率对测试结果的影响几乎可以完全忽略不计；若继续增大转鼓的直径，对测试精度的贡献已微乎其微，但设备的制造成本会大幅上升。因此，在进行高精度汽车动力性和经济性试验时，多采用大直径单鼓式汽车底盘测功机，尤其是大直径四轮单鼓式汽车底盘测功机。对于单轴驱动的汽车亦是如此，因为四轮转鼓能准确再现汽车行驶时的滚动阻力。由于大直径单鼓式汽车底盘测功机体积庞大、制造成本因转鼓直径的增大而大幅提高，因此，对于滚动阻力的大小对测试结果不构成明显影响的试验项目，如汽车噪声、排放、行驶可靠性与耐久性等试验项目则通常采用体积小、制造成本较低的双鼓式汽车底盘测功机或转鼓直径相对较小的单鼓式汽车底盘测功机。

对于双鼓式汽车底盘测功机，由于转鼓直径不可能做得很大，因此转鼓曲率对测试结果的影响不可忽视。不仅如此，由图9-5不难看出，车轮在双鼓上运行的受力状态与在道路上行驶时的受力状态完全不同。汽车在双鼓式底盘测功机上运行时，车轮由二个转鼓支撑，其支撑力 F_1 和 F_2 与车轮的垂直载荷 G 间的夹角为 α，若忽略车轮驱动力所带来的转鼓支撑力的变化，则此三力之间的关系是

$$G = (F_1 + F_2)\cos\alpha \tag{9-1}$$

由于 $\cos\alpha < 1$，因此 $F_1 + F_2 > G$，汽车在转鼓上行驶的滚动阻力比在道路上行驶的阻力大。车轮半径越大，α 越小，G 与 $F_1 + F_2$ 的差值越小；车轮半径越小，α 越大，G 与 $F_1 + F_2$ 的差值越大。此外，由于汽车在双鼓上车轮与转鼓的作用状态与在路面上的作用状态存在很大的差异，由此亦会带来较大的测试误差。

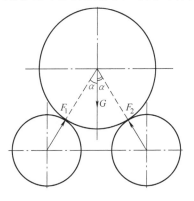

图9-5 车轮双鼓式汽车底盘测功机在转鼓上的受力

二、汽车底盘测功机的结构原理

汽车底盘测功机主要由测功机、传感器、转鼓组件、控制系统与车辆固定装置等组成，如图9-6所示。转鼓4是汽车室内性能试验的行驶"路面"；汽车在室内试验时，由于汽车没有移动，只是车轮推动转鼓转动，汽车在道路上行驶的空气阻力、坡道阻力及加速阻力均不存在，因此需要借用测功机1模拟汽车行驶时的空气阻力、坡道阻力及加速阻力；为了得到测试结果，需要在汽车底盘测功机上安装各种传感器，如转矩传感器、转速传感器等；为了获得所需的测试精度，需对模拟汽车行驶的各种阻力及汽车的驾驶操作进行准确控制，其控制对象是测功机1和自动驾驶仪2；为保证汽车在底盘测功机安全可靠运行，需要一套专用的车辆固定装置9。

汽车底盘测功机的核心部分是测功机和计算机控制系统，当然，为了满足某些特殊性能试验的需要，需对汽车底盘测功机的机械部分（转鼓组件、动力传动装置、测功机等）进行特殊设计。如需在室内测试汽车的行驶噪声，要用专门设计的低噪声汽车底盘测功机。

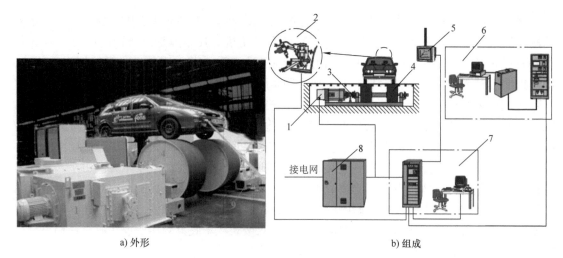

a) 外形　　　　　　　　　　　　　b) 组成

图 9-6　汽车底盘测功机的组成

1—测功机　2—自动驾驶仪　3—测试用传感器　4—转鼓
5—显示器　6—实验室中心机房　7—主控计算机　8—电源柜

测功机有水力、电涡流和电力等多种不同的结构形式。由于电力测功机既可模拟汽车行驶时的各种阻力，又可利用其驱动功能模拟汽车的惯性，因此装用电力测功机的汽车底盘测功机具有最优的各项性能。此外，电力测功机在模拟汽车行驶阻力的过程中处于发电模式，车轮施加给测功机的机械能被转换为电能并回馈给电网，因此它具有良好的节能效果。

水力测功机和电涡流测功机都不具有驱动功能，为了模拟汽车行驶时的惯性，常在汽车底盘测功机上配有可自由组合的惯性飞轮组。

计算机控制系统是汽车底盘测功机的"神经中枢"，用于控制试验的全过程。底盘测功机性能的优劣在很大程度上取决于计算机控制系统软件的功能。

三、汽车整车室内台架试验的内容

汽车整车室内台架试验的内容十分丰富，除前面述及的汽车动力性和经济性的各项性能外，室内台架还可用于进行汽车制动性能试验、汽车特殊环境试验（图1-13a）、汽车噪声试验（图1-13b）、汽车操纵稳定性试验、汽车行驶平顺性试验、汽车排放试验及其他各类研究性试验。

汽车动力性、经济性、噪声、特殊环境、可靠性与耐久性等室内试验，所用的主体基础设备都是汽车底盘测功机，对于不同的试验项目，视其试验内容和要求的不同，在室内构建与之相适应的测试环境，并补充相应的传感器就可完成相关的试验。下面仅简要介绍试验设备较为特殊的汽车操纵稳定性和行驶平顺性试验。

1. 汽车操纵稳定性试验系统

由于汽车操纵稳定性试验直接影响行车安全，因此世界各大汽车公司都十分重视。但汽车操纵稳定性的实车试验往往比较困难，如：高速蛇行、高速回正、转向盘转角脉冲、转向盘转角阶跃等项目的试验。除此之外，还有更极端工况的试验，如汽车高速紧急避障、汽车下陡坡失去速度控制状态下的急转等试验在实车上几乎根本不可能进行，但类似的上述极端工况在实际的行驶过程中不时还会发生。为很好地解决汽车操纵稳定性问题，有些汽车公司开始利用模拟试验台（图9-7）进行汽车操纵稳定性试验。汽车操纵稳定性模拟试验台主要有驾驶舱3、驾驶模拟器2、汽车行车场景显示系统1、液压伺服系统4、计算机控制系统5及各种传感器等组成。传感器的选用由试验内容确定：对于前面所述的汽车操纵稳定性试验内容，需装用的传感器有激光陀螺、车身三向加速度传感器、转向盘转角/转矩传感器（有的操纵稳定性模拟试验台自带转向盘转角/转矩传感器）等。传感器的安装和在汽车上的安装相同。将汽车的整车参数及与汽车操纵稳定性相关的汽车总成部件的参数（如车轮的垂直与侧向刚度、悬架的刚度与阻尼比、转向器的结构形式、转向系统的刚度与阻尼、整车质量与轴荷分配等）、试验所需的道路状态参数与试验内容等输入模拟试验台的计算机控制系统，计算机控制系统便可配制出试验所需的试验场景，并控制液压伺服系统根据试验操作的要求同步驾驶舱的运动。

图9-7 汽车操纵稳定性模拟试验台
1—行驶场景显示器 2—驾驶模拟器 3—驾驶舱 4—液压伺服系统 5—计算机控制系统

2. 汽车行驶平顺性试验系统

汽车行驶平顺性台架试验需在专门的单鼓四轮式汽车底盘测功机上进行，如图9-8所示。该底盘测功机与前面述及的单鼓四轮式汽车底盘测功机的最大区别是：1）四个转鼓不是固定的，它可以根据所加载的路谱上下运动；2）转鼓表面装有与所试路面状态接近的一层特殊组件（图9-9）。需要在不同路面上的行驶平顺性试验时，只需更换安装在转鼓表层的与所试路面相对应的组件，并输入相应的路谱，试验时汽车底盘测功机的四个转鼓在

图9-8 汽车行驶平顺性试验台

转动时依据路谱进行振动。该底盘测功机除可进行室内汽车行驶平顺性试验外，还可以进行汽车整车的行驶可靠性与耐久性试验。

图 9-9 转鼓表面状态

第二节 汽车整车道路振动模拟试验系统

汽车整车的振动特性、汽车结构件与传力部件的结构疲劳强度、整车异响评估、汽车悬架与车身的可靠性、耐久性等性能参数，是汽车研发过程中必需的重要技术资料。为了快速方便地获得这些性能参数，目前国际上的汽车制造商普遍采用汽车整车道路振动模拟试验系统。

汽车整车道路振动模拟试验于 20 世纪 60 年代中期开始用于研究汽车整车可靠性，近些年该项试验技术的发展十分迅速，其应用范围已拓展到整车异响评估、噪声与汽车整车动态特性研究等领域。汽车整车道路振动模拟试验的工作原理是：根据引起汽车疲劳损伤的主要因素，编排汽车在典型道路或汽车试验场行驶的路面，采集汽车在典型道路或汽车试验场行驶过程中车轮轴头的振动响应信号，通过对所采信号的编辑和处理，获得汽车在行驶过程中的道路谱；然后，将汽车置于汽车整车道路振动模拟试验台上进行试验。在试验的起始阶段，先将汽车视作一个未知的控制系统，给车轮激振器一个噪声信号的驱动，通过测量该噪声信号产生的车轴响应及计算频率响应函数识别该未知系统。编排后的道路谱信号是道路振动模拟试验期望得到的响应信号，将从车轴测得的频率响应函数信号与之进行比较，并通过反复迭代计算逐渐修正初始驱动信号，以得到模拟路面行驶所需的高精度目标驱动信号，再将获得的目标驱动信号作为输入进行试验。

汽车整车道路振动模拟试验台分为电动式和电控液压伺服式，由于电控液压伺服式道路模拟振动试验台具有制造成本相对较低且性能优良等特点，因此得到了广泛应用。汽车整车道路振动模拟试验台由液压站、带车轮（或车轴）托架的液压伺服激振器、路谱模拟控制器等组成。早期的汽车道路振动模拟试验台大多采用单轴式结构，如图 9-10 所示。尽管单轴振动试验方法作为一种通用试验方法的实用性已经被工程试验所证实，并以此为基础制定了许多振动环境试验的标准和规范，但用单轴振动模拟汽车实际运行过程中的多轴振动环境的真实性仍受到质疑。为了获得更加精确、可靠的试验结果，三轴六自由度的汽车整车道路振动模拟试验系统受到了行业各界的广泛重视，已成为汽车制造与产品研发部门的主流设备。美国 MTS 公司生产的 MTS329 型汽车整车道路振动模拟试验台（图 9-11）除具有前面述及的全部试验功能外，还增设了转向模拟功能，即可以模拟汽车转向行驶时所产生的附加侧向力，因此试验结果更加真实可靠。

图 9-10　单轴汽车道路振动模拟试验台　　　图 9-11　三轴六自由度的汽车整车道路振动模拟试验台

第三节　汽车排放试验系统

自 1957 年美国颁布实施世界上第一部汽车排放法规以来，世界各国陆续制定了自己的汽车排放法规。我国 1983 年才出台了第一项汽车排放标准，其内容是检测汽油车怠速污染物浓度和柴油车自由加速的烟度。但到 20 世纪末，由于汽车保有量快速增长，汽车所带来的大气环境污染日益严重。我国对大城市大气环境监测的结果表明，汽车排放对大气环境污染的贡献率已超过 60%。为了改善大气环境质量，我国自 2001 年开始改变过去只检测汽油车怠速污染物浓度和柴油车自由加速烟度的方法，制定了我国的第一部汽车排放法规，对新开发的车型采用工况法检测汽车排放有害气体的总量。由于受设备条件和可操作性等因素的限制，对于新车的出厂检验和在用车的排放检测一直沿用老标准，直到 2005 年才出台了新的简易工况法（点燃式发动机汽车）、自由加速及加载减速（压燃式发动机汽车）的汽车排放标准，2018 年对这两个标准进行了修订与升级。

一、汽油车双怠速及简易工况法排放测试系统

我国汽车排放标准 GB18285—2018《汽油车污染物排放限值及测量方法（双怠速法及简易工况法）》中所述及的双怠速是指：发动机的怠速和"高怠速"两种运行状态。严格地讲，发动机的怠速只有一种，即发动机在无负荷状态下的最低稳定转速。标准中的高怠速是为了表达方便而创造出的一个特殊名词（发动机原本不存在所谓的高怠速），国标规定，轻型汽车的高怠速转速为（2500±200）r/min；重型汽车的高怠速转速为（1800±200）r/min。双怠速排放的测试方法是：测试发动机怠速运行和高怠速运行工况所排出废气中 HC、CO 和 NO_X 等有害气体的浓度。

国标中定义的简易工况有三种，即：稳态工况、瞬态工况和简易瞬态工况，对于机动车生产企业，可任选其中一种。由于瞬态工况和简易瞬态工况排放检测的测定值是汽车按照规定的工况行驶 1km 所排出 HC、CO、NO_X 和 CO_2 等气体成分的质量（g），其检测设备应具有和下面将要介绍的"工况法"所用设备相同的功能，因此很少在实际中得到应用。

稳态工况排放检测，国标定义了两种匀速运行工况、两种加速工况、一种减速工况，见图 9-12 和表 9-1。

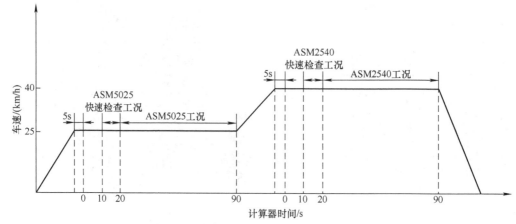

图 9-12　稳态工况法（ASM）测试运转循环

表 9-1　稳态工况法（ASM）测试运转循环表

工况	运转次序	速度/(km/h)	操作持续时间 mt/s	测试时间 t/s
5025	1	0~25	—	—
	2	25	5	
	3	25	10	
	4	25	10	90
	5	25	70	
2540	6	25~40	—	—
	7	40	5	
	8	40	10	
	9	40	10	90
	10	40	70	

双怠速排放测试所需的测试设备是能够检测 HC、CO 和 NO_X 等有害气体的废气分析仪。目前用得较多的是四气或五气分析仪，如图 9-13 所示；对于稳定工况的汽车排放检测，则需要将图 9-13 所示的四气或五气分析仪与图 9-1 和图 9-2 所示的汽车底盘测功机配合使用。

二、柴油车烟度测试系统

GB 3847—2018《柴油车污染物排放限值及测量方法（自由加速法及加载减速法）》中规定，应对柴油车发动机全负荷稳定运转、自由加速及加载减速等运行

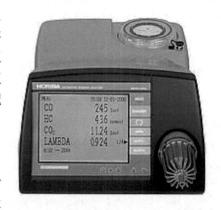

图 9-13　五气分析仪

状态的烟度进行检测。目前主流的烟度检测设备是不透光式烟度计，如图7-7所示。欲检测发动机全负荷稳定运转及加载减速等运行状态的烟度，还需调用汽车底盘测功机。

三、工况法汽车排放测试系统

我国现执行的是第六阶段汽车排放法规，测试循环由全球统一的轻型车测试循试（WLTC）的低速段、中速段、高速段和超高速段四部分组成，持续时间1800s。其中低速段持续时间589s、中速段持续时间433s、高速段持续时间455s、超高速段持续时间323s。各速度段按照图9-14~图9-17所示的循环运行。由于工况法汽车排放测试需要模拟较为复杂的汽车运行工况，因此需要使用性能良好的高精度汽车底盘测功机；汽车排放污染物测试需采用硬、软件设备有：汽车排气稀释采样系统、排放分析仪、颗粒物测试系统、汽车排放检测控制系统和汽车排放测试主控软件系统等。

1. 排气稀释与取样系统

试验时应使用全流式排气稀释系统对汽车排气进行稀释，如图9-18所示。在控制条件下用背景空气连续稀释所有的汽车排气。可以使用一个临界流量文丘里管（CFV）或平行布置的多个临界流量文丘里管、容积泵（PDP）、亚音速文丘里管（SSV）或超声波流量计（UFM）等装置。应测试排气与稀释空气混合气的总容积，并按照体积比连续地收集混合气以进行分析。排气污染物的质量由样气浓度和试验期间的总流量计算得到，其中样气浓度须以稀释空气中相应污染物的浓度进行校正，排气稀释系统至少应包括连接管、混合

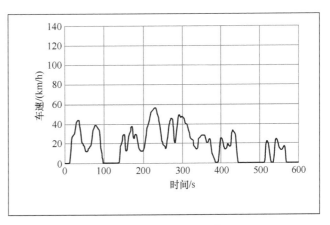

图9-14 低速段运行示意图

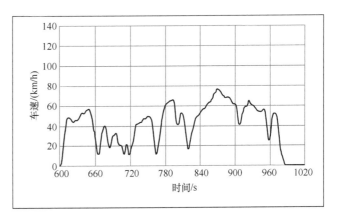

图9-15 中速段运行示意图

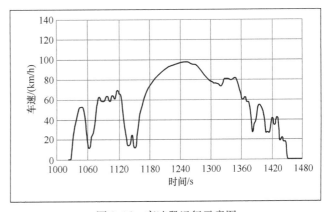

图9-16 高速段运行示意图

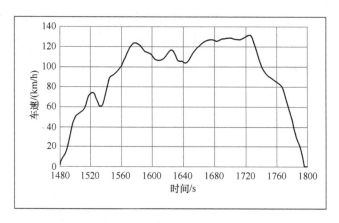

图 9-17 超高速段运行示意图

装置、稀释通道、稀释空气处理装置、抽气装置和流量测量装置,取样探头应安装在稀释通道内。

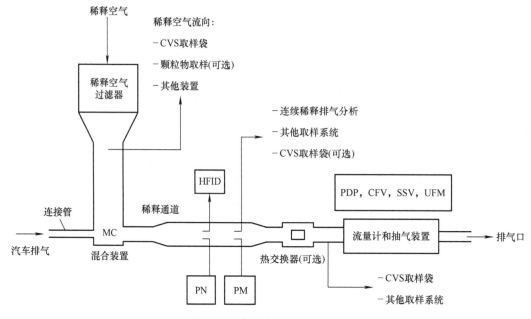

图 9-18 全流式排气稀释系统

试验时应采用定容取样系统取样,取样系统不得漏气,所使用的材料应不影响稀释排气中任何污染物的浓度。取样流量应保证足够进行排气分析,并且不得超过稀释排气流量的 0.3%。取样系统的延时(从探头到分析仪入口)应不大于 4s,并且能够进行连续取样。

2. 排气分析仪

排气分析仪应具有测量排气污染物样气浓度所需的量程和相应的精度,测量误差不得超过 ±2%,能实时连续检测 CO、CO_2、HC、NO_x、CH_4、N_2O 等多种成分。

一氧化碳(CO)和二氧化碳(CO_2)分析仪应采用不分光红外吸收(NDIR)型;碳氢化合物(HC)分析仪(对除柴油以外的所有燃料)应采用氢火焰离子化(FID)型,用丙烷气体标定，以碳原子当量表示；碳氢化合物（HC）分析仪（对于柴油燃料）应采用加热式氢火焰离子化（HFID）型，其检测器、阀、管道等应加热至190℃±10℃，用丙烷气体标定，以碳原子当量表示；甲烷（CH_4）分析仪应采用气相色谱（GC）+氢火焰离子化（FID）型或甲烷截止器（NMC）+氢火焰离子化（FID）型，用丙烷气体标定，以碳原子当量表示；氮氧化物（NO_x）分析仪应采用化学发光（CLD）型或非扩散紫外线谐振吸收（NDUVR）型，二者均需带有NO_x-NO转换器；氧化亚氮（N_2O）分析仪可采用气相色谱仪和电子捕获检测器（GC-ECD）联用仪，也可采用红外吸收光谱分析仪。

3. 颗粒物测试系统

颗粒物测试系统由安装在稀释通道上的取样探头（PSP）、颗粒物导管（PTT）、过滤器（FH）、取样泵、流量调节器和分析天平组成。在未发生颗粒物周期性再生的测试中，如果稀释排气温度超过325K（52℃），应增加（CVS）流量或采用二级稀释系统（假定CVS流量已经足够大，不会在CVS、取样袋或分析系统中产生冷凝水）。颗粒物样品应收集在一张滤纸上，滤纸应安装在位于稀释排气取样通道中的滤纸架上。如果不能补偿流量的变化，则应采用热交换器和温度控制装置，以确保稀释系统流量的恒定。从稀释通道采集的样气流量精度应控制在±2.5%以内或满量程读数的±1.5%，取二者中的小者。

取样探头应具有粒径分级功能，应安装在排气入口下游10倍稀释通道直径的地方。如果使用多个探头，则均应是垂直锐边开口型探头，直接迎面置于气流方向，并等距分布在稀释通道的纵向中心轴附近，探头之间的间距至少为5cm。从探头的端部到滤纸架的距离至少应为5倍探头直径，但不得超过2000mm。

颗粒物导管的弯曲部分应光滑，转弯半径应尽可能大。

取样流量测量装置由取样泵、气体流量调节器和流量计等组成，流量计中气体温度波动范围应控制在±3℃以内，工作频率至少为1Hz以上。因滤纸超载导致流量的容积变化达到无法接受时，试验应停止。

分析天平的精度至少为2μg，分辨率至少为1μg，应用至少4组等间隔的砝码进行检查，零点误差范围为±1μg。

4. 汽车排放检测控制系统

汽车排放检测控制系统的作用是对汽车排气污染物测试系统全工作过程的自动跟踪控制，其控制内容包括汽车底盘测功机的工况模拟控制和汽车排气的稀释与检测控制，是汽车排气污染物测试系统的中枢神经系统。

第四节　汽车主要总成室内台架试验系统

汽车是一个由多总成部件构成的十分复杂的机电一体化系统，任何一个总成部件的质量与设计缺陷，都会对汽车整车性能构成极大的危害，为此汽车业界都十分重视汽车总成部件的试验工作。此外，汽车总成部件的种类、数量繁多，汽车总成部件的试验设备必然十分繁杂，试验设备的种类、数量和试验内容比整车试验要多得多，由于受篇幅的限制不可能逐一介绍，在此只给出几个主要典型总成部件试验系统的示例。

一、发动机台架试验系统

发动机是汽车中结构最复杂、要求最高的总成，汽车各项性能直接或间接地受发动机性能的影响，因此在发动机的研发过程中需要做各类大量的试验。图9-19所示是发动机性能与道路行驶工况模拟试验系统，可以完成发动机的速度特性、负荷特性、万有特性、调速特性、可靠性、耐久性及模拟汽车在道路上行驶时发动机的运行工况等试验；图9-20所示是发动机噪声试验系统，用于测试或研究发动机的工作噪声；图9-21所示是发动机排放试验系统，可以用来进行发动机的各类排放试验；图9-22所示是发动机消声器试验系统，用于测试或研究消声器的消声特性；图9-23所示是发动机转动惯量测试系统，可以方便快捷地测出发动机的转动惯量。

图9-19　发动机性能与道路行驶工况模拟试验系统

图9-20　发动机噪声试验系统

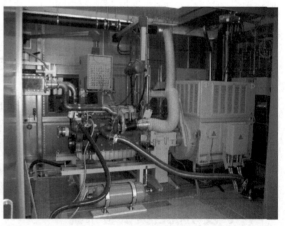

图9-21　发动机排放试验系统

图9-22 发动机消声器试验系统

图9-23 发动机转动惯量测试系统

二、汽车动力与传动试验系统

将国际上性能最优的汽车总成部件组合起来装配成一辆汽车，并不一定能获得优良的整车性能，这就是系统匹配的重要性。汽车动力与传动试验系统是从事汽车动力与传动系统研发与匹配研究不可或缺的重要工具。它不仅可以用于汽车动力与传动系统开发、性能研究（整车动力性、经济性、可靠性、排放与噪声），更重要的是，在汽车动力与传动系统的各总成部件开发前期，就可以借助于汽车动力与传动试验系统进行汽车整车性能的预测与评估、修正与确定传动系统的结构与性能参数，如此不仅可以大大缩短汽车产品的开发周期，而且还可以有效地规避产品研发风险。

图9-24和图9-25所示是发动机前置前轴驱动汽车动力与传动试验系统和四轮驱动汽车动力与传动试验系统，主要用于汽车新产品开发前期的系统匹配与整车性能研究。事实上，图9-25所示的动力与传动试验系统可用于发动机前置后轴驱动、发动机中置后轴驱动及发动机后置后轴驱动的各类汽车。图9-26所示的测试系统主要用于汽车动力与传动系统噪声研究。图9-27所示的试验系统可以用于完整汽车底盘的各项性能研究。

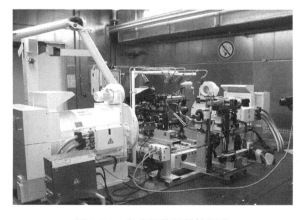
图9-24 发动机前置前轴驱动乘用车动力与传动试验系统

图9-25 四轮驱动汽车动力与传动试验系统

图 9-26　四轮驱动汽车动力与传动噪声试验系统　　　　图 9-27　汽车底盘试验系统

三、传动系统主要总成部件试验系统

1. 变速器、离合器试验系统

图 9-28 所示是汽车变速器与离合器综合性能试验系统，可以对变速器传动效率、运转平稳性、动力传动能力、可靠性耐久性、变速操纵机构、离合器的传动能力、摩擦片的寿命、离合器结合的平稳性、离合器操纵力等内容进行测试。

图 9-28　变速器与离合器试验系统

2. 传动轴试验系统

图 9-29 所示是汽车传动轴试验系统，可以按照设定的主从动轴夹角变化规律模拟汽车行驶工况对其进行各项性能试验，为研究传动轴的结构、性能、寿命及开发新产品提供技术支持。

图 9-30 ~ 图 9-33 所示分别是汽车悬架、驱动桥、座椅和制动器试验系统，其实还有许许多多的各类汽车总成部件试验系统，此处不再一一介绍。

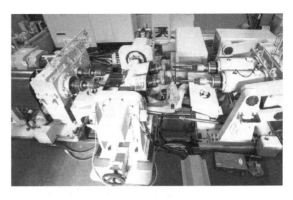

图 9-29　汽车传动轴试验系统

图 9-30　汽车悬架试验系统

图 9-31　汽车驱动桥试验系统　　　　图 9-32　汽车座椅试验系统

图 9-33　汽车制动器试验系统

第十章 汽车试验场试验

汽车是一种结构复杂、长期处在极其复杂交通环境中的高机动性交通工具，使用者包括全球各行各业、各种文化背景、操控能力悬殊、年龄从青年到老年人的各类人群。由于使用环境特殊，使用范围是面向全球的，因此对汽车的各项使用性能提出了极其苛刻的要求，汽车在研发过程中需对其进行十分复杂的全方位试验。欲使汽车试验结果能反映实际的使用状况，就必须将汽车置于实际的道路上进行试验。然而，不同国家、不同地区的道路与交通条件存在极大的差异，在公路上试验因受气候和交通环境的限制，使得许多项目不易完成。此外，为了应对越来越激烈的市场竞争，汽车制造商需要大幅提高汽车试验效率、缩短试验周期，为此汽车产业界需要找到一种不受交通、气候条件的影响，能代表全球各地区不同路面状况，且能大幅缩短试验周期的场所。于是，汽车制造商便开始建造汽车试验场。

汽车试验场是能重现汽车使用中所遇到的各种道路和使用条件的专门场所，试验场内的试车道是基于对实际存在的各种不同道路状况的集中、浓缩和不失真强化的结果。

第一节 汽车试验场简介

国外汽车工业部门十分重视建设试车场，早在1924年美国通用汽车公司就兴建了世界上第一个汽车试验场——Milford 汽车试验场，图10-1是该试验场建成时的照片。1945年后，工业发达的西方国家及日本等国的各大汽车公司为了确立自己汽车龙头地位，纷纷建设各自的汽车试车场，而且规模越建越大。据不完全统计，世界上已建有100多个不同类型的汽车试验场。

汽车试验场按功能不同可分为综合性试验场和专用试验场，其中综合性试验场的规模较大，专用试验场的规模相对较小。综合性试验场的占地面积在 $10km^2$ 以上，试验道路总长超过100km。美国通用、福特和克莱斯勒汽车公司都建有大型综合性试验场。如美国通用汽车公司的 Milford 汽车试验场，占地 $16.2km^2$，试车道路总长200km，年总试车里程可达3000万km。该试验场自1924年建成以来不断补充完善，是目前最具代表性的汽车试验场。德国大众汽车公司在 Ehra – Lessin 的试车场是目前欧洲最大的汽车试验场，其总体布置很有特色，电话听筒形高速环道周长达20.5km。在各有特色的汽车试验场中，中小型规模的占大多数，其中中小规模的综合性试验场由于受面积所限，布置相对比较紧凑，但试验道路和设施的种类比较齐全，亚洲和欧洲大部分试验场属于此类。如欧洲汽车工业协会汽车试验场、日本自动车研究所汽车试验场等。中小型试验场中很大一部分是汽车零部件公司为满足产品开发和法规要求而修建的专用功能试验场，如德国WABCO公司设在汉诺威附近的试验场，其主要试验道路

图10-1 Milford 汽车试验场全景图

是附着系数从 0.16~0.5 的五条制动试验路,以满足该公司开发和评价制动 ABS、ASR、ESP 等的需要。专用功能试验场也有大型的,如美国通用汽车公司在梅萨的沙漠热带汽车试验场,总面积 18km²,当地气候干燥,夏季气温最高可达 45℃。

商用型综合性汽车试验场大多由国家或汽车工业协会组织建设和管理,如美国的内华达车辆试验中心 NATC 试车场、法国摩托车技术协会的 UTAC 试车场、日本汽车研究所试车场、苏联汽车和发动机研究所 HAMN 试车场等。

我国于 1958 开始建设国内第一个汽车试验场——海南汽车试验场。随着我国汽车工业的发展,国内又先后建起了多个汽车试验场,分别是:安徽定远汽车试验场、东风襄樊汽车试验场、交通部公路交通试验场、一汽农安汽车试验场、上海大众汽车试验场、上汽通用广德汽车试验场、天津滨海汽车试验场、比亚迪韶关汽车试验场、盐城国际汽车试验场、长安垫江汽车试验场等。

汽车试验场主要包括高速环道(含侧风机)、车辆动态广场、低附着路、NVH 道路(含加速行驶车外噪声场地)、操控路(干、湿路面)、耐久路、一般公路、越野路、坡道、涉水池、溅水池、淋雨间、灰尘洞、各种功能的实验室和控制塔台等道路及设施,可以满足汽车开发过程中各种整车性能试验、道路耐久试验及技术鉴定试验等方面的需求。图 10-2 ~ 图 10-16 是汽车试验场内的典型道路。

图 10-2　高速环道

图 10-3　试车坡道

图 10-4　涉水池

图 10-5　鹅卵石路

图 10-6　越野路

图 10-7　扭曲路

图 10-8　鱼鳞坑路

图 10-9　侧风路

图 10-10　比利时路

图 10-11　ABS 试验路

图 10-12　沙滩路

图 10-13　性能试验路

图 10-14　坑洼路

图 10-15　短波路

图 10-16　灰尘洞

第二节　汽车试验场试验的主要内容

汽车试验场之所以要修建种类如此繁多的路面（上述的十多种路面只是试验场路面的一部分），其目的在于能再现全球不同地区的道路环境，通过强化试验达到在较短的时间内完成汽车全生命周期内性能变化规律的研究和对汽车质量与技术水平给出客观评价。汽车试验场已成为支撑汽车生产企业从事汽车产品研发和技术创新的重要基地，具有承担所有汽车道路试验项目的能力。

汽车试验场的道路具有宏观上永久不变及不受交通因素影响的特性，这为汽车生产企业进行竞争对手分析、汽车改进设计与改型的效果分析、汽车在生命周期内性能变化规律的研究提供了重要保证。

关于汽车试验场的试验内容，下面以国内某汽车试验场为例作简要介绍：

一、1 号综合路与石块环道（比利时路）的试验内容

1 号综合路（图 10-17）中线长约 1881m，9 条行车道（6 条试验车道、3 条辅助车道）和一个车外噪声测试广场。南回车道长约 572m，回转半径 50m，最大坡度 7%；北回车道长约 348m，回转半径 35m，最大坡度 8%。典型路面包括：鹅卵石路、长波路、短波路、坑洼

图 10-17　1 号综合路

图 10-18　石块环道

路、错位搓板路、带角度搓板路、扭曲路（甲、乙、丙三种）、水泥凸块路（甲、乙两种）、噪声分析路（ISO粗糙噪声路、ISO平滑噪声路、平滑噪声路）。石块环道（比利时路）全长约2667m，如图10-18所示，东侧有一个长64m的溅水池。两种路面的试验内容主要有：1) 汽车噪声与振动试验；2) 汽车整车和零部件结构可靠性与耐久性试验；3) 汽车零部件应力测试；4) 汽车悬架系统试验性能评价。

二、2号综合路的试验内容

2号综合路（图10-19）有24种典型路面，试验路长6.9km，通过连接路构成不同试验循环。2号综合路由三种基本试验道路组成。第一种是以操纵性、平顺性试验为主的道路，如破损颠簸路，窨井盖路、5°或10°横向坡路、路拱交叉路、大路拱路、弯道反向坡路、长波路、搓板路、铁路交口路等。第二种是乘用车耐久性试验为主的道路，蛇行卵石路、限速路障、坑洼路、住宅进口路、路缘冲击路、凸块路（共振路）、路面接缝路、过水路面、砂石路等。第三种是专项试验路，如石块路、砾石路等。2号综合路的试验内容主要有：1) 操纵稳定性试验；2) 行驶平顺性评价试验；3) 可靠性、耐久性试验；4) 特殊工况分析试验；5) 悬架使用性能评价试验；6) 车身、底盘油漆粘着性试验；7) 车身、底盘零部件材料和油料的防盐及泥水腐蚀试验。

图10-19 2号综合路

三、高速环道的试验内容

高速环道全长约5.2km，并行有三条行车道，由内向外分别是低、中、高速试车道，如图10-2所示。高速环道的主要试验内容考核发动机、行驶系统及传动系统的使用性能。

四、2号环道的试验内容

2号环道全长约4264m，其中弯道1849m，占全长的43.3%，最长直线段1495m，最大纵坡2.4%，最大横坡2.5%，如图10-20所示。2号环道的主要试验内容有：1) 汽车整车及零部件的耐久性试验；2）汽车使用燃料消耗量试验；3）车辆走合行驶与行驶状况检查试验；4）制动器磨合与热衰退试验；5）行驶工况试验。

五、灰尘洞和模拟城市工况路的试验内容

灰尘洞试验设施由灰尘洞和回车道两部分组成，灰尘洞长40m，内宽5.5m，通行高度4.5m，行车道宽4.5m，纵横坡均为0，水泥路面，如图10-16所示。模拟城市工况道路设施包括环岛、停车场、限速路障及连接路等，并设置有红、黄、绿交通信号灯。灰尘洞和模拟城市工况路的试验内容主要有：1）车身行李舱密封性试验；2）空气滤清器滤清效果试验；3）汽车发动机及底盘各运动部位的密封性试验；4）乘用车可靠性和耐久性的模拟城市工况行驶试验。

六、ABS 试验路的试验内容

ABS试验路由高、低附着系数路面组合而成，形成对开、对接等不同形式。路边设有喷水系统，通过喷水使路面形成不同厚度的水膜。低附着系数包括附着系数为0.24的玄武岩瓦路面和附着系数为0.15的特殊油漆路面，如图10-21所示。ABS试验路主要用于对汽车ABS的各项性能进行全面考核。

图 10-20　2 号环道　　　　　　　　图 10-21　ABS 试验路

七、涉水池、溅水池与淋雨试验路的试验内容

涉水池与溅水池相邻，进口和出口通过连接路与2号环道相连。涉水池底宽20m，两斜边各长20m，全长60m，外宽4.6m，内宽4.0m，池深1.65m，如图10-4所示。溅水池进口和出口通过连接路与石块路的检测路相连。溅水池底长40m，两斜边各长12m，全长64m，外宽5.1m，内宽4.48m，池深0.5m，钢筋混凝土结构，水池两侧设挡水墙，高1.5m，如图10-22所示。溅水池上设汽车淋雨试验装置，如图10-23所示。

八、坡道试验内容

汽车试验场一般都建有10%、16.6%、20%、30%、40%、50%、60%等多种不同的标准坡道，其长度分别为35m、35m、30m、21.5m、25m、20m、20m。其中10%、16.6%、20%和30%四条坡道是混凝土路面，40%、50%、60%三条坡道是浆砌片石路面，每条坡

道两侧均装有安全护栏,如图10-3所示。坡道上试验的内容主要有:1)汽车爬坡性能试验;2)汽车驻坡性能试验;3)汽车坡上起步试验;4)离合器研究开发试验。

图10-22 溅水池

图10-23 淋雨试验路

九、汽车性能试验路的试验内容

汽车性能试验路长约2.5km,纵向坡小于0.5%,横向坡小于0.3%,性能试验路段的中部设有汽车操纵稳定性试验广场,广场直径ϕ100m,辐射坡0.3%,混凝土路面,道路附着系数0.68~0.72,如图10-13所示。汽车性能试验路的试验内容主要有:1)汽车动力性试验;2)汽车燃料经济性试验;3)汽车制动性能试验;4)汽车操纵稳定性试验;5)轮胎附着特性试验。

十、越野路的试验内容

越野路全长3818m,模拟无路条件,路面以沙石和碎渣块为主。通过性试验设施包括地形通过性试验和地面通过性试验,设有弹坑、路沟、壕沟、垂直台阶、侧坡、沙地、河滩路、沼泽地(水塘)、驼峰等,主要用于汽车越野车行驶可靠性试验和越野车通过性试验。

第三节 汽车试验场试验规范

国际上各大汽车制造公司不惜投巨资建设规模宏大的汽车试验场的主要目的之一是,对汽车及零部件进行强化的可靠性试验,以缩短试验周期,提高试验效率。所谓汽车试验场试验规范就是以强化试验为目标,按照汽车结构形式、车体大小、使用环境、功能用途的不同,对汽车试验场可靠性试验路面进行科学合理的组合,以获得在试验里程大大缩短的前提下达到与在实际道路上进行行驶试验近乎相同的效果。

强化试验有两种可用的方法,即增大应力法和浓缩应力法。所谓增大应力法是指增大试验载荷,以实现试验强化;浓缩应力法则不同,它并不增大试验载荷,而是去掉那些对寿命影响小或无影响的试验过程,将对寿命有影响的试验过程浓缩在一起进行试验,以达到强化试验的目的。汽车试验场试验采用的是浓缩试验法,其特点是它可以保持故障模式与实际道路试验基本一致。

行驶试验里程是汽车可靠性试验的一个重要技术指标,目前国际上比较一致的观点是将汽车的可靠性行驶试验的考核里程定位 50 万 km，用在可靠性行驶试验过程内所发生的故障频率及汽车性能的下降比例等评价汽车的可靠性。

将汽车置于实际道路行驶 50 万 km，不仅物质消耗大，而且费时费力。那么通过浓缩应力强化试验，可以用多少里程的行驶试验代替实际道路上行驶的 50 万 km 而又不失与实际道路试验的一致性呢？当然，人们希望强化试验的里程越短越好。理论和实践都表明，汽车强化试验的里程不可能无限缩短。为了便于强化试验水平的表达，业内引入了强化系数（实际道路的行驶试验里程与强化试验里程之比）这一概念。国内外试验资料表明，汽车试验场可靠性强化试验的强化系数大多在 10~15 之间。对于某一具体车型而言，可靠性试验的强化系数及可靠性路面的组合均应由试验确定。其内容包括在各种可靠性路面行驶的里程与循环次数，并据此计算出强化系数。有了可靠性试验路面的行驶里程与循环次数，还需要依据故障分布均匀化原则编排可靠性试验路面的行驶顺序。不可将任何一种可靠性试验路面上的里程集中起来试验，否则会出现可靠性行驶试验过程的故障偏多或偏少的现象。如将坏路集中起来试验，故障会偏多；若将高环试验的里程集中起来试验，故障可能会偏少。若先进行坏路试验，可能会导致汽车零部件出现早期疲劳损伤并在后续的试验中迅速恶化。由此可见，试验路段的先后顺序会带来故障模式的变化，因此应进行科学合理的编排。

综上所述，试验场试验规范是一种将可靠性试验路面上的行驶里程、循环次数及在各种可靠性试验路面上行驶的先后顺序作出统一规定的技术文件，按此试验可以达到理想的强化试验效果。

第十一章 汽车NVH测试与评价

NVH 是 Noise（噪声）、Vibration（振动）和 Harshness（声振粗糙度）三个英文单词的缩写。以上三者在汽车的振动中同时出现且密不可分，因此常把它们放在一起研究。声振粗糙度是指噪声和振动的品质，是描述人体对振动和噪声的主观感觉，不能直接用客观测量方法来度量。由于声振粗糙度描述的是振动和噪声使人不舒适的感觉，因此有人称声振粗糙度为不平顺性，声振粗糙度经常用来描述冲击激励产生的使人极不舒适的瞬态响应，因此也有人称声振粗糙度为冲击特性。

第一节 汽车 NVH 性能

当汽车通过路面接缝或凸起时将产生瞬态振动，包括冲击和缓冲两种感觉。从 NVH 的观点来看，汽车是一个由激励源、振动和噪声传递器以及振动噪声发射器组成的系统，其中，噪声与振动产生的源头即系统的激励，如发动机、变速器及附件组成的动力总成系统、路面不平所激起的振动、路面和轮胎之间的摩擦、风噪及环境噪声等。而传递器就是车身和地板等结构组成的系统，车辆在运行过程中转向盘、座椅、后视镜的振动及车内噪声均为该激励下的响应，相当于振动噪声发射器，这些响应能够从视觉、听觉和触觉等方面影响人体对车辆舒适性的感受。汽车 NVH 分析的频率范围根据关注对象的不同有所不同。分析振动对人体的影响时，研究汽车动力性和平顺性频率范围主要在 0.1~20Hz，抖动的频率范围在 10~30Hz，触摸的频率范围在 10~40Hz，振动在视觉上的频率范围主要在 2~20Hz，从声音的角度，一般结构声的频率范围在 20~1000Hz，空气声在 250~5000Hz。国外先进的汽车厂家自 20 世纪 80 年代已经将汽车结构的动态特性纳入产品开发的常规内容。尤其是 20 世纪 90 年代以来，丰田、通用、福特、克莱斯勒等各大汽车公司的工程研究中心专门设立了 NVH 分部，集中处理汽车的噪声、振动和来自路面接触冲击的声振粗糙度。

汽车 NVH 主要是研究车辆的噪声和振动对整车性能和舒适性的影响。汽车 NVH 性能涉及的零部件众多，几乎与整车所有系统都有关，包括车身、内饰、动力总成、进排气、悬架、转向、电子电气等。振动和噪声形成的机理复杂，理论基础各异。例如：空气噪声涉及材料和部件的隔吸声理论；结构噪声涉及结构动力学理论、钣金件辐射噪声理论；气流噪声涉及流体力学、空气动力学理论等。汽车 NVH 性能受制造质量的影响很大，从某种意义上讲，汽车 NVH 性能反映了汽车从设计到制造的技术水平和精细化程度。

汽车 NVH 试验包括整车 NVH 试验和零部件 NVH 试验，主要是按照相关的试验规范利用相关的试验设备在与之相对应的试验场地上，对汽车整车及零部件的振动与噪声进行测试、分析。主要的试验设备包括 NVH 试验场地和试验设备。

第二节　汽车 NVH 试验场地

为了获得汽车 NVH 性能试验的高精度，汽车及零部件 NVH 试验需在专门设计建造的 NVH 实验室内进行。汽车 NVH 性能试验场地主要有整车及零部件消声室、混响室、模态实验室和声学风洞等。

一、消声室

消声室分为全消声室和半消声室。房间的六个面全铺设吸声层的称为全消声室，一般简称消声室。房间的六个面中只在五个面或者四个面铺吸声层的，称为半消声室。消声室的主要功能是为声学测试提供一个自由声场空间或半自由声场空间。其吸声处理是保证消声室建成后取得良好的自由声场性能的关键，大多采用具有强吸声能力的吸声尖劈或平板式薄板共振吸声结构，如图 11-1 ~ 图 11-3 所示。

消声室不仅是声学测试的一个特殊实验室，而且是测试系统的重要组成部分。实际上，它也是声学测试设备之一，其声学性能指标直接影响测试精度。消声室的主要用途是测试抗噪声送、受话器的灵敏度、频响和方向性等电声性能。这种送、受话器的频率范围要保证语言通信清晰，一般为 200 ~ 4000Hz。

图 11-1　整车吸声尖劈消声室

图 11-2　整车平板式薄板共振吸声消声室

图 11-3　发动机消声室

汽车试验用消声室应具有以下基本特征：

1. 隔声和隔振

通过现场数据采集和实地考察，确定待建消声室位置附近的低频噪声源和环境噪声，根据采集结果分析确定设计方案，为了提高隔声和隔振效果，一般采取与原有建筑完全分离的"房中房"式隔声结构。

2. 浮筑地面

为了隔绝因撞击引起的固体声，采用弹性垫层的浮筑地面进行隔振。其做法是在原地面上铺上一层15cm厚（压实后为10cm）的玻璃棉保温板作为隔振弹性垫层，在它的上面再做一层厚20cm的钢筋混凝土地板，与外墙留有5cm的间隙，以防止与外墙的刚性连接，隔绝大楼内和户外固体声的传入。

3. 隔墙

在浮筑地面上砌一层24cm厚的砖墙作为内墙，与外墙之间留20cm左右的间隙，砌墙砖缝要求砂浆饱满，以防缝隙漏声。

4. 隔声吊顶

考虑到施工和减轻隔声吊顶的重量，采用双层钢丝网水泥抹灰，中间留10cm左右空气层的隔声吊顶，其特点是隔声量高、重量轻。

5. 隔声门

消声室门具有隔声和吸声功能，由隔声门和吸声尖劈门组成，设在与仪器室之间的分隔墙上，通常安装有两道单开钢质复合结构隔声门以及内壁的吸声扯门。其特点是大大缩小一般推拉式吸声尖劈门所占的空间。

6. 吸声墙面

吸声墙面有吸声尖劈和平板式薄板共振吸声结构。

吸声尖劈的设计是保证消声室声场特性和测试下限频率的决定因素。为了尽可能增大有效空间，尖劈的长度由截止频率和1/4波长理论决定，其计算式为

$$L = \frac{1}{4} \frac{v_C}{F_C} \tag{11-1}$$

式中　F_C——截止频率（Hz）；

　　　v_C——声波在空气中的传播速度，$v_C = 340$m/s；

　　　L——尖劈理论长度（mm）。

半消声室是20世纪70年代起发展起来的。半消声室除要求地面为硬质刚性反射面外，其余与消声室相同。当声源或接收器置于地面之上时，声源和接收器之间只有直达声而没有反射声，故在地面上的半空间中有同消声室中一样的自由场。半消声室的优点是：地面由高强度硬质材料铺成，能承受较大的重量，特别适宜汽车整车及总成部件NVH性能的测试，且造价比全消声室低；其缺点是，当声源的等效声学中心或接收器高出地面较多时，声反射的影响使声场严重偏离自由场，这种现象在频率高时更为显著。

二、混响室

声学混响室是一个能在所有边界上全部反射声能，并在其中充分扩散，使形成各处能量密度均匀、在各传播方向作无规则分布的扩散场的实验室。混响室的吸声性能极低，房间全部表面的平均吸声系数应不超过0.06，为了达到此要求，常在房间的表面上刷瓷漆、铺瓷砖或贴铜箔等。为了增加声能的扩散、改善声场的均匀性，可在房间内悬挂固定的扩散片，安装大型转动或摆动的扩散体，如图11-4所示。室内声音经过多次反射形成声能分布均匀的房间，为声学研究提供扩散声场的环境。混响室用于测定材料的吸声系数、扬声器和噪声源的声功率、汽车及零部件的耐噪声性能；用于研究空气、水蒸气和云雾的吸声特性及语言清晰度等。

图 11-4 混响室

混响室的设计要求：1）尽量加长空室的混响时间；2）保证室内的声扩散状态。

为了保证室内声扩散状态，混响室简正振动方式（简正振动方式又称简正模式或简正波，是无阻尼系统的一种自由振动方式，其频率称为简正频率。在线性叠加前提下，系统的任何复合运动可分解为简正振动方式之和）应有足够密度，简正频率应分布均匀。对矩形混响室来说，简正振动方式的密度 $\Delta N/\Delta f$ 和频率 f（Hz）的二次方及房间的容积 V（m^3）成正比，即 $\Delta N/\Delta f \approx 4\pi f^2 V/c^3$，$c$ 为声速。因此，除应加大混响室的容积外，房间的长宽高比例应按调和级数（国际标准化组织推荐采用的长：宽：高取 1.54：1.28：1；1.58：1.25：1；1.69：1.17：1；2.13：1.17：1；2.38：1.62：1）选定。这样可使简正振动频率分布均匀，传播方向无规律，进而达到良好的扩散。

扩散问题主要出现在室内放置吸声材料进行测试的过程中。由于材料的吸声系数对不同方向入射的声波是不同的，特别是对掠入射波（入射角接近 90°）的吸收很少，因此声场在衰变过程中，掠入射波的相对强度逐渐增加，有效衰变率不断减小，这与混响室的大小、吸声材料的面积和吸声特性有关。因此，同一种材料在不同实验室测试所得的结果往往不同。为了改变这种情况，可增加动态扩散（衰变中的扩散）。常用的方法有：增加吸收，悬挂固定式或安装旋转式扩散体，采用多个柱形墙面或把混响室建成不规则形状。其中以悬挂固定式扩散体的方法最佳，也常采用安装旋转式扩散体的方法。

三、模态实验室

模态实验室主要用于进行汽车总成及部件的模态试验。实验室内部设计需要进行吸声处理，使之达到一定的混响时间要求，并可通过特殊声学设计，以满足诸如声学空腔模态试验等的需求，为产品研发提供全面的基础数据。模态实验室四周及顶常采用 W100 吸声构造，内部仍然采用完全无污染的非玻纤材料，如图 11-5 所示。

图 11-5 模态实验室

四、声学风洞

风洞是能人工产生和控制气流以模拟汽车周围气体的流动，并可量度气流对物体的作用以及观察物理现象的一种气流管道，是进行空气动力学、气动声学研究最常用、最有效的工具。风洞试验的依据是运动的相对性原理。

汽车风洞有模型风洞、全尺寸风洞、全天候风洞、声学风洞、空气动力学风洞等类型。模型风洞主要适用于缩小模型的试验，其特点是风洞建设成本和试验成本都低，但试验精度较差。为了获得高精度的测试结果，全尺寸风洞备受重视。模型风洞和普通全尺寸风洞主要用于研究汽车的空气动力学问题，因此又称为空气动力学风洞。全天候风洞（或气候风洞）可改变气流温度、湿度、阳光强弱和其他气候条件（雨、雪等），可以更全面地研究汽车的空气动力学和气动噪声问题；声学风洞在建造过程中采用了多种降噪措施，背景噪声极低，可以分离并测量出汽车行驶时产生的气动噪声。全天候风洞和声学风洞统称为特种风洞。近年来新建的风洞，都是气动/声学风洞，或气动/气候风洞，甚至气动/声学/气候风洞，这类风洞又叫多用途风洞，如图11-6所示。

a) 声学风洞测试区

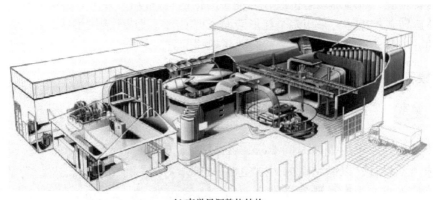

b) 声学风洞整体结构

图11-6　汽车整车声学风洞

第三节　汽车 NVH 试验专用台架

汽车整车及零部件 NVH 试验专用台架主要包括汽车底盘测功机、发动机及其他各总成部件的试验台架、汽车道路模拟振动试验台、声学风洞专用设备等。汽车底盘测功机、发动机及其他各总成部件的试验台架、汽车道路模拟振动试验台等设备的作用是实现被试对象的运动；声学风洞专用设备主要包括道路模拟系统、边界层抽吸系统和汽车专用天平等，是研究汽车空气动力学和气动噪声所必需的专用设备。

一、汽车底盘测功机及其他各总成部件的试验台架

汽车及总成部件 NVH 性能所用的汽车底盘测功机及其他各总成部件的试验台架的结构原理与研究汽车整车及总成部件使用性能的试验台架没有任何差异，只是为了减小或避免试验台架自身的振动和噪声对汽车整车及总成部件 NVH 性能的影响，对其进行了减振及低噪声设计，或将台架的动力及加载系统设置在消声室或混响室的墙外，利用特殊设计的轴将动力或载荷传到消声室或混响室内，如图 11-7 ~ 图 11-9 所示。

图 11-7　低噪声底盘测功机

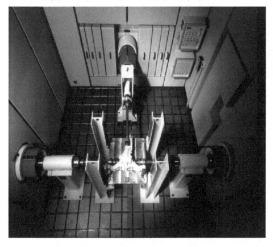

图 11-8　将动力与加载系统外置的总成部件试验台架

图 11-9　低噪声发动机试验台架

二、汽车道路模拟振动试验台

汽车 NVH 性能试验不可避免地涉及道路模拟。道路模拟振动试验台有整车和总成部件之分。整车道路模拟试验台的发展经历了车轮耦合、轴耦合、长冲程道路模拟振动试验台共三个发展阶段；总成部件道路模拟振动试验台也经历了从单自由度到多自由度的发展。

1. 车轮耦合道路模拟振动试验台

车轮耦合道路模拟振动试验台如图 11-10 所示，通过对轮胎加载，车轮托盘（搁置车轮的平板）就可跟踪与道路轮廓一样的轨迹。一旦一辆汽车的试验开发完，车轮托盘的位移就记录下来，这个"道路轮廓"可用于以后车型的试验。

绝大多数的车身应力来自于垂直方向的力，所以 4 立柱是评估车身疲劳的有效工具，能很快地向车身设计工程师提供所需信息。汽车行驶平顺性很容易用 4 立柱来评估，不用再驾驶几辆车通过试车场的同一路面来评估，4 立柱可以精确重复同样路面。

2. 轴耦合道路模拟振动试验台

轴耦合道路模拟振动试验台如图11-11所示，其特点是：安装经过优化独立运动的作动器，给各个车轴施加输入，可重现复杂动态的非线性工况。测试工程师能够对他们认为很关键的子系统进行进一步的仔细评估，而不必再进行部件测试。轴耦合技术的道路模拟试验台有3DOF、4DOF、5DOF和6DOF等多种不同的系统。

图11-10　车轮耦合道路模拟振动试验台

图11-11　轴耦合道路模拟振动试验台

3. 长冲程道路模拟振动试验台

长冲程道路模拟振动试验台如图11-12所示，其特点是：具有制动和绕障（变换车道）运行所需要的大位移功能。其侧向和纵向主轴的最大位移可达到1.5m，以增加系统的模拟带宽。这一额外位移使系统在自由车身测试中能够再现低频振动，提高了转弯和制动等驾驶操作过程再现的准确度。

4. 汽车总成部件道路模拟振动试验台

为了更加准确地模拟汽车运行过程中各总成部件的运动，现阶段六自由度汽车总成部件道路模拟振动试验台（图11-13）得到

图11-12　长冲程道路模拟振动试验台

了广泛应用。六自由度汽车总成部件道路模拟振动试验台通过六根激振器，基于采集的路谱对汽车总成部件进行加载试验。

三、声学风洞专用设备

声学风洞专用设备主要包括路面模拟系统、边界层抽吸系统、汽车专用天平、移动测量系统等。

1. 道路模拟系统

早期的汽车天平没有集成移动道路模拟系统，目前主流的汽车天平都已集成了移动道路模拟系统。移动道路模拟系统有单带、三带和五带等类型。

（1）单带道路模拟系统 单带道路模拟系统只有一条移动带，测力传感器放置在移动带下面，如图11-14所示。车辆底部气流模拟精度高，可用于全比例车型的试验，但测力精度较低、车辆固定麻烦，车辆离地高度

图11-13 汽车总成部件道路模拟振动试验台

不能调节，目前主要用于对车辆底部气流更关注的赛车测试。

图11-14 单带道路模拟系统

（2）三带道路模拟系统 三带道路系统的配置包括一条长的中心带和两条边带，如图11-15所示。边带位于汽车左右两边车轮之下，以对具备高性能地面效应和速度的车辆提供更真实的移动地面模拟。三带系统兼具单带系统车辆底部气流的模拟精度和五带系统车辆测量的高精度优点。

图11-15 三带道路模拟系统

（3）五带道路模拟系统 图11-16所示是五带道路模拟系统，转台上集成了1条中间带和4条车轮驱动单元小带，测量精度高，可以调整车辆离地高度，主要用于乘用车测试。

2. 边界层抽吸系统

为减小边界层对气动力测量的影响，声学风洞安装有边界层抽吸系统，如图11-17所

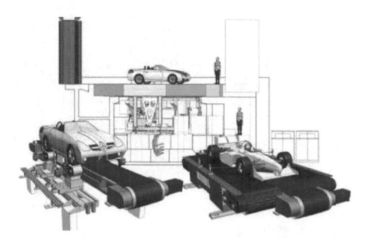

图 11-16 五带道路模拟系统

示，包括：中央移动带上游抽吸、中央移动带侧面抽吸、切向吹气和缝隙吸气。抽吸系统吸出的空气通过管道重新回到测试区。

3. 汽车专用天平

汽车专用天平主要用于测量作用在被试车辆上的气动力和力矩。较为先进的汽车声学风洞都将汽车天平与移动道路模拟系统集成在一

图 11-17 边界层抽吸系统

起构成汽车天平与道路模拟系统，如图 11-18 所示。如奔驰、宝马、丰田等汽车公司的声学风洞均将在直径 12m 的转台上安装气动六分力汽车天平和五带路面模拟系统。

4. 移动测量系统

测试区安装 7 轴（3 轴移动，4 轴旋转）移动测量系统可允许工程师在测试车辆周围布置高精度的传感器和传声器，进行压力、声学和速度测量。该系统重达数十吨，系统主要部件由碳纤维制成，可确保传感器在最大风速下的稳定测量，如图 11-19 所示。

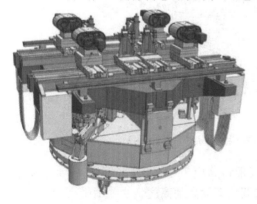

图 11-18 汽车专用天平

图 11-19 移动测量系统

5. 低频脉动的抑制

闭环开口式风洞易于受到压力和速度波动的影响，特别是在一个特定风速范围。这些波动会改变管道中的气流噪声，影响气动声学的测量结果。在风洞的测试区，自由射流在喷口和收集口之间会产生剪切层，剪切层内气流在脱离喷口后发生旋涡，进而在喷口和收集口之间产生额外激励，即所谓的边棱音回路压力扰动。此扰动引起的压力波会传播到上游并引起新的离散涡的分离。若旋涡脱离频率和边棱音频率都不和流线响应频率相合，则在测试区会产生谐振。

为抑制这种低频脉动，在喷口位置下游设置一个角度使气流产生一定角度的偏转。由于在有这种气流导流单元的区域静压差不同，纵向的旋涡会在喷口的墙面和顶上产生。这两种机理扰乱了喷口平面远端下游的连续旋涡链的形成，因此很有效地减小了风道响应频率的激励。

风洞中的另一种共振现象称为驻室亥姆赫兹共振，它由另一种不同的激励机制引起，因此不能被气流引导单元消除。一种有效抑制驻室亥姆赫兹共振激励的方法是采用调谐的亥姆赫兹谐振器。

6. 非稳定气流动的模拟

近年来，空气动力学和气动声学中非定常效应得到了越来越多的关注。这些非定常效应可以是阵风、不同的侧向风、大气湍流、汽车前缘湍流等引起的。为了能有效模拟湍流的长度、尺度和频率，侧风发生器在声学风洞中得到了应用。利用侧风发生器模拟真实来流的阵风和侧风，在进行声学测试时就不需要旋转汽车。气流的偏转靠喷口平面处垂直翼的转动实现，如图11-20所示。每片垂直翼均由独立的驱动器驱动，是一个具有独立的阵风和湍流发生器的主动系统。当垂直翼并联驱动时，便产生一个垂向和横向一致的流场。

图11-20 利用垂直翼的偏转模拟非稳定气流

第四节 汽车 NVH 测试系统

NVH 测试系统的作用是获取评价汽车整车及总成部件 NVH 性能的相关参数，通过对其进行分析处理得到反映 NVH 性能的评价指标。NVH 测试就是噪声和振动的测试，通过对噪声和振动特性的分析判断声振粗糙度的好坏。汽车噪声大多由振动引起，因此研究汽车 NVH 问题时须同时对振动和噪声进行测试。

一、汽车振动测试系统

汽车振动测试系统主要由振动加速度传感器、数据采集系统和振动分析设备（计算机）组成，如图11-21所示。汽车振动测试既可以在道路上进行，也可以在室内的道路模拟振动实验台上进行。第五章以汽车行驶平顺性试验为例介绍了振动测试的基本原理和方法,基于篇幅限制,在此不再展开。

二、噪声测试系统

噪声对人体的危害早在公元前 7 世纪已被人们所认识。1979 年在世界环境保护会议上已把噪声列为当代人类最不可容忍的灾难之一。汽车是当今社会主要的噪声源之一,欲减小汽车噪声对人体健康的影响,首先应对噪声进行准确的度量和分析。

图 11-21 振动测试系统

1. 噪声谱分析系统

噪声的频谱分析与第五章中介绍的汽车行驶平顺性分析方法完全相同,所用数学工具均是 FFT。由于噪声的频率范围较宽(可闻声波的频率范围是 20～20000Hz),所以噪声频谱分析的分频方法常采用倍频程。当然,为了不同的目的,有时也采用与平顺性分析相同的分频方法(1/3 倍频程)。表 11-1 是可闻声波按倍频程分频得到的各频带上、下限频率的结果,若测得声压的时间历程为 $p(t)$,按下式可计算出各频带上声压的均方根值(频谱值)。

$$\sigma_{\text{pi}} = \sqrt{\frac{1}{T}\int_{f_l}^{f_u} |p(f)|^2 \mathrm{d}f} \qquad (11\text{-}2)$$

式中　σ_{pi}——中心频率为 f_i 所对应频带上的声压均方根值;

f_l、f_u——分别为各频带上的下限频率和上限频率;

$p(f)$——中心频率为 f_i 所对应频带上声压时间历程的傅里叶变换。

表 11-1　倍频程各频带的上、下限频率和中心频率　　　(单位:Hz)

中心频率 f_i	下限频率 f_l	上限频率 f_u	中心频率 f_i	下限频率 f_l	上限频率 f_u
31.5	22.5	45	1000	700	1400
63	45	90	2000	1400	2800
125	90	180	4000	2800	5600
250	180	355	8000	5600	11200
500	355	710	16000	11200	22400

人耳对噪声的反应是对高频敏感、对低频迟钝。因此,噪声频谱分析的主要目的之一是了解噪声在各频带上的分布,以便采取相应的措施减小噪声对人体的危害。

为了使对客观物理量的测试结果能反映人耳的固有特性,需要引入响度、响度级及计权网络等重要概念。人耳对声音的听觉反应是"响"或"不响",因此用响度对其度量。由于人耳对不同频率声音的反应不同,所以不同频率的声音,尽管其声压级相同,但人耳所感觉到的响度却不一样。为了获得响度与声压级间的关系,美国的弗莱切和芒森及英国的鲁滨孙和达逊对许多人群进行了各种频率的听觉试验,他们将不同频率、响度相同的点连成一条曲线,便得到了等响曲线。再将各个频率的听域声压级点和痛域声压级点分别相连,便得到了听域线和痛域线。在两线之间,按响度的不同,将其分为若干个级,即响度级,在国际标准中,分为 13 级,其单位为仿(Phon)。每一级都有一条对应的等响曲线,如图 11-22 所示。其中:零响度线即听域线,120 仿的响度线即痛域线。

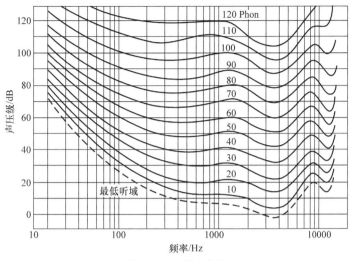

图 11-22 等响曲线

响度的单位是宋（Sone），1 宋的响度相当于 1000Hz 的纯音、声压级为 40dB（响度级为 40 仿）的听觉反应。50 仿为 2 宋，60 仿为 3 宋。实验证明，响度级每增加 10 仿，响度增加 1 倍。若用 L_N 代表响度级，N 表示响度，二者的关系是：

$$N = 2^{\frac{L_N - 40}{10}} \tag{11-3}$$

为了便于比较不同频率噪声对人体的影响，需对噪声进行频率加权处理，国际组织规定了 4 种声频率加权处理方法，并给了它一个专用的名词，即计权网络。A 计权网络是仿效 40 仿等响曲线设计的，其特点是对中频和低频噪声有较大的衰减，这种特性与人耳的感觉比较接近；B 计权网络接近 70 仿等响曲线，仅在低频段有一定的衰减；C 计权网络接近 100 仿等响曲线，在任何频率都没有衰减；D 计权网络专用于航空航天工具，如飞机的计权网络，如图 11-23 所示。

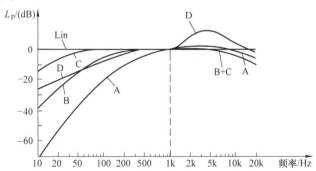

A 计权:40 仿等响曲线的翻转；模拟 55dB 以下低强度噪声特性
B 计权:70 仿等响曲线的翻转；模拟 55～85dB 中等强度噪声特性
C 计权:100 仿等响曲线的翻转；模拟高强度噪声特性
D 计权:专用于飞机噪声的测量

图 11-23 声级计计权网络特性曲线

声级计上均设有计权网络选择按钮，噪声测试前需选定计权网络，由声级计输出的声压信号便是经加权处理后的时间历程 $p_f(t)$，将 $p_f(t)$ 代入式（12-1）可得到选定计权网络各频带声压的均方根值,即噪声频谱。

2. 声强试验系统

表达噪声大小强弱的客观量是声压、声强和声功率。物理学家韦伯经过大量实验发现,人耳对声音的感觉(听觉)与客观物理量(声压、声强、声功率)之间并不是线性关系,而近似于对数关系,即人的听觉随刺激量的增大而逐渐趋于迟钝。为此,科学家便引出了一个成倍比关系的对比量——声级,用以表达声音的大小、强弱。与声压、声强、声功率等物理量对应的声级量分别是声压级、声强级、声功率级,它们彼此之间的关系是:

$$L_p = 20\lg \frac{p}{p_0} \tag{11-4}$$

$$L_I = 10\lg \frac{I}{I_0} \tag{11-5}$$

$$L_w = 10\lg \frac{W}{W_0} \tag{11-6}$$

式中 L_p,L_I,L_w——分别是声压级、声强级、声功率级(dB);

p,I,W——分别是声压、声强、声功率(N/m^2,W/m^2,W);

p_0,I_0,W_0——分别是基准音的听阈声压、听阈声强、听阈声功率(N/m^2,W/m^2,W)。

声音是一个既有大小又有方向的矢量,但度量声音的各量中只有声强是矢量。因此要想深入研究噪声(如声源的定位和识别、声能测线的测量、材料隔/吸声性能的测定及机械故障的诊断等),需对声强进行测量。早期,许多物理学家及声学工作者都试图测出声强这一物理量,但直到1977年美国科学家J·R·Chung和英国科学家F·J·Fang分别独立证明了声强的互谱关系式才获得成功。由此可见,声强的测试和声压不同,它需要用到2个声压传感器,如图11-24所示。A和B应是二只特性完全相同的声压传感器,正对安装,二者之间用隔离器将其隔开。若要得到最准确的测试结果,A、B二个声压传感器间的距离L(隔离器的长度)应视被测噪声频率的高低在12~50mm范围内自由可调。在低频和高回响的情况下,距离L较长;当频率高时,距离L则应较短。

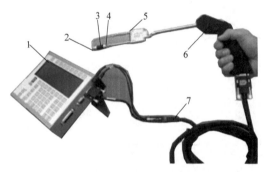
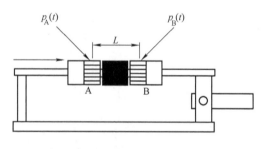

a) 声强测试系统的外形与组成　　b) 声强测试系统中声传感器安装关系

图11-24　声强测试系统
1—信号分析与处理设备　2—声传感器A　3—隔离器
4—声传感器B　5—传感器安装支架　6—手柄　7—信号线

基于J·R·Chung和F·J·Fang分别独立证明的声强互谱关系,利用图11-24所示的双声压传感器测得的声强可由下式计算得到。

$$I_r(f) = -\frac{1}{2\pi\rho L}\frac{\text{Im}[G_{AB}(f)]}{f} \tag{11-7}$$

式中 $I_r(f)$——r 方向上的声强谱密度函数；

$G_{AB}(f)$——声传感器 A 和 B 测得声压的互功率谱；

$\text{Im}[G_{AB}(f)]$——声传感器 A 和 B 测得声压互功率谱的虚部；

ρ——声传播介质的密度；

L——声传感器 A 和 B 间的距离。

对式（12-6）积分，可得到考察频带上的总声强 I_r，即

$$I_r = \int_{f_1}^{f_2} I_r(f) \mathrm{d}f \tag{11-8}$$

声强的测试是利用声波分别传到 A、B 两个声传感器时间差（相位差）判断声传播方向，用两个声传感器测得的平均声压度量声音的大小。若声波先到达声传感器 A，后到达声传感器 B，则声波的传播方向是由 A 指向 B；若声波先到达声传感器 B，后到达声传感器 A，则声波方向是由 B 指向 A；若声传感器 A 和 B 同时接收到声波，则声波的传播方向与声传感器 A 和 B 的中心线垂直。

3. 声全息测试技术

全息的概念是由著名物理学家 Gabor D 于 1948 年在改进电子显微镜的工作过程中提出的，并首先在光学领域得到应用。1966 年，Thurstone F L 首次将其引入声学领域，称为声全息技术。

声全息是一种将噪声映射为声强分布并定位噪声源的技术，它使用声传感器阵列（图 11-25）生成噪声源的声音图像，如图 11-26 所示。声全息测试系统中的通道越多，图像的分辨率就越高，但通道数增加，测试系统会变得复杂，测试成本随之大幅上升。目前用得较多的声全息测试系统是 64～128 通道。但要想获得分辨率高的整车声全息图片，需采用 400 通道以上的声全息测试系统。

a) 矩形阵列　　　　　b) 螺旋形阵列　　　　　c) 十字形阵列

图 11-25　声传感器阵列

声全息技术分为常规声全息、近场声全息和远场声全息。

（1）常规声全息　由于受测试技术与测试设备的限制，全息测量面重建的图像只能记

图 11-26 声全息图片

录空间波数小于等于 $2\pi/\lambda$（λ 为声波波长）的声波成分，且全息测量面只能正对从声源出来的一个小立体角。因此，当声源辐射场具有方向性时，可能会丢失声源的重要信息。此外，常规声全息技术只能用于重建声压场，而不能得到振速、声强等物理量。

（2）近场声全息　1985 年，美国宾州大学的 Maynard 教授等人运用近声场测量全息面重建了声源，首创了近场声全息（NAH）测试方法，从而大大推进了声全息技术的进步，也激起了全球对声全息技术研究的热潮。近场声全息是在紧靠被测声源物理表面（声传感器阵列或天线阵列离声源的距离 d 远小于声波波长 λ，即 $d<\lambda$）的测量，通过变换技术重建三维空间声压场、振速场和声强矢量场，能预报远场指向性。由于是近场测量，所以除可记录传播的声波成分外，还能记录空间频率高于且随传播距离按指数规律衰减的隐失波成分，因此可获得不受波长限制的高分辨率图像。

（3）远场声全息　远场声全息是通过对远离声源（$d>\lambda$）声压场的测量重建表面声压及振速场，由此预报辐射源外任意一点的声压场、振速场和声强矢量场。由于观测点离声源较远，记录不到隐失波成分，因此分辨率受波长的限制。远场声全息突破了近场声全息要求声传感器阵列的面积至少和被测物体的表面一样大及声传感器阵列距被测物体间的距离必须足够小（通常在 10cm 以内）的限制，它就像是一架"声学照相机"，如图 11-27 所示，因此可方便地用于高速行驶的汽车、列车噪声的测量。

图 11-27　远场声全息

远场声全息图像的分辨率与传声器的数量、阵列形状密切相关，一般说来，声传感器的数量越多，分辨率越高。而分辨率和声传感器阵列形状的关系就比较复杂，除十字形阵列、矩形阵列与分辨率有简单的解析关系外，其他形状的声传感器阵列与分辨率的关系很难用简单的数学关系表达。十字形阵列和矩形阵列结构简单，但螺旋形阵列性能最优。

三、声学品质

声学品质可定义为听觉事件对个人各方面需求的满足程度。被广泛认同的完整的声学品质定义首先由 Blauert 给出："声学品质是在特定的技术目标或任务内涵中声音的适宜性。"声学品质定义中的"声"并不是指声波这样一个物理事件，而是指人耳的听觉感知；"品质"是指由人耳对声音事件的听觉感知过程，并最终作出主观判断。声学品质包括尖锐度、粗糙度、抖动强度、音高、清晰度指数、语言干扰级、冲激量等。

1. 声尖锐度

声尖锐度与声音的频率成分有关，但与声音的响度无关，是一种人耳感觉声音尖锐、频率高、让人不舒服的程度，是声音中的高频能量与总能量之对比。尖锐度随声音高频分量的增加而增加，随低频分量的增加而减小。尖锐度的单位是 ACUM。以 1kHz 为中心的带宽为 150Hz 的 60dB 窄带信号产生的尖锐度为 1ACUM。

2. 声粗糙度

声粗糙度是声音受到幅值调制时的声品质评价指数。当调制频率很低时（低于20Hz），可直接感受到时变的响度抖动；调制频率高至 200Hz 以上时，可听到三种不同的声音；中间不高不低的调制频率（20～200Hz），感觉到的是稳定的，然而却是粗糙的令人感觉厌恶的声音。这种感觉常伴随发动机噪声出现，其分数谐波可能引起这样的调制效果。

声粗糙度的单位为 asper（asperity 的缩写）。规定以 1kHz、60dB 的纯音被 70Hz、100% 调制时的粗糙度为 1asper。

3. 声抖动强度

当声音的调制频率低于 20Hz 时，可直接感觉到音量随时间的变化。起伏程度是评价人的听觉对缓慢移动的调制声音的感受。比之有同 RMS 值的平稳声信号，抖动声信号显得更响（从而更加烦人）。这种情况下，感觉到的强度称为抖动强度，单位为 Vacil（Vacillate 的缩写）。1kHz、60dB 的纯音受到 4Hz、100% 的幅值调制时，规定为 1Vacil。

起伏程度大的声音听起来要比粗糙度大的声音更令人烦躁。

起伏程度是和粗糙度相对应的量，但起伏程度更适合评价 20Hz 以下调制频率的声音。人的听力对高频率调制声音的粗糙度敏感，对低频率调制声音的响度起伏程度敏感。

4. 音高

音高是声音的一种属性，它以由低至高的标尺对声音进行分类。对于纯音，音高主要依赖于音频，但也受到声压级的影响；对于由多个谱分量组成的复合音，可感觉到一个或多个音高。这些音高在很大程度上依赖于组成复合音的各分量的频率，但也可能发生掩蔽效应，使得某些音高比其他音高更为突出。

纯音或复合音的音高可以由信号的谱分布求出，称为谱音高。

5. 清晰度指数

清晰度指数是以保证交谈的私密性观点提出的参数。交谈的私密性可定义为背景声或噪声侵扰正常交谈的难易程度，它提供私密性的正面品质评价。

噪声对语言的掩蔽造成的干扰作用，可通过对噪声频谱（1/3 倍频程）按其对语言可懂度影响的重要程度适当加权，由经过加权的谱求出清晰度指数。

6. 语言干扰级

若以对语言的领会作为目标，背景声或噪声作为语言的干扰起负面作用，它可能对工作环境造成骚扰甚至危险，基于在该场所内所有对话必须得到正确理解，学术界提出了一种称为语言干扰级（SIL）的噪声评价指标。

按照班涅克的原始定义，语言干扰级定义为 600~1200Hz、1200~2400Hz 和 2400~4800Hz 三个频带声压级的算术平均值。后来，由于新规定了所谓优先倍频程带的设限，语言干扰级被改称为优先语言干扰级（PSIL），规定其为 500Hz、1000Hz 和 2000Hz 三个倍频程声压级的算术平均值。

7. 冲激量

冲激量是指一种用于量化信号冲激性质的量。冲激量的算法基于信号的包络分析，其结果以多个输出值表示，包括平均脉冲峰值电平、平均脉冲上升斜率和平均脉冲作用时间等。

四、汽车振动噪声传递路径和控制

汽车内部噪声和振动现象往往是由多个激励经由不同的传递路径抵达目标位置后叠加而成的。为了进一步优化整车 NVH 性能，往往要综合考虑各个激励和传递路径。通过传递路径分析（Transfer Path Analysis，TPA）确定各途径流入的激励能量在整个问题中所占的比例，找出传递途径上对车内噪声起主导作用的环节，通过控制这些主要环节，如使声源的强度、路径的声学灵敏度等参数在合理的范围里，以使车内噪声控制在预定的目标值内。传递路径测试是基于激励源－路径－响应的系统解决方案。传递路径分析测试的主要工作就是获取工作载荷和获取路径频响函数。因此，测试的第一步就是在工作条件下测试接触面的载荷，第二步是测试或者计算传递函数。载荷的测试方法有直接测试法、悬置刚度法、间接指示法和逆矩阵法。直接测试法是直接测试力和声学载荷，悬置刚度法只能测试结构力，不能对声学载荷进行测量。间接指示法主要用于单个源多个指示点的测量，而逆矩阵法则可以用于多源和多个指示点的测量。

五、试验模态测试与分析

模态就是结构固有的动态特性，它包含了系统的固有频率、阻尼比和振型等参数。

试验模态分析是指通过试验方法确定结构或机械振动的固有特性（固有频率、阻尼和振型）。试验模态分析可以帮助我们评价现有结构系统的动态特性，深入洞察产生振动的根本原因，从而进行结构优化。试验模态分析是机械设备故障诊断、动力学修改与灵敏度分析、有限元模型修改等的重要工具。

机械设备故障诊断：根据模态频率的变化可以判断裂纹是否存在；通过模态振型的突变可以找出裂纹的位置；通过转子轴承系统的模态阻尼变化可以诊断与预报转子轴承系统是否失稳；通过模态频率与激励频率之间的关系寻找激励源，从而找出出现故障的原因。

动力学修改与灵敏度分析：避免有害的共振，即根据工作环境的激励频率，对结构的振动频率进行控制，使之具有预期的固有频率；避免结构的过度振动，即对结构的动力学响应进行控制；提高结构的稳定性，以保证结构在动力学稳定边界内工作。

有限元模型修改：根据模态试验结果修正有限元模型，使得修正后的有限元模型更精确，此过程称为"模型的修改与确认"，即根据实测的系统动态特性（如频率、振型）对已有系统施加一定约束（如希望保持刚度和质量矩阵的对称性）、给一定目标（如前几阶频率、振型误差最小）。

1. 试验模态测试系统的组成

试验模态测试系统主要由激振器、传感器、数据采集仪和计算机等部分组成，如图11-28所示。

2. 试验模态测试的步骤

试验模态测试包括四个步骤——试验准备、结构激振、信号采集和参数识别，如图11-29所示。

（1）试验准备 模态试验最重要的准备工作是将被试对象（或试验结构）以适当的方式支撑起来。被试对象的支撑有两种常用的方式——自由支撑和地面支撑。

1）自由支撑：即被测对象用弹性绳自由地悬挂在空间，如图11-30所示。在这种状态下，结构将呈现由质量和惯性所确定的刚体模态（既无弯曲，又无变形）。对处于这种自由状态下的结构，可以确定其刚体模态、质量和惯性特性。

尽管不可能提供真正意义上的自由支撑条件，但在试验中提供一个十分接近这种状态的悬架系统是可能的，其方法是将试件支撑在很软的"弹簧"上，例如用很轻的弹性绳把试件吊起来。这时刚体模态的固有频率不再为零，但相对那些弯曲模态，其值是很低的。需注意的是，悬挂用弹性绳可能对各种小阻尼试件有增加阻尼的影响。

2）地面支撑：设想将结构上的某些点与地面固定连接。从理论上讲，地面支撑易于实现，即简单删去对应点的坐标即可，但在实际操作中很难提供一个基础或地基固定试验构件，使其完全与地面固连。

（2）结构激振 结构激振常用的方式主要有稳态正弦激振、随机激振和瞬态激振等。

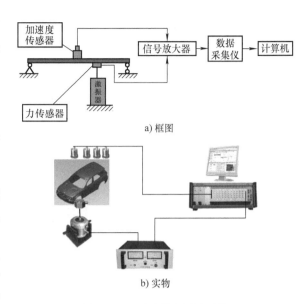

图 11-28 试验模态测试系统

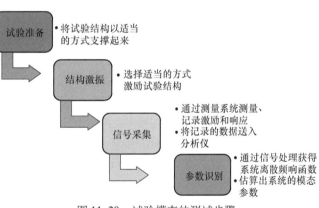

图 11-29 试验模态的测试步骤

图 11-30 自由支撑

1）稳态正弦激振施加在被测对象上的力是稳态正弦力，是最常用的一种激振方式。它具有能量集中、精度高等优点。稳态正弦激振分为单点激振和多点激振。

① 单点激振：采用一个激振器对结构上一个点激振。

② 多点激振：采用两个或两个以上激振器对被测对象的多个点同时激振。

2）瞬态激振是指给被测对象施加一个瞬态变化的力，是一种宽带激励方法。瞬态激振有快速正弦扫描激振、脉冲激振和阶跃激振等三种不同的激振方式。

① 快速正弦扫描激振：激振力为正弦力，其频率可调，信号发生器以快速扫描方式工作，频率在扫描周期内成线性增加，幅值不变。扫描的上下限频率和周期根据试验要求可自由调节，扫描时间为 1~2s，可以快速测试出被测对象的频率特性。

② 脉冲激振：用一个力锤（又称脉冲锤）敲击被测对象，对被测对象施加一个力脉冲。脉冲的形成及有效频率取决于脉冲的持续时间。脉冲的持续时间则取决于锤端的材料，材料越硬，持续时间越小，则频率范围越大。脉冲锤激振简便高效，是一种常用的激振方法，但着力点位置、力的大小、方向的控制等方面需要熟练的技巧，否则会产生很大的随机误差。

③ 阶跃激振：激振力来自一根刚度大、重量轻的弦。试验时，在激振点处，由力传感器将弦的张力施加于被测对象上，使之产生初始变形，然后突然切断张力弦，这相当于对被测对象施加一个负的阶跃激振力。阶跃激振属于宽带激振，在建筑结构的振动测试中普遍应用。

3）随机激振常用白噪声或伪随机信号发生器作为信号源，也是一种宽带激振方法。

（3）信号采集　信号采集就是按照采样定律的要求将传感器输出的模拟信号转换成数字信号的过程。有关信号采集所涉及的相关技术已在第五章中作过介绍，在此不再重复。

（4）模态参数识别　模态参数识别的主要任务是从测试所得的数据中确定振动系统的模态参数，其中包括模态固有频率、模态阻尼比、模态质量、模态刚度和振型等。参数识别有频域法、时域法、小波识别法和基于模拟进化的模态参数识别法。

1）频域法。模态参数识别的频域法包括单模态识别法、多模态识别法、分区模态综合法和频域总体识别法等。对小阻尼且各模态耦合较小的系统，用单模态识别法可达到满意的识别精度；而对于模态耦合较大的系统，必须用多模态识别法。

① 单模态识别方法：单模态识别法的特点是只用一个频响函数（原点或跨原点频响函数）就可得到主导模态的模态频率和模态阻尼（衰减系数），若要得到该阶模态振型值，则需要频响函数矩阵的一列（激励一点，测各点的响应）或一行（激励各点，测一点的响应），如此可得到主导模态的全部参数。

② 多模态识别法：在建立频响函数理论模型的过程中，将耦合较重的待识别模态考虑进去进行参数识别估算，适用于模态较为密集或阻尼较大、各模态间互有重叠的情况。

③ 分区模态综合识别法：对较大型结构，由于单点激励能量有限，在测得的一列或一行频响函数中，远离激励点的频响函数信噪比很低，以此为基础识别的振型精度也很低，甚至无法得到结构的整体振型。分区模态综合识别法简单，不增加测试设备便可得到满意的效果。缺点是对超大型结构仍难以激起整体有效模态。

④ 频域总体识别法：建立在多输入多输出（MIMO）频响函数估计的基础上，用频响函数矩阵的多列元素进行识别；还有一种是建立在单输入多输出（SIMO）频响函数估计之上的不完全 SIMO 参数识别，运用所有测点的频响函数来识别模态阻尼和模态频率，可以认为

此方法是一种总体识别。运用 SIMO 法识别模态阻尼和模态频率，原则上也可以用各点的测量数据，并分别识别各点的留数值。但是根据单点激励所测得的一列频响函数求取模态参数时，可能会遗漏模态，单点激励无法识别重根以及难以识别非常密集的模态。

2）时域法。时域法是近年才发展起来的一门新技术，特别适合于在工作中承受的荷载很难测量的大型复杂构件，如飞机、船舶、汽车和建筑物等。由于大型构件的响应信号很容易测得，因此直接利用响应的时域信号进行参数识别无疑是很有意义的。时域法是将振动信号直接进行识别，最基本、最常用的有 Ibrahim 时域法、ITD 识别法、最小二乘复指数识别法（LSCE 法）、多参考点复指数识别法（PRCE 法）、特征系统实现识别法（ERA 法）和 ARMA 时序分析识别法等。

① Ibrahim 时域识别法：是以黏性阻尼多自由度系统的自由响应为基础，根据对各测点测得的自由振动响应信号，建立自由振动响应矩阵及数学模型，求出系统的特征值与特征向量，最终识别出各模态参数。此方法要求：a. 激励能量足够大，否则不足以使系统产生所需全部模态的自由振动响应信息；b. 测试对应于系统 n 个自由度测点的自由响应，才能构成 $2n \times 2n$ 阶的状态向量矩阵，测试工作量很大。

② ITD 识别法：属 SIMO 参数识别，直接使用自由响应或脉冲响应信号，其基本思想是使用同时测得的各测点自由响应（位移、速度或加速度三者之一），通过三次不同延时采样，构造自由响应采样数据的增广矩阵，根据自由响应的数学模型建立特征方程，求解出特征对后，再估算各阶模态参数。ITD 识别法的特点是同时使用全部测点的自由响应数据。1986 年，Ibrahim 又提出了省时的 STD 识别法，是 ITD 识别法的一种新的解算过程，使 ITD 法的计算量大为降低，节省了内存和机时，而且有较高的识别精度，尤其对于误差的识别。STD 识别法对用户参数选择的要求大为降低。

③ 最小二乘复指数识别法（LSCE）：属于单输入单输出（SISO）参数识别。最小二乘复频域识别法直接使用自由响应或脉冲响应信号，基本思想是以 Z 变换因子中包含待识别的复频率，构造 Prony 多项式，使其零点等于 Z 变换因子的值。将求解 Z 变换因子转化为求解 Prony 多项式的系数。为了求解这一组系数，构造脉冲响应数据序列的自回归（AR）模型。自回归系数即 Prony 多项式的系数，通过在不同起始点采样，得到关于自回归系数的线性方程组，用最小二乘法可得到自回归系数的解，于是可求得 Prony 多项式的根。再由脉冲响应数据序列构造该测点各阶脉冲响应幅值（留数）的线性方程组，用最小二乘法求解，对各点均作上述识别，得到各阶模态矢量。与 ITD 法相比，LSCE 法在识别模态频率和模态阻尼时只用一个测点的脉冲响应数据，而不像 ITD 法那样使用全部测点自由响应数据，因而 LSCE 法属于局部识别法。

④ 多参考点复指数识别法（PRCE）：源于单点激励下的最小二乘复指数法，属 MIMO 整体识别法，数学模型为基于 MIMO 的脉冲响应函数矩阵。

⑤ 特征系统实现识别法（ERA）：源于单点激励下的 ITD 法，属 MIMO 整体识别法。ERA 法以由 MIMO 得到的脉冲响应函数为基本模型，通过构造广义 Hankel 矩阵，利用奇异值分解技术得到系统的最小实现，从而得到最小阶数的系统矩阵，以此为基础可进一步识别系统的模态参数。该方法理论推导严密、技术先进、计算量小，是目前最完善又最先进的识别方法之一，比 LSCE 法的识别精度有较大提高，特别是能识别密集模态和重根情形，对大型复杂结构的效果良好。

⑥ ARMA 时序识别法：属 SISO 参数识别，直接使用随机激励和响应信号，利用差分方程和 Z 变换分别建立强迫振动方程与 AR2MA 模型、传递函数与 ARMA 模型的等价关系，由 ARMA 模型识别模态参数。由于只使用一个测点的 ARMA 模型就可以识别出各阶极点，因而也属于局部识别法。用时序模型进行参数识别无泄露、分辨率高，但它的形式、阶次与参数都必须正确选择，这是时序分析的难点。

3) 小波识别法。小波识别法能将时域和频域结合起来描述观察信号的时频联合特征，构成信号的时频谱，也称时频局部化方法，特别适用于非稳定信号。

首先利用调频高斯小波变换良好的时频分辨能力以及带通滤波性质使系统自动解耦，然后从脉冲响应函数的小波变换触发识别模态参数。信号直接小波变换方法的优点是：①易于理解与应用；②可将实际工程中大量存在的非平稳随机信号、有局部断点的信号及一些不能用傅里叶变换来分析的信号，用直接小波变换分解为不同尺度上（不同频率范围内）的分量，再对这些分量进行分析。

4) 基于模拟进化的模态参数识别法。基于模拟进化的模态参数识别方法实现了基于达尔文进化理论的整体优化算法用于识别线性振动结构的模态参数，通过高斯随机变量结果改变进化解法的每个组成部分。在这个过程中，变量向量起着生物体的作用，因此参数空间的每个点被认为是一个生物体。每个生物体（变量向量）复制本身给后代，其中复制错误（随机）用来解释变异。两代生物体根据给定规则彼此竞争，在整个群体中，每个生物体与随机选择的生物体进行竞争以获得适应性分数。得最高分的生物体作为下一代的双亲而幸存，剩余的生物体则被淘汰。同样的过程一直重复到整个群体得到很好的进化。

第五节 汽车 NVH 性能评价

汽车 NVH 性能直接与驾乘人员在各种不同运行工况对车内外振动和噪声的主观感觉相关，简言之，汽车 NVH 性能就是汽车运行过程中产生的振动和噪声给驾乘人员的听觉、触觉和视觉感受，也称响应。这种响应很难用与设计参数直接相关的工程术语来表述。但为了能够准确客观评价汽车的 NVH 性能，人们希望找到能与驾乘人员的主观反应关联的客观测试参数。现阶段，NVH 主观评价的测试工况包含发动机起动、熄火、起步、制动、怠速、加速（包括缓、中、急加速）及滑行。尽管汽车 NVH 性能主要靠主观评价，但由于 NVH 性能的客观测试可以大大提升汽车 NVH 性能评价的准确性和一致性，有影响的汽车公司都建有自己专用的 NVH 实验室，并制定了各自的 NVH 试验规范，即汽车 NVH 性能的评价已形成了主观评价和客观评价两套相辅相成、相互补充的评价体系。

一、主观评价

尽管汽车 NVH 性能主要是驾乘人员的主观感觉，但由于不同驾驶人员的操作技能和不同人群的身体素质具有极大的差异性，为了提高主观评价的一致性和准确性，汽车 NVH 性能的主观评价常由经专门训练的多名（3~5 名）工程师或技术专家独立进行评价。若评价结果的分散度较大，还需扩大主观评价的范围，即增加被评价车辆的数量或增加参与评价的技术专家的人数评价。

1. 主观评价的技术条件

所谓主观评价的技术条件，就是对汽车 NVH 性能评价所用的场地、环境及车辆的状况所作出的统一规定。

（1）试验场地　汽车 NVH 性能主观评价应在铺装的沥青或混凝土路面、有小卵石的粗糙路面或汽车试验场专用试验道上进行，包括平坦的长直路面和能放冲击条的安全减速路面，路面要保持清洁干燥、无积水、无积雪。

（2）试验环境　汽车 NVH 性能主观评价试验的环境条件应符合 GB/T 12534—90《汽车道路试验方法通则》的规定。试验时应无雨、无雾、无雪，相对湿度小于95%，气温在 0 ~ 40℃之间，风速小于 3m/s，环境噪声低于被测车辆噪声 10dB 以上。

（3）试验车辆　被试车辆按规定装备齐全，如各总成、部件、附件及各所属装置（包括工具和备用轮胎）等，无组件缺失；汽车制动、操纵等各系统必须按技术条件规定调整到位，确保所有的门、窗（包括天窗）处于正常关闭状态；车轮动静平衡、四轮定位及轮胎气压符合该车技术条件规定，保证至少有 3/4 箱的燃油，汽车的行驶里程应大于 1500km。

2. 汽车 NVH 性能主观评价的着重关注点

（1）车身　车身的 boom 轰鸣声、转向盘的抖动、仪表板及座椅振动、内外后视镜等的抖动、车内 Squeak 和 Rattle 异响、各处的风噪声、各处路噪声、暖风空调系统 HVAC 噪声、机电系统噪声（包括座椅调节、刮水器、玻璃升降等的噪声）。

（2）动力总成　发动机起动与熄火时的噪声和抖动、发动机在急速状态下的噪声和抖动、发动机附件（发电机、空调、助力转向等）噪声、进排气系统噪声、变速器噪声、后轮驱动的传动轴的 D/L 噪声、传动系统齿轮的噪声。

（3）底盘　车轮不平衡激起的振动、转向盘的摆振、制动引起的振动和噪声、制动摩擦片与制动盘（或制动鼓）的摩擦引起的尖叫声、制动激起的汽车颤抖、减振器的嗤嗤声、路面不平激起的振动与噪声。

3. 汽车 NVH 性能主观评价的主要内容

（1）急加速和缓加速工况的振动与噪声　汽车在平坦路面上以 2 档急加速（油门全开）和缓加速（0.1g 加速）行驶，判断汽车的声品质：有无轰鸣声、噪声随着发动机转速增减的变化特性、评价车身内噪声的大小、语言对话清晰度、发动机点火频率对噪声的影响、有无异常噪声（如增压器的啸叫声、齿轮的鸣鸣声）、进排气系统噪声与振动等。评判转向盘、座椅、加速踏板及地板的振动是否随发动机转速的变化而变化。

（2）巡航工况的振动与噪声　汽车以不同的速度在平坦路面上巡航行驶，判断轮胎噪声及转向盘、座椅、地板、内外后视镜等的振动与噪声是否与轮胎、动力系统的不平衡有关，评价车身内的噪声量级及声品质。

（3）滑行和减速工况的振动与噪声　汽车滑行和减速工况运行，判断转向盘、座椅、地板、内外后视镜等的振动与噪声，评价车身内除发动机外的噪声量级及声品质。

（4）定置噪声　汽车停放在空旷的场地上，变速器置于空档，起动发动机待其达到正常工作温度后，缓慢踩下加速踏板，判断有无异常噪声，转向盘、座椅、加速踏板及地板的振动与噪声量级及是否随发动机转速的变化而变化；判断各电器附件（座椅调节电动机、门玻璃升降电动机、电动天窗、电动滑门、空调与暖风系统、电动后视镜、刮雨器、电动天线以及燃油泵等）工作时的噪声量级与声品质。

(5) 高速行驶工况的气动噪声　汽车在平坦路面上以设定的高速匀速行驶，评判有无哨声和漏气噪声，评价气流流过车身、车窗、车门和天线时的噪声。判断驾乘人员两侧的噪声，尤其是在 A 柱周围和后视镜附近、车门顶部、B 柱及 C 柱附近的噪声大小、涡流噪声量级及声品质。

4. 汽车 NVH 性能主观评价的常用术语

抖动（Shake）：主要指发生在转向盘、地板及仪表板上的振动，是 10~35Hz 的低频振动，手脚接触会有麻感。

跳动：车辆或发动机上下颠簸的振动，通常频率较低。

晃动：车辆或发动机左右摇摆的振动，通常频率较低。

耸动：车辆或发动机前后窜动时的振动。

摆振（Nibble）：主要是由车轮的不平衡或车轮定位参数失准所激起的车轮与转向系统的振动。

语音清晰度（AI）：是车内乘客间对话的清晰程度。

结构噪声（Structure-borne Noise）：由结构振动引发的 20~500Hz 的低频噪声。

气动噪声（Air-borne Noise）：汽车高速行驶时的空气动力学噪声，频率相对较高（250~5000Hz）。

哨叫声（Whistle）：类似口哨声，通常是由小缝、小孔，如增压器、进排气系统、后视镜等发出的噪声。

吱吱嘎嘎嗒嗒声（Squeak & Rattle）：通常是指摩擦挤压、碰撞敲击等异响，一般为内装饰件的松动、相近零部件间的碰击所产生的噪声。

Boom：低频隆隆噪声，又称轰鸣声，频率在 20~100Hz，主要由转动部件的动不平衡引起，具有周期性。

Moan：低沉呻吟声，频率在 80~300Hz，主要由转动部件的动不平衡引起，具有周期性。

Whine：呜呜悲嗥声，频率在 300~1000Hz，主要是齿轮啮合力的变化所引起，具有周期性。

Shudder：频率在 10~30Hz，源于传动轴万向节、传动轴不平衡或驱动轴的磨损等，激发数个模态而产生的抖动。

Roughness：频率在 20~80Hz，主要是由转动部件的动不平衡所激起的振动和噪声。

Clunk："咯咯"的宽频带噪声，是由振动冲击引起的瞬态噪声，如传动系统中因齿轮间隙所产生的声音，似沉闷的金属关门声。

Click：如计算机鼠标点击的"咔哒"声。

Grind：如金属在砂轮上"嘎吱嘎吱"的摩擦声。

Growl：低沉的咆哮声，似狗在发怒时的低吼声，频率在 100~1000Hz。

Hiss：漏气的"嘘"声，如轮胎的漏气声、水倒进烧煳的锅里发出的"嘶嘶"声。

Howl：吼叫声，嚎叫声，似狗吠如狼嚎的声音。

Jiggle：道路引起的低频摇摆、发动机抖动声。

Jitter：因车轮的动不平衡产生的连续跳动。

Knock：短促的猛烈敲打声，如较重的敲击门窗等的声音。

Rattle："嗒嗒"的碰击声，近距离零部件因碰撞而发出的噪声。
Roar：如瀑布之声或狮子吼叫声。
Rumble：轰隆隆之声，如保龄球在球道上滚动的声音，频率在 100～300Hz。
Spit："噼啪"声，就像水滴在热锅上发出的"噼啪"声。
Squeal：长而尖锐的"嘎吱"声，如指甲刮黑板的"嘎吱"声。
Squeak：尖利刺耳的"吱吱"声，两个接触的零部件相对滑动摩擦产生的噪声，如老式门在开关时发出的"吱呀"声。
Harshness：轮胎经过路面凹坑或凸起时引起的短暂冲击性噪声和振动。
Accessory Rumble：发动机附件如发电机等所发出的低频噪声。
Accessory Whine：发动机附件如发电机等所发出的中频噪声。
Axle Noise：齿轮轴转动时发出的噪声。
Body Boom：由传动系统扭振或道路不平所激起的车身低频噪声，特别是传动轴的动不平衡激起的 30～100Hz 的轰鸣声。
Brake Judder：制动过程中制动波动引起的制动颤抖。
Brake Squeal：制动摩擦片与制动盘（制动鼓）的摩擦尖叫声。
Column Shake：转向柱在 15～35Hz 频率范围内的抖动。
Engine Idle Shake：怠速时发动机激起的抖动。
Engine Noise：发动机辐射出来的噪声，频率在 350～3000Hz。
Exhaust Boom：排气系统共振引起的轰鸣声，频率在 25～100Hz。
Exhaust Noise：排气系统辐射产生的噪声，包括尾管发出的噪声。
Fuel Pump Noise：油泵产生的中高频的泵油噪声。
Gear Noise：齿轮啮合时产生的啮合噪声，频率范围在 300～1500Hz。
Gear Rattle：齿轮啮合时因齿间的间隙而产生的撞击噪声。
Gear Whine：齿轮啮合力的变化所引起高频"呜呜"声，频率在 200～2000Hz。
High Speed Shake：车轮不平衡而产生的抖动，程度随速度增加而增大。
Idle Boom：怠速时发出的低频轰鸣声，频率在 25～35Hz。
Idle Vibration：发动机在怠速时产生的振动。
Idle Shake：怠速状态下汽车的抖动。
Induction Noise：发动机进气系统所辐射的进气噪声，频率为 100～600Hz。
Impact Boom：轮胎经过路面凸起时产生的短暂轰鸣声，频率为 20～100Hz。
Lugging Boom：在低转速高转矩超负荷工况下，由发动机大转矩所引起的振动和轰鸣声。
Open Hole Noise：高频路面噪声，听着就像空气流经开口处发出的声音。
Powertrain Drone：传动系统发出的低沉而单调的"嗡嗡"声。
Powertrain Moan：传动轴动不平衡产生的低沉噪声。
After Shake：汽车在经过路面凸起物后，继续能感觉到汽车会做几次小阻尼的振动后才平缓下来的那类抖动。
Wind Throb：开窗行驶的汽车，因空气流经窗内而产生的"隆隆"声。
Stall：突然熄火所产生的噪声。

Stumble：感觉汽车不听使唤，就像人走路步履蹒跚，跌跌撞撞所产生的振动与噪声。

Surge：感觉汽车不听使唤，突然意外地急剧加速所产生的振动与噪声。

5. 汽车 NVH 性能主观评价的评分准则

汽车 NVH 性能的主观评价也是采用打分的方式，分值越高则说明性能越好。表 11-2 是汽车 NVH 性能主观评价评分准则的一个示例，各大汽车公司都有自己的评分准则。

表 11-2 汽车 NVH 性能主观评价评分准则

评分值	1	2	3	4	5	6	7	8	9	10
评分描述	无法接受		太差劲		可忍受	能接受	合理的	良好	优秀	出众
客户满意度	非常不满意				不太满意	相对满意		非常满意	完全满意	
客户挑剔群	所有客户				平均客户	挑剔的客户		受训过的人员	无人挑剔	
	不能接受(需写出理由和评论)					能接受(欢迎写出理由和评论)				

二、客观评价

汽车 NVH 性能客观评价的内容和项目也较多，主要有汽车加速行驶时的车外噪声、汽车加速及匀速行驶时的车内噪声、汽车定置噪声、汽车发动机及各总成部件的运行噪声、汽车整车及各总成部件的声学品质、汽车行驶平顺性、汽车整车及各总成部件的试验模态测试等。

特别说明：汽车 NVH 性能除主观评价和客观评价之外，有些项目采用了主观和客观相结合的评价方式，如汽车的行驶平顺性，采用的是用振动测试系统客观地测试汽车以设定工况运行过程的振动，用人体对振动的反应进行主观评价。

第十二章 汽车标定试验

汽车上的电控系统越来越多,无论是什么类型的电控系统都需要原始控制数据,否则汽车上的电控系统根本无法正常工作。获取原始控制数据的试验称为标定试验。由于电控系统的作用和功能各不相同,所以其原始控制数据也各不相同,其标定试验的内容和方法各异,在此仅举4个例子。

第一节 电控燃油喷射发动机标定试验

电控燃油喷射发动机分为汽油发动机和柴油发动机。电控燃油喷射汽油发动机简称为电控燃油喷射发动机,即电喷发动机;电控燃油喷射柴油发动机简称高压共轨柴油发动机。无论是电控燃油喷射汽油发动机,还是电控燃油喷射柴油发动机,都装有大量不同类型的传感器,但为了使发动机在各种不同工况下都能有效获得最佳综合性能,还需要采集车载传感器无法提供的大量原始控制数据,就需要对发动机进行标定试验。由于电控燃油喷射汽油发动机和电控燃油喷射柴油发动机燃烧过程和燃油的特性均存在较大差异,因此标定参数和标定试验过程亦各不相同。

一、电控燃油喷射汽油发动机标定试验

电控燃油喷射汽油发动机有歧管喷射和缸内直喷两大类,尽管其燃烧方式存在较大差异,且在特殊工况(起动、暖机、怠速等)所用可燃混合气的浓度存在很大的不同,但标定试验的内容、标定方法与流程基本相同,所以下面一并介绍两类不同类型的电控燃油喷射汽油发动机的标定试验。

电控燃油喷射汽油发动机的控制内容主要是燃油喷射量和点火正时两大部分。电控燃油喷射汽油发动机的标定试验需要获得各种不同工况的最佳喷油量和最佳的点火提前角。换言之,电喷发动机标定试验就是要找到喷油量和点火提前角随工况的变化规律。

1. 喷油量标定

所谓喷油量标定,就是要得到在各种不同的运行工况下、发动机达到最佳工作状态(综合性能最佳)、三元催化转化器转化有害气体的效率最高等所对应的喷油量。

(1) 正常运行工况的喷油量 正常运行工况是指发动机达到正常工作温度且处于对外输出动力的工作状态。理论和实验表明,发动机在正常运行工况下,若燃用过量空气系数 α 为 1 的可燃混合气,不仅发动机的动力性和经济性表现均良好、有害气体的排放量亦相对较低,而且还可以使三元催化转化器获得最高的综合转化效率。由此可见,电控汽油发动机在正常运行工况的喷油量应由过量空气系数 α 来确定,其方法是,利用安装在发动机进气道上的空气质量流量传感器测出发动机的进气量,据此并利用过量空气系数 α 为 1 计算出所需的燃油喷射量。

(2) 起动、暖机、怠速工况的喷油量 无论是什么类型的燃油发动机,当可燃混合气的浓度低于一定数值(火焰传播下限)时,不仅其着火延迟期较长,而且可燃混合气的燃烧速度亦非常慢,致使发动机不能稳定运转。

1) 对于歧管喷射的电喷汽油发动机,在发动机起动、怠速、暖机过程中,一方面发动机温度低汽油的挥发性差;另一方面,发动机的进气量小、流速低,缺少足够的气流运动促使汽油与空气混合。前述两方面因素的共同存在,使得燃烧室中可燃混合气的均匀性很差,浓与稀的可燃混合气不仅同时存在且在燃烧室中的分布具有随机性。为了确保在火花塞周围可燃混合气的浓度始终大于火焰传播下限所对应的浓度值,必须额外增加起动、暖机、怠速等工况的燃油供给量,加大可燃混合气的总体浓度。

由上述分析可知,在起动、暖机、怠速工况,可燃混合气的浓度受发动机转速和环境温度的影响。

① 起动工况。发动机起动由起动机驱动完成,其转速比怠速工况还要低,转速越低,进气的流速越小,可燃混合气的质量越差,为了确保火花塞周围的可燃混合气浓度在起动过程始终不低于火焰传播下限,就需要供给更浓的可燃混合气。可燃混合气越浓,因缺氧不能燃烧的燃油就越多。如此,不仅 CO 和 HC 等有害气体的排放量会越高,而且还会带来更多燃油的浪费。起动工况喷油量的标定就是要确定在保证发动机能有效起动的前提下所对应的最低可燃混合气的浓度。由于发动机的起动有冷起动和热起动之分,不同地区不同季节的环境温度各不相同,起动工况的喷油量标定还要找到冷起动和热起动在不同的环境温度所对应的最低可燃混合气浓度。

② 暖机工况。发动机起动一旦完成便进入暖机工况,为了缩短发动机的暖机过程,减小发动机的磨损,延长其使用寿命,均采用转速提升的暖机方式。汽油发动机的暖机转速通常设定为 1000r/min。发动机转速提高,可燃混合气形成的质量随之提升,在保证发动稳定运转所对应的最低可燃混合气浓度随之下降。随着暖机过程的延续,发动机温度逐渐上升,可燃混合气的质量随之逐渐改善,对应的最低可燃混合气浓度逐渐减小。暖机工况喷油量的标定就是要找到最佳可燃混合气浓度随温度变化的规律。

③ 怠速工况。发动机达到正常工作温度后,暖机过程结束。此时若不对节气门进行操作,发动机自动进入怠速工况,即发动机转速由暖机过程的 1000r/min 降至 800r/min。尽管怠速工况的转速与暖机过程相比略有降低,但由于发动机已达到正常工作温度,因此可燃混合气的质量明显比起动工况及暖机过程前期好,需要在发动机标定试验台上准确测试怠速工况最小的可燃混合气浓度。

2) 对于缸内直喷的电喷汽油发动机,由于在喷油器喷射的区域可燃混合气较浓,只要将火花塞布置在喷油器的喷射区域,就可以确保火花塞能有效且快速点燃可燃混合气,一旦喷射区域的可燃混合气着火燃烧,即便其他区域是很稀的可燃混合气,也可在强烈火焰的作用下被点燃并迅速燃烧。由此可见,缸内直喷的电喷汽油发动机在起动、暖机及怠速工况均可以燃用很稀的可燃混合气。

缸内直喷的电喷汽油发动机在起动、暖机、怠速等工况喷油量的标定就是在发动机标定试验台架上准确测出:

① 起动和暖机工况可保证发动机有效起动及稳定暖机运行的最小喷油量随温度的变化规律。

② 保证怠速稳定运行的最小喷油量。

2. 点火提前角标定

点火提前角的标定就是要找到最佳点火提前角。其原因是：

1）点火提前角的大小对发动机的动力性、经济性和有害气体的排放量均有较大的影响。

2）最佳点火提前角随发动机运行工况的变化而变化，即最佳点火提前角是一个随发动机转速及负荷变化而变化的多因素变化量。此多因素的变化量若描在坐标图上，就是一个三维曲面，如图12-1所示。此图称为电控燃油喷射发动机的点火脉谱图。发动机点火提前角标定，就是利用高精度的发动机标定试验台架，通过精确的试验获得被试发动机的点火脉谱图。

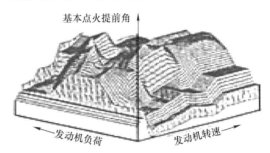

图 12-1 汽油发动机点火脉谱图

二、电控燃油喷射柴油发动机标定试验

电控燃油喷射柴油发动机的标定分为喷油量标定和喷油提前角标定，即通过标定试验获取各种不同工况的最佳喷油量和最佳喷油提前角。

1. 喷油量标定

电控燃油喷射柴油发动机喷油量的标定，同样是要得到在各种不同的运行工况下发动机达到最佳工作状态（综合性能最佳）所对应的喷油量。

（1）正常运行工况的喷油量 柴油发动机的最大特点是，在所有工况下都以最大进气状况进气（对于自然吸气的柴油发动机，进气量不作任何调节；对于增压发动机，仅调节其增压规律，以避免增压不足或过增压）。为了应对发动机对外输出功率的变化，只需调节供油量的大小。因此柴油发动机正常运行工况喷油量的标定只需确定怠速喷油量和最大喷油量（最大动力输出对应的喷油量）之间喷油量随加速踏板角度变化的规律。线性规律具有简单、易控、与人的操作习惯较吻合的特点，柴油发动机在正常运行工况的喷油量常采用线性规律。

（2）起动、暖机、怠速工况的喷油量 电控燃油喷射柴油发动机起动、暖机、怠速工况的喷油量标定与缸内直喷的电喷汽油发动机很相似，需要在发动机标定试验台架上准确测出：

1）起动和暖机工况可保证发动机有效起动及稳定暖机运行的最小喷油量随温度变化的规律。

2）保证怠速稳定运行的最小喷油量。

2. 喷油提前角标定

柴油发动机的喷油提前角与汽油发动机的点火提前角在对发动机性能的影响方面几乎完全相同，所以喷油提前角的标定也是要获得喷油脉谱图。

三、电控燃油喷射发动机标定试验台的组成与要求

用于电喷发动机标定试验的试验台架应具有以下特点：

1）能够根据标定需要，精确地设定发动机运行工况点，且稳定性好。

2）实时检测发动机的运行状态，可方便精确地获取发动机经济性、动力性及排放等性

能指标。

3）通过应用特定的控制软件，能够实现对发动机电子控制单元控制参数的实时在线修改。

试验系统由供开发用的 ECU、计算机、测功机、排放测试分析系统、油耗仪及其他监控仪器等设备组成。

无论是电控发动机的标定试验台，还是性能试验台，其主体结构基本相同，都是利用测功机模拟发动机在各种不同运行工况下的负荷；利用各种不同的传感器获取表征发动机性能的指标信息；利用计算机对发动机及试验台架进行实时精确控制。但由于电控发动机标定试验的目的是获取原始控制数据，而发动机性能试验的目的是获取评价发动性能的指标性参数，因此电控燃油喷射发动机标定试验台还必须满足以下特别要求：

1. 必须使用开发专用的 ECU

发动机标定试验需要用到开发专用的 ECU，它与产品 ECU 最大的不同是：开发专用的 ECU 不仅能像产品 ECU 那样实时、精确、有效地对发动机进行控制，还可以通过标定专用的接口与计算机相连，在发动机标定试验过程中，可将计算机中的数据实时传送给开发专用的 ECU 存储器，实现对 ECU 存储器中的控制参数（如：喷油脉宽、点火提前角）进行调节，使发动机的性能参数（功率、转矩、有效油耗率、排放等）达到最优。而产品 ECU 存储器中的控制参数，在发动机运行过程中只能读取，不能修改。

2. 需用到标定专用的试验台主控系统

发动机标定试验台主控系统应能按照发动机标定试验所设定的流程控制被试发动机及发动机标定试验台全部设备协调有序地工作，并对发动机性能是否达到最优自动进行判定。

换言之就是：

1）能对调节发动机试验环境的设备（实验室环境温度、风机的送风强度、发动机冷却液温度等）进行控制。

2）能自动设定发动机的运行工况。

3）实时测试发动机的全部性能指标。

4）当被试发动机在设定工况运行时，能自动对开发专用 ECU 中的控制参数（喷油脉宽、点火提前角）进行调节，直至发动机性能达到最优。

5）能对发动机性能是否达到最优进行准确判定。

6）能实时监测发动机的全部运行参数和状态参数。

第二节　EPS 系统标定试验

汽车转向系统是一个复杂的多自由度振动系统，一方面，不同的系统结构其动态特性各不相同；另一方面，操纵转向盘所需力（即转向力）的大小不仅随车速呈非线性规律变化，而且还随转向轮偏转角呈非线性规律变化。为了获得良好的转向助力特性和使汽车具有良好的操纵稳定性，需要获取原始控制数据，即需对 EPS 系统进行标定试验。

一、标定试验前的准备性试验

各种有关电动助力转向系统的资料均显示，电动助力转向特性有三种不同类型，即直线助力型、折线助力型、曲线助力型，如图 12-2 所示。先用最简单的直线型助力特性将电动助力转向系统按照汽车操纵稳定性试验国家标准或企业标准进行试验。试验内容包括 GB/T 6232—2014 汽车操纵稳定性试验方法中的六项试验（转向回正性能试验、转向盘转角阶跃输入试验、转向盘转角脉冲输入试验、稳态回转试验、蛇形行驶试验、转向轻便性试验）和转向路感测试、转向随动特性测试、转向操纵力随车速及转向轮偏转角的变化规律测试等。其中，汽车操纵稳定性试验方法中的 6 项试验在第八章中已作介绍，在此不再重复。

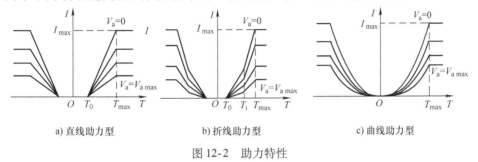

a) 直线助力型　　　　b) 折线助力型　　　　c) 曲线助力型

图 12-2　助力特性

1. 汽车转向路感测试

试验车分别在各种不同路面（试验场汽车行驶平顺性试验道路和高速环道）以 10km/h、20km/h……80km/h 等不同车速交替行驶，记录试验过程中汽车的行驶速度、侧向加速度、转向盘转角、转向盘操纵力矩等参数。

2. 转向随动特性测试

汽车在实际道路上正常行驶 100km，同步记录两转向轮的偏转角、转向盘转角、转向盘操纵力矩。

3. 转向操纵力随车速及转向轮偏转角的变化规律测试

1）原地转向操纵。汽车停在良好的混凝土或沥青路面上，从转向中间位置向左（或向右）匀速缓慢转动转向盘直至极限位置，再反向转动转向盘至另一极限位置，记录转向盘转角及转向操纵力矩。

2）在平坦、清洁的混凝土或沥青路面上，画出颜色鲜明的双纽线（见国标 GB/T 6323—2014），汽车分别以 5km/h、10km/h……30km/h 的速度匀速沿双纽线行驶，记录试验过程中汽车的横摆角速度、车身的侧倾角、转向盘的转角及转向盘操纵力矩。

二、电动助力转向系统标定试验

试验前，将被试车辆的整车质量参数、外形尺寸参数、轴距、轮距、悬架结构形式、悬架刚度与阻尼、车轮定位参数、轮胎型号、转向器结构形式与结构参数、转向拉杆布置形式等参数输入标定试验台，如图 12-3 所示。

按照与前述"标定试验前的准备性试验"完全相同的方法及流程在标定试验台上重复试验。基于二者比较的结果调整试验台参数，使

图 12-3　汽车转向特性标定试验台

台架试验结果与准备性试验结果尽可能一致。

按照试验台自带的试验程序或按照企业标准进行标定试验,获取转向助力特性,即助力矩随车速的变化规律(图 12-4)和转向盘力矩随转向盘转角的变化规律(图 12-5)。

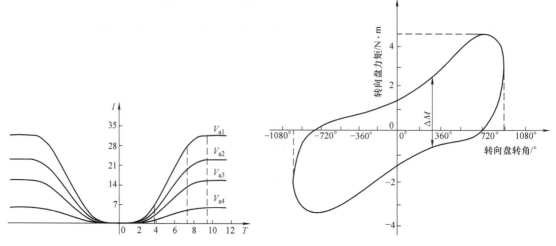

图 12-4　不同车速对应的转向助力曲线　　　　图 12-5　转向盘力矩随转角变化的规律

三、实车验证试验

将标定试验所获取的原始控制数据写入电动助力转向系统 ECU;按照 GB/T 6323—2014 或企业标准进行实车试验(包括客观评价和主观评价),验证整车操纵稳定性及路感是否符合设计要求。根据试验结果对控制参数进行调整,直至完全符合设计要求。

第三节　电动汽车制动能量回收系统标定试验

汽车制动能量回收一直是汽车产业界的奋斗目标,电动汽车的产业化使得制动能量回收成为现实。

一、需要获取的原始控制数据

实现制动能量回收系统的精确控制所需要获取的原始控制数据较多,主要有:
1)制动能量回收量随制动踏板位移的变化。
2)制动能量回收量随制动踏板速度的变化。
3)制动器进入工作与以最大制动效能制动的起始条件。
4)制动器与制动能量回收系统同时工作的过程中,制动效能随制动踏板位移的变化。
5)制动器与制动能量回收系统同时工作的过程中,制动效能随制动踏板速度的变化。

二、制动能量回收系统标定试验

用于制动能量回收试验的标定试验台如图 12-6 所示,该试验台具有以下功能和特点:
1)能够根据标定需要,精确地设定整车运行工况点,且稳定性好。

2) 实时检测并记录制动效能的变化。

3) 利用特定的控制软件,能够实现对制动能量回收电子控制单元控制参数的实时在线修改。

试验系统应由供开发专用的ECU、计算机、整车惯量模拟电动机、转速与转矩传感器等设备组成。

1. 开发专用的 ECU

制动能量回收系统标定试验需要用到开发专用的 ECU,它与产品 ECU 最大的不同是:开发专用的 ECU 不仅能像产品 ECU 那样实时、精确、有效地对制动能量回收系统

图 12-6 制动能量回收标定试验台

进行控制,还可以通过标定专用的接口与计算机相连,在制动能量回收系统标定试验过程中,可将计算机中的数据实时传送给开发专用的 ECU 存储器,实现对 ECU 存储器中的控制参数(如:制动器参与工作的时刻、制动效能、制动能量回收量、制动能量回收退出工作状态的时刻)进行调节,使制动能量回收量达到最大。而产品 ECU 存储器中的控制参数,只能读取,不能修改。

2. 制动能量回收系统标定试验台主控系统

制动能量回收系统标定试验台主控系统应能按照制动能量回收系统标定试验所设定的流程,控制被试制动能量回收系统及制动能量回收系统标定试验台全部设备协调有序地工作,并对制动能量回收量是否达到最大自动进行判定。

换言之,就是:

1) 能自动设定制动能量回收系统的运行工况。

2) 实时测试制动能量回收量及制动效能。

3) 当被试制动能量回收系统在设定工况运行时,能自动对开发专用 ECU 中的控制参数(制动能量回收量、制动器进入工作的时刻、制动效能、制动能量回收系统退出工作的时刻)进行调节,直至制动能量回收的量达到最大。

4) 能对制动能量回收量是否达到最大进行准确判定。

5) 能实时监测和调节制动器的温度。

3. 标定试验方法与流程

测试不同起始车速制动能量回收系统所能达到的最大制动强度及制动强度随车速减小的变化规律:

1) 确定仅制动能量回收系统工作所对应的踏板行程。

2) 确定最大制动能量回收量减小到多大的数值,制动器便参与工作。

3) 确定制动踏板达到多大的行程或达到多大的速度,制动能量回收系统便进入最大回收状态。

测试制动能量回收系统不工作时不同起始车速汽车制动系统所能达到的最大制动效能

（制动力）及制动效能随车速减小的变化规律。

测试制动能量回收系统和制动器同时以最大强度工作时不同起始车速汽车所能达到的最大制动效能（制动力）及制动效能随车速减小的变化规律。

确定制动能量回收系统和制动器同时进入工作状态的条件（制动踏板速率）。

确定在制动能量回收系统单独工作过程中，制动器开始进入工作的条件（制动踏板的速率或位移）及进入工作的制动效能。

第四节　汽车"三高"标定

汽车是一种全球性的产品，必须满足全球各种不同环境的使用要求。"三高"（高温、高寒、高原）是全球恶劣环境最典型的代表。所谓汽车的三高标定，就是要使汽车整车能够很好地满足"三高"环境的苛刻要求。

一、高温标定试验

为确保汽车在高温环境中能够正常有效运行，需进行高温标定。国内车企一般在6~8月到海南或吐鲁番等地进行高温标定试验，标定试验时气温以不低于40℃为宜。高温标定试验包括起动、怠速稳定性、环境调节控制系统、发动机管理系统高温环境适应性、三元催化转化器高温环境适应性、OBD排放监控系统、蒸发排放控制系统等。

1. 起动性能高温标定试验

高温标定的起动试验主要包括冷起动、热浸状态下的热起动和连续热起动等多项试验，主要考核供油系统是否会在高温的作用下形成影响发动机正常供油的气阻。

冷起动：是指汽车经长时间停放，或发动机冷却液温度低于40℃时对发动机的起动。考核内容包括发动机能否正常起动、起动时间是否超过1s、起动后发动机转速是否平稳下降、转速下降的过程中是否出现反复现象。

热浸状态下的热起动：车辆在试验场地或公路低档、高负荷行驶若干千米之后，熄火停泊在避风的矮墙后进行热浸蒸发，尽量减小风力对车辆散热系统的吹拂。车辆进行热浸蒸发15min或实测发动机冷却液温度达到最高状态时，进行车辆起动试验，考核燃油系统的热浸气阻对系统的实际影响；车辆进行热浸蒸发15min后应在规定的时间周期（不大于3s）内一次起动成功；熄火再次起动亦应一次起动成功，且起动时间不大于3s。

连续热起动：当发动机暖机后，进行连续10次以上起动试验，时间间隔小于10s，观测起动时间和起动状态是否正常、多次起动时空燃比是否稳定？发动机转速是否忽高忽低？此项试验能够以最大强度检查发动机起动状态的鲁棒性。由于各地汽油的挥发性不完全一致，导致在喷油量相同的情况下，因使用不同地方的汽油其实际空燃比却不一样，为了确保车辆使用全国的汽油都能正常起动，需要进行加浓或减稀20%的冷起动试验，试验结果评测方法与上面所述相同。

2. 怠速工况高温标定试验

发动机怠速稳定试验在热浸状态下的热起动试验之后进行，起动发动机使之怠速运行，打开除空调以外的所有车载用电设备（前照灯、除霜、鼓风机、风扇、门窗电动机及电子助力等），发动机怠速运转转速应符合设置目标怠速上下浮动30r/min。在进行怠速稳定性试验的过程中，汽车主要零部件关键部位的温度不得超过使用说明书规定的最高限值。开启和关闭空调时发动机转速平稳地提升和下降至设定的转速。在转速提升和下降的过程中不得出现大的波动，空燃比的波动应不超过 ±5%。

3. 环境调节控制系统高温标定试验

环境调节控制系统高温标定试验包括：1）考核汽车冷却系统的工作能力和效率是否足以满足在高温极端环境的使用要求；2）考核汽车空调控制系统的效果是否良好、工作是否稳定可靠，基于试验的结果调整空调控制系统的技术参数，保证冷却系统能够在高温极端炎热的环境条件下达到最佳环境调节效果。试验工况包括：郊外道路正常行驶、长时间怠速（车载用电设备全开）、城市工况等。

4. 发动机管理系统高温环境适应性标定试验

考核在高温极端环境条件下各种不同运行工况的爆燃调节功能、发动机及整车运行的稳定性、减速减稀与减速断油过程的燃油恢复供给时机和过渡工况的点火时刻，运行工况包括：1）减速减稀、减速断油工况；2）加速加浓工况；3）低速大负荷工况；4）爬坡工况；5）加速、减速、稳速等工况交替进行的混合工况。

5. 三元催化转化器高温环境适应性标定试验

三元催化转化器高温环境适应性标定试验的内容包括：1）测试高速、高负荷工况三元催化转化器的最高温度；2）测试稳定工况三元催化转化器的最高温度；3）测试减速减稀、减速断油工况三元催化转化器的最高温度；4）测试加速加浓工况三元催化转化器的最高温度；5）测试高速大负荷工况三元催化转化器的最高温度；6）测试爬坡行驶各个档位急加速工况三元催化转化器的最高温度；7）测试下坡行驶工况三元催化转化器的最高温度。

基于上述测试结果对三元催化转化器最高温度控制标定参数进行适当调整，确保汽车在使用过程中三元催化转化器能够快速有效达到高效转化有害气体所需的工作温度，同时又不超过催化剂产品技术条件规定的最高温度。

6. OBD 排放监控系统高温标定试验

OBD 排放监控系统高温标定试验的内容包括：1）测试 OBD 系统在高温环境下对汽车各种使用性能的影响；2）测试发动机在高温环境下失火诊断的准确性和可靠性；3）测试高温环境下三元催化转化器工作条件诊断的准确性和可靠性；4）测试高温环境对氧传感器使用性能的影响；5）测试高温环境下对零部件工作状况诊断的准确性。

基于上述测试结果对 OBD 排放监控系统的标定参数进行调整，避免高温环境误报排放故障的情况发生。

7. 蒸发排放控制系统高温标定

蒸发排放控制系统高温标定主要是测试汽车在高温极端环境及最恶劣运行工况活性炭罐的吸附与脱附能力。汽车以尽可能高的速度进行"8"字绕环行驶，促使油箱产生更多的燃油蒸气，测试活性炭罐的吸附能力和工作状态；测试活性炭罐全部充满燃油蒸气时，足量的活性炭罐脱附对于汽车起动性和驾驶性是否构成明显影响。

基于上述测试结果调整炭罐控制阀的标定控制参数，使炭罐的吸附与脱附既更有效进行，又不影响发动机的起动与汽车的正常行驶。

二、高寒标定试验

高寒标定试验在冬季 -30℃ 以下的环境进行，我国的高寒标定试验主要在黑河或漠河等地进行。由于在极端低温的情况下，机油黏度变大、发动机负荷急剧增加而导致起动时发动机转速比常温时低，起动困难；可能导致零部件机械性能变差造成零部件损坏。为了检验发动机控制系统工作的可靠性、冷起动性能、怠速稳定性、驾驶舒适性、节气门防结冰的能力、OBD 排放监控系统诊断的可靠性。

1. 起动性能高寒标定试验

高寒起动试验通常在每日早、晚各进行一次，每次冷起动时间间隔不少于 6h，冷起动成功的温度应为发动机冷却液实测温度。

发动机起动时间为蓄电池电压开始下降、起动机旋转、发动机转速很快平稳超过 500r/min 并维持平稳上升到规定的怠速转速所用的时间。首次起动成功或起动成功后的再次起动均必须一次点火起动成功。

起动试验条件：1）采用厂家规定的发动机、变速器润滑油；2）采用符合国家标准规定的冬季试验用燃油（推荐采用 RVP 指标不低于 70kPa 的燃油，在环境温度在 -35℃ 以下时，要求采用 RVP 指标不低于 95kPa 的燃油），起动时不踩加速踏板，允许采用人工控制节气门开闭的方法辅助起动；环境试验温度低于 -10℃ 时的起动试验，可以踩下离合器踏板（以减小变速器的附加阻力）。

2. 怠速工况高寒标定试验

发动机起动成功后，即可根据具体要求，适当预热若干分钟后就可进行高寒环境的怠速稳定性标定试验；发动机怠速转速应符合设置目标怠速上下浮动 30r/min。

3. 驾驶舒适性高寒标定试验

发动机起动后，预热若干分钟即应开始驾驶舒适性试验，考核评估车辆在未充分预热的冷车状态下车辆的综合驾驶性是否符合企业相关技术标准的要求。试验在普通公路上进行，测试发动机在高寒环境中各种运行工况下是否发生爆燃或爆燃倾向；测试发动机冷却系统是否能达到或维持正常工作温度。

4. 节气门防结冰标定试验

试验在环境温度低于 -25℃、车流量不大的高速公路上进行，汽车以 90~110km/h 的速度持续平稳行驶不低于 15min，之后松抬加速踏板以感受发动机节气门关闭是否正常。若松抬加速踏板后，汽车行驶速度没有明显变化，则说明节气门可能由于局部结冰导致不能正常关闭。此时需要停车、熄火，检查节气门是否存在结冰现象。节气门结冰导致不能正常关闭现象属于重大安全隐患，需要重新调整节气门体结构的设计或预热冷却液的流通回路。

5. OBD 排放监控系统高寒标定试验

OBD 排放监控系统高寒标定试验与 OBD 排放监控系统高温标定试验的内容和方法基本相同，但是由于北方的冬季道路常有积雪，路面附着系数较低，汽车容易出现打滑及车轮制动抱死的现象，导致发动机运行的稳定性变差，进而影响 OBD 系统对失火判断的准确性，为此 OBD 排放监控系统高寒标定试验需在各种不同的道路（普通公路、冰雪路面）上进行。

三、高原标定试验

随着海拔的升高，空气越来越稀薄，在相同节气门开度的情况下，吸入缸内的空气越来越少。为了检验车辆在高海拔地区能否正常起动、空燃比控制是否正常、发动机电控系统部分传感器出现故障时能否有效启动跛行功能等，需对汽车整车进行高原标定试验。我国的高原标定试验通常在云南或青海进行。海拔要求涵盖 1500m、2000m、3000m、3500m 及以上的范围。高原标定试验包括冷起动、怠速稳定、大气补正、炭罐控制、爆燃控制、OBD 排放检测系统及跛行功能等，其中炭罐控制、爆燃控制、OBD 排放检测系统的标定试验与高温标定试验时相同，在此不再重复。

1. 起动性能高原标定试验

冷起动：在前述不同的海拔对发动机进行冷起动，发动机应在 2s 内顺利一次起动成功；汽车在高原地区行驶几十千米后将其开到海拔 4000m 左右的高处熄火停车，汽车静置不少于 2h，待车辆冷却至常温状态后，进行冷起动试验，汽车应在 2s 内顺利一次起动成功。

热浸起动：汽车在高原地区行驶几十千米后将其开到海拔 4500～4700m 的高处熄火停车，热浸蒸发 15min 左右，进行热起动，考察高原环境热浸后的热起动性能。汽车应在 2s 内顺利一次起动成功。

2. 发动机管理系统高原适应性标定试验

汽车在包含上述不同海拔的道路上行驶，沿途考察车辆的爆燃敏感性；尝试以各种驾驶模式测试汽车加速过程是否有不同程度的爆燃现象；以各个档位行驶在不同坡度的山区公路上，测试是否存在不同程度的爆燃现象。

基于上述测试结果，修正爆燃控制标定参数，减小高原环境爆燃燃烧的概率。

3. 大气压补正标定试验

在同样节气门开度的情况，海拔越高，吸入气缸的空气量越少，在不同的海拔欲使发动机的空燃比保持不变，需要根据海拔的不同校正喷油量，即进行大气压补正标定试验。通过测试和分析空燃比的数值与发动机负荷，确定最优补正系数。

4. 跛行功能试验

在高原地区，一旦汽车发生故障很难得到及时救助，车辆带故障运行的功能（也称跛行功能）显得尤其重要。跛行功能试验是在高海拔的地方拔掉具有安全运行模式传感器的插接件，检查车辆能否起动并带故障行驶。汽车跛行功能是指节气门开度为固定值，发动机转速在 1800～2200r/min，加速踏板失效，汽车只能低速行驶，同时故障显示为"节气门受保护"。跛行功能试验应在各种不同的海拔进行，其内容包括：冷起动、冷态起步行驶、高温再起动、暖机行驶、怠速稳定性、加减速和换档品质、市区和高速驾驶性评价及山路驾驶性评价等。

5. 驾驶舒适性高原标定试验

汽车在包含上述各种不同海拔的高原地区正常行驶，汽车的驾驶舒适性测试内容包括：加速、减速交替进行的行驶性能（加速过程是否有不舒适、不能接受的驾驶冲击感；各种过渡工况是否有顿挫感；减速过程发动机是否有抖动现象）；大气压补正是否准确；减速减稀或减速断油后恢复正常供油时是否存在汽车运行不平稳的现象；测试各种驾驶操作模式车辆是否产生爆燃，三元催化转化器的温度是否在允许的工作温度范围以内。

根据上述测试结果，对特定工况的空燃比标定参数进行修正，使三元催化转化器工作在最高的温度范围。

第十三章 试验设计与试验研究

在汽车研发过程中会遇到大量没有现成试验标准可依的试验，如新开发的系统、新发明的机构及新增的功能等方面的试验。欲完成这类试验，需按照试验工程的原则与方法，确定试验内容，制定试验规范，厘定试验程序和方法，这就是试验设计。此外，汽车制造企业欲在激烈的竞争中立于不败之地，需不断地推出新车型。新车型的不断推出，事实上就是汽车产品性能不断提升、功能不断拓展的过程。要想做到这一点，往往需要进行大量的试验，若所有的试验都按照已有的标准来进行，很可能难以达到预期的目标，为此需要对汽车试验技术自身展开研究。

第一节 试验设计的一般程序与要求

所谓试验设计，是指按照科研的实际需要，对整个试验过程作出一个全面而系统的规划，其内容包括试验目的、试验条件、试验内容、试验场地与仪器、试验方法和试验数据的处理与分析等。

一、试验设计的一般程序

1. 全面深入地了解被试对象

全面深入了解被试对象是进行试验设计的前提。若对被试对象的结构、材料、功能、用途和作用缺少一个全面的认识，显然就不可能知道该做些什么试验。

全面深入了解被试对象最直接且最有效的方法是从被试对象的设计研究者那里获取相关的信息，或邀请设计研究者参与试验设计工作。若无法做到这一点，则试验设计人员应深入研究、分析被试对象的全部技术资料。

2. 充分了解试验要求

充分了解试验要求是科学合理设计试验的基础。试验要求通常包括两个层面，其一是试验精度要求；其二是通过试验获取必要的有用信息。

对于任何一项试验，所要求的试验精度的不同，需用的试验仪器、试验方法、试验周期和试验费用将存在很大的差异。试验精度要求越高，所需的试验仪器系统会越复杂，试验周期会越长，试验费用亦会越高。汽车试验是一项纯消耗性的工作，因此无论什么类型的试验都应遵循这样的一个原则：在满足试验精度要求的前提下，尽可能降低试验费用。

通过试验获取必要的有用信息，是指应避免做一些无用的试验。如某一新机构的开发，显然离不开试验的支持，但任何一种新机构的开发都需经历一个复杂的过程，即第一步是实现功能；第二步是完善其性能；第三步是探寻最经济的制造方法；第四步是产品正式投产的稳定性研究等。不同的阶段需要安排不同的试验。如在产品开发的第一阶段仅安排功能试验；第二阶段主要是安排性能试验；第三阶段主要是安排工艺性试验；在产品开发的最后阶段，则需对产品进行全方位的试验考核。

3. 研究相关的试验标准和规范

尽管所要进行的试验没有现成的试验标准或规范，但相近的产品或研究可能已有了相关的试验标准或规范，其中或许绝大多数内容与本试验无关，但相近的产品或研究的已有试验标准或规范的思想和内容一定会有可借鉴的部分。

广泛研究相关试验标准或规范起码可以做到少走弯路、缩短试验设计的周期。

值得注意的是，参照相关试验标准及规范并不等于简单的照抄照搬。试验设计是一项创造性的工作，一定要充分反映本试验的特点。

4. 充分了解已有的试验条件

充分利用已有的试验条件和试验设备，尽可能少地采用本单位没有的仪器设备，力争避免采用待开发的设备，是试验设计过程中应遵循的一项重要原则。因为购买新仪器需要时间，开发新的试验仪器设备所需的时间更长。充分利用已有试验条件和试验仪器设备，可以缩短产品研发周期，但千万不要指望所有新的试验项目都可借助于已有试验仪器设备就可以完成。进行科研性试验时，往往不可避免地需要不断地补充一些新的试验用仪器设备。

5. 明确试验目的

所谓明确试验目的，就是要解决为什么要进行试验这一问题，即通过此次试验希望获取哪些信息，解决什么问题。

对于一项全新的试验而言，试验目的可能需要一个逐步明确的过程。在开始试验前，或许只有部分试验目的是明确的。有些试验目的需等到一些试验数据出来之后才能逐渐清楚。事实上这是科研试验的一种普遍规律——科研性试验需在试验过程中逐渐完善。

6. 根据试验目的确定试验内容

根据试验目的确定试验内容是指应对症下药，既要避免做一些无谓的试验而白白地浪费宝贵的时间和金钱，也要避免因漏掉一些重要的试验项目而影响科研的进展。

7. 根据试验内容和试验要求选择试验用仪器设备

试验用仪器设备的选用首先应满足试验所必需的功能要求，即应保证能有效地检测出试验内容中所涉及的所有被测量。

其次应确保试验的精度要求。试验仪器设备的精度与仪器的复杂程度和价格直接相关，通常精度高的仪器设备，其结构比较复杂，价格将会成倍增加。因此正确选择仪器设备的原则是"在满足试验要求的前提下，不要片面地追求高精度"。那么，如何才能有效地确保试验精度呢？工程实践告诉我们，试验仪器设备的精度比试验所要求的精度高一个精度等级就可以很好地满足上面所述的仪器设备选用原则。我国相关标准规定，测试仪器的精度按引用误差的大小共分为7级，分别是0.1、0.2、0.5、1.0、1.5、2.5和5.0。在此需特别指出的是，仪器的精度是指在满量程范围内可能产生的最大误差，并不等于在每次测量中都会出现这么大的误差。

最后应合理地组建试验用仪器系统（一项复杂的汽车试验，往往需要将多种不同功能的仪器组合起来才能完成试验工作），充分注意传感器的接入对测试系统动态特性的影响及仪器设备级联所带来的负载效应。

8. 分析和研究试验条件对试验结果的可能影响

对于汽车试验而言，尤其是那些需在室外所进行的试验。由于室外的环境和气候条件不可控,且不同地区、不同季节和不同时段的环境和气候条件差异很大。若所要进行的试验对环境和气候的变化敏感,则应对其作出严格的规定,以避免试验条件的变化对试验结果带来不利的影响。

9. 制订试验规范

试验规范应对以下一些内容作出明确而详细的规定,试验项目不同,试验规范所涉及的内容亦会有些差异,当然并不是所有的试验项目的试验规范均包括以下 6 项内容:

1) 试验对象的维修规范。
2) 试验过程中,试验对象出现异常情况的处理(中断试验、处理后继续试验、加倍重新进行试验等)。
3) 试验前的磨合与预热。
4) 试验如何进行?仪器和试验对象如何操控?
5) 试验数据如何处理和修正?
6) 试验结果如何评价?

二、试验设计的一般要求

1. 试验设计应先进合理

需要进行试验设计的试验项目,通常都是为科研服务的,即科技进步离不开试验的推动。然而,若试验技术和试验理论没有得到及时更新和发展,则试验就起不到推动科技进步的作用。

2. 试验的可操作性要强

试验的可操作性主要表现在以下 3 个方面:

1) 试验项目在现有的技术条件下要易于实现。
2) 试验用仪器设备应易于购买或在短时期内能够被开发出来。
3) 试验要便于操作。

任何一项试验,若在现阶段的技术和设备条件下无法实现,则不论它是多么先进,也是一项设计不合理的试验。试验的可操作性是评价设计水平高低的一项重要指标,因为试验的操作越简单,试验精度越易于得到保证,试验成本亦会越低。

3. 试验的周期要短

汽车产业是竞争最激烈的行业之一,产品更新换代的时间越来越短,若试验周期太长,显然不利于汽车产业的发展。对于那些耗时长的可靠性和耐久性试验,一般都采用强化水平较高的试验以缩短产品的试验周期。

第二节 试验规划与设计

关于汽车试验规划和设计,在此结合一个实例进行讨论。

线控转向和线控制动系统被认为是未来汽车转向和制动系统的发展方向,全球各大汽车公司均已投入了相当大的力量从事该技术的研究。显然,此两项技术要想从设想发展成为商品化的产品,那么此类试验如何进行规划设计呢?下面就针对线控转向系统的试验问题来展开对试验规划与设计的讨论。

一、被试对象的结构原理分析

线控转向系统至少应包括转向操控装置、电动转向装置、转向传动机构、路感模拟装置、转向控制器与传感器等。

对于常规的机械转向系统，常用减速机构的增矩作用来减小转向操纵力，其结果是大大增加了汽车转向盘的转角。转向盘的最大转角通常为 1000°~1800°，约 3~5 圈。对于线控转向系统，转向操纵力完全由电力提供，转向盘最大转角的大小与操纵力无关，因此线控转向系统转向盘的最大转角通常设计得较小，一般约为 180°。如此便可将汽车转向盘设计成飞机舵的形式，故将线控系统的转向操控装置称为转向舵。

线控系统的电动转向装置可以是整体式的，也可以是分置式的。分置式电动转向装置的突出特点是，它可以根据汽车转向直径的大小调节左、右转向轮的偏转角，以便使汽车在转向行驶时其左、右转向轮均为纯滚动，从而显著地改善汽车的操纵稳定性和减小汽车的燃油消耗量。汽车转向行驶时，外侧转向轮的偏转角 α 应比内侧转向轮的偏转角 β 小，即 $\alpha \neq \beta$，而且转向直径的不同，内、外侧转向轮偏转角之差 $\beta - \alpha$ 亦各不相同。转向直径越小，$\beta - \alpha$ 的值越大；反之 $\beta - \alpha$ 的值越小。尽管传统转向系统中的梯形机构也可使 $\alpha \neq \beta$，但其差值 $\beta - \alpha$ 的大小不能根据汽车转向行驶的实际需要进行调节。

为了保证行车安全，对于任何形式的转向系统，其最基本且最重要的要求是，汽车转向轮的偏转应与转向盘（或转向舵）的转动同步，即转向系统应具有随动作用。传统的机械式转向系统，各机构的刚性机械连接有效地保证了转向随动作用。然而，对于线控转向系统，由于转向舵与转向轮之间没有机械连接，其转向随动作用是靠控制系统来实现的，因此在进行系统设计时，就应保证汽车内、外侧转向轮的偏转角 β 和 α 按照所要求的规律随转向舵转角 θ 的变化而变化。此外，一辆转向操纵性能良好的汽车，通常都要求：当汽车的转向直径较小时，转向操纵应灵敏；当汽车的转向直径较大时，转向操纵的灵敏度适当降低。即转向轮偏转角 β 和 α 随转向舵转角 θ 的变化规律是受多种因素影响的复杂曲线关系。

良好的路感是保证汽车安全行驶的重要前提。然而，对于线控转向系统，路面对汽车转向轮的作用无法传递给驾驶人，即完全无路感。为了保证驾驶人能同步及时地获得路感，线控转向系统通常需要一个路感模拟器。转向控制器根据转向轮横摆加速度传感器提供的信息，给路感模拟器发出控制，使之给转向舵施加一能反映路感的作用力。

二、了解科研各阶段的具体试验要求

1. 方案研究阶段

前面所介绍的电控转向系统的组成是方案研究的初级成果。方案研究的最终目标是：1）确定电动转向装置和路感模拟器的形式和类型；2）确定转向控制器的控制方式和控制内容；3）确定要采集哪些必需的信息（需测量哪些物理量）和采用什么类型的传感器等。

显然，在方案研究阶段需要通过试验解决的问题有：1）不同电力驱动装置的性能比较和结构适应性比较；2）验证哪些物理量是线控转向系统所必需的和容易获得的。

2. 各主要总成部件的并行开发阶段

电动转向装置、路感模拟器和转向控制器的并行开发阶段需进行的试验主要是功能试验，即电动转向装置可否按照转向的实际需要进行动作；路感模拟器是否可有效地模拟道路对转向轮的作用,其模拟精度如何,转向控制器是否可实现对电动转向装置和路感模拟器的有效控制等。

3. 系统联机调试

系统联机调试阶段需进行的试验主要包括:1)用高精度的仪器通过大量的试验确定汽车内、外侧转向轮偏转角 β 和 α 随转向舵转角 θ 的变化规律,即 $\beta-\theta$ 和 $\alpha-\theta$ 曲线;2)确定路感模拟器的输出即作用在转向舵上转矩 M 与转向轮横摆加速度 a_y 的变化规律;3)检验转向控制器的数据采集系统是否存在信号失真,转向控制器的输出是否符合所要求的 $\beta-\theta$、$\alpha-\theta$ 和 $M-a_y$ 特性曲线;4)若试验结果不符合相关的要求,则利用试验去查找其原因和探寻相关的技术结构方案。

4. 线控转向系统的性能研究

线控转向系统性能研究的内容包括:1)线控系统自身的性能、可靠性、耐久性和抗干扰的能力试验等;2)系统装车后的汽车操纵稳定性试验;3)使用可靠性、维修方便性和环境适应性试验。

5. 线控系统的结构工艺性试验

线控系统研发的最终目标是将其变成一种性能优良、经济、可靠的产品。任何机电产品的性能好坏和制造成本的高低都与制造工艺直接相关。往往工艺性研究唯一的方法就是试验,其内容包括材料的加工试验、工艺方法和工艺流程试验等。

三、收集和分析已有相关标准和试验规范

收集和分析已有相关试验标准和试验规范是试验规划与设计的一个重要环节。从上面对科研阶段具体试验要求的分析中不难发现,线控转向系统在整个研发过程中所要进行的试验,其中半数以上的试验已有可直接采用或可参照执行的试验标准和规范(如:电动转向装置和路感模拟器驱动方式的对比试验、转向控制器控制方式试验、主要总成部件的功能试验、汽车操纵稳定性试验和工艺试验等)。显然,若对相关试验标准和规范研究得比较透彻,那么至少可节省一半的试验设计时间。

四、明确试验目的、确定试验内容

试验目的与各研究阶段的试验要求直接相关。在线控转向系统联机调试阶段需进行的试验,其目的是:1)确定线控转向系统的控制特性,即 $\beta-\theta$、$\alpha-\theta$ 和 $M-a_y$ 曲线;2)考核线控转向系统的实际工作特性与设定控制特性的一致性;3)为线控转向系统的改进设计提供资料。

明确了试验目的,便可确定试验内容。显然,在线控转向系统联机调试阶段所需进行的试验内容有:1)测试汽车的最小转弯半径;2)测试汽车在空载、满载和半载三种不同载荷状态、不同车速、不同转弯直径下四个车轮纯滚动时,汽车内、外侧转向轮的偏转角 β_{pvi} 和 α_{pvi}、车身侧倾角 γ_{pvi}(p 表示载荷状态,$p=0,1,2$ 分别表示空载、半载和满载;v 代表试验时的车速,v 可以是 $0 \sim 80\%$ 的最高车速中的任何数值,如 $v=10,20,30,\cdots$ 分别表示试验时的车速为 10km/h,20km/h,30km/h,$\cdots$;i 表示转弯半径为不同值 R_i 时的数值);3)采用传统转向系统的汽车的路感测试;4)测试线控转向系统汽车的转向控制特性;5)测试线控转向系统汽车的路感特性。

五、试验仪器的选用

试验仪器的选用，通常由需要测量的物理量及测试精度要求决定。由前所述可知，需测量的物理量相当之多。当需要同时对多个不同物理量进行测量时，采用第七章中介绍的虚拟仪器系统进行试验是一种最佳的选择。

欲满足上述线控转向系统联机调试试验的要求，若选用虚拟仪器系统进行试验，则至少要用到一些传感器：一个非接触式汽车行驶速度传感器、一个车身倾角传感器、两个角位移传感器（测量转向轮偏转角）、两个侧向加速度传感器（测量转向轮的横摆加速度）、一个多圈转角传感器、一个转矩传感器、两个应变式力传感器、一个横摆角速度传感器或侧向速度传感器等。

六、对试验条件给出一个明确的规定

试验条件是指对影响汽车试验结果的试验用道路、环境及实验用车辆所作出的规定。试验条件是任何一项汽车试验标准中都不可缺少的重要内容。因为，当试验所用的道路、环境及车辆状况发生变化时，其试验结果将会有明显的不同。在我国汽车试验的标准体系中，为了避免在各项标准中都重复书写试验条件中的相同内容，专门制定了一个汽车试验条件的标准，即 GB/T 12534—1990《汽车道路试验方法通则》。该标准对绝大多数汽车试验所通用的试验条件作出统一的规定。对于前面我们所讨论的线控转向系统联机调试所要进行的试验，应对试验条件作出如下补充：

1) 路感测试和试验道路应包括汽车性能试验用路面和比利时砌石路面。
2) 试验前，应对汽车车轮定位参数进行检测，并将其调整为正确的数值。
3) 对汽车转向、悬架等系统进行检查、调整和紧固，并按规定对其进行润滑。只有确认试验用车已完全符合生产企业规定的技术条件时，才可进行试验。
4) 试验车所用轮胎是经过 500km 以上、1000km 以下正常行驶的新轮胎、不得使用行驶里程超过 10000km 的轮胎进行试验。试验前应检查轮胎气压，并将其调整到厂家所规定的数值。
5) 试验时，应对空载、半载和标准满载三种装载状况进行试验。载货汽车的装载物推荐用沙袋，均布于货箱内；客车的装载物推荐用沙袋或人形水袋，分置于底板和座椅上。试验人、驾驶人及仪器的质量计入汽车装载质量内。
6) 试验车的数量不小于 2 辆。

对轮胎、车轮定位参数、转向系、悬架装置及汽车载货状态作出补充规定的根本原因是，这些因素对试验结果会产生较大的影响。

七、根据试验内容和试验要求理定试验规程

所谓试验规程，就是对整个试验过程所作出的全面、细致的规定。对于汽车试验而言，在进行正式试验前，通常需要进行一些必要的辅助性试验，然后才进行正式试验。试验方法应按照试验顺序逐项列出。下面仍以线控转向系统联机调试的几项试验为例，介绍试验规程的理定。

1. 试验用车辆的准备

1）与装用线控转向系统同型号的装用普通机械式转向系统的汽车 2 辆，设其编号分别为 01 和 02。

2）左、右转向轮偏转角可以独立任意调节的汽车 2 辆，其编号为 03 和 04。

3）线控转向系统的汽车 2 辆，其编号分别为 05 和 06。

2. 试验前的辅助性试验

1）试验车应进行不少于 2500km 的磨合试验，磨合试验按生产厂家相关标准和规范进行。

2）试验前，汽车应不少于 30km 的预热行驶。

3. 汽车最小转弯半径的测定

1）按照相应的国家标准测量汽车左转和右转的最小转弯半径。

2）调节转向轮限位螺钉，使汽车左转和右转所测得的最小转弯半径相等。

4. 测量汽车两转向轮偏转角和车身倾角

1）测量汽车的轴距 L、前后车轮的轮距 A 和 B，质心至前后轴的距离 a 和 b，前悬 c、后悬 d。

2）计算汽车在理想状态（汽车的四个车轮均为刚性车轮，且外形尺寸相等）下，以不同转弯半径 R_i 转向行驶、四个车轮均为纯滚动时，内、外转向轮偏转角 β_i 和 α_i 的数值关系。图 13-1 是汽车转向行驶时的情况。

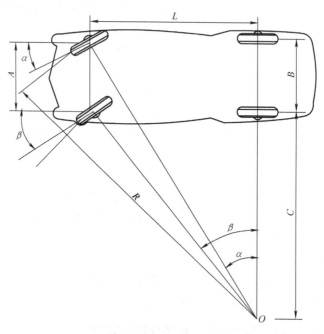

图 13-1 双轴汽车转向时两转向轮偏转角的理想关系

由图 13-1 得

$$\cot\alpha = \frac{B+C}{L} = \frac{B}{L} + \frac{C}{L} \tag{13-1}$$

$$\cot\beta = \frac{C}{L} \tag{13-2}$$

$$R = \frac{L}{\sin\alpha} \tag{13-3}$$

式中 α、β——分别为外、内侧转向轮的偏转角；

　　　L——汽车轴距；

　　　B——后轮轮距；

　　　C——汽车转向中心至后内轮中心的距离；

　　　R——汽车的转弯半径。

将式（13-2）代入式（13-1）得

$$\cot\alpha = \cot\beta + \frac{B}{L} \tag{13-4}$$

给定汽车内侧转向轮一系列不同的偏转角 β_i，取 β_i 为 5 的整数倍，用式（13-4）便可计算出与之对应的汽车外侧转向轮一系列的偏转角 α_i。将不同的 α_i 代入式（13-3）便可得到与之对应的汽车转弯半径 R_i，并将计算结果列入表 13-1 中。

表 13-1　转向时的转向轮偏转角和转弯半径

内侧转向轮偏转角	5°	10°	15°	20°	25°	30°	35°	40°	β_{max}
外侧转向轮偏转角	α_1	α_2	α_3	α_4					α_n
汽车转弯半径	R_1	R_2	R_3	R_3					R_n

3）按照仪器使用说明书的要求将虚拟仪器系统安装到两轮偏转角可任意单独调节的试验车 03 和 04 上。各传感器的安装部位分别为：

① 两个应变式力传感器分别安装在转向轮偏转角调节器与两转向轮转向节相联的拉杆上，用于测量两转向轮拉杆上的力。

② 两个角位移传感器分别安装在转向节上，用于测量两转向轮的偏转角。

③ 一个倾角传感器，安装在汽车中部，靠近汽车质心位置处，用于测量汽车车身的侧倾角。

④ 一个汽车行驶速度传感器（常采用非接触式五轮仪的速度传感器），最好安装在汽车前部与汽车纵向中心交合处附近，测量汽车的前进速度。

⑤ 一个非接触式侧向速度传感器，和汽车行驶速度传感器安装在一起，用于测量汽车的横摆角速度 ω（rad/s）。

$$\omega = \frac{v_y}{e+a} \tag{13-5}$$

式中 v_y——该传感器所测得的侧向速度（m/s）；

　　　e——传感器至前轴的距离（m）；

　　　a——汽车质心至前轴的距离（m）。

当然，汽车的横摆速度也可以用横摆角度传感器来测量，在此推荐采用非接触式侧向速度传感器用间接的方法得到汽车横摆角速度的原因是，目前尚没有能较好满足汽车试验用的横摆角速度传感器。

4）起动汽车进行预热行驶，待汽车各总成部件达到正常工作温度后，接通仪器、打开电源，开始进行试验。

5) 汽车按空载、半载、满载三种载荷状况分别进行试验。三种载荷状况的试验内容完全相同。

6) 先将汽车内侧转向轮（左侧转向轮）的偏转角调至5°（利用安装在两侧转向节上角位移传感器的指示指导对内侧转向轮偏转角的调整），将外侧转向轮的偏转角调至按式（13-4）计算所到的 α_i（表13-1）。保持汽车两转向轮的转角不变，起动汽车，以 10km/h 的速度匀速行驶。细心观察两个应变式力传感器的输出值。若两个力传感器的输出值不是一定值，而是在一定范围内波动，则说明实际的弹性轮胎在转向行驶时，保证四个车轮纯滚动所需的内、外侧转向轮的偏转角数值关系与理想状态并不一致（事实上两者不可能一致，否则就无须进行本项试验），应对转向轮的偏转角进行调整。从理论上讲，调节内、外转向轮中任何一个的偏转角都可以，但为了使后续的数据处理更简便，建议调节外侧转向轮的偏转角 α_1，直至两只应变式力传感器的输出没有波动。记录试验时汽车的实际平均车速 v_{11}、侧向速度 v_{y11}、车身倾斜角 γ_{11}、内外侧转向轮的偏转角 $\beta_{1\Phi} = 5°$ 和 α_{11}。

前面述及，汽车转向时内、外侧转向轮偏转角的最佳匹配关系是汽车的四个车轮保持纯滚动；反之，汽车转向行驶时，两转向轮将会产生侧向滑移。本试验的目的就在于找出两转向轮不产生侧向滑移的偏转角 β 和 α。所以本试验应能对汽车转向行驶时两转向轮是否产生侧向滑移进行准确的测量。然而汽车转向轮的侧向滑移目前尚无直接的测量方法。那么，如何才能测出汽车转向行驶时两转向轮的侧向滑移呢？显然，它是本项试验设计的重点之一。在对转向轮运动状况的大量分析和观察的基础上提出了采用测量转向节与转向轮侧偏角调节器连接拉杆上的力，经换算得到转向轮的侧向滑移的方法。若汽车转向轮前束调整不当，除会导致转向轮异常磨损外，汽车行驶时，还会伴随着因转向轮摆振所激起的汽车摇头现象。转向轮的摆振，必然会带来转向横拉杆上拉压力的波动。汽车转向行驶时，两转向轮偏转角匹配不合理所带来的侧向滑移，和转向轮前束调整不当所引起的摆振十分相似。因此，若汽车行驶时两转向轮出现侧向滑移，则转向横拉杆上的拉压力一定会产生波动。因此，通过对转向节与转向轮偏转角调节器连接拉杆上力的测量，可以获取转向轮侧向滑移的信息。

7) 保持两转向轮的偏转角 $\beta = 5°$ 和 α_1 不变，将汽车的行驶速度提高到 15km/h，待车速稳定后，调节外侧转向轮的偏转角，直至两个应变式传感器输出的力的数值没有波动，记录此次试验的实际车速 v_{12}、侧向速度 v_{y12}、车身侧偏角 γ_{12}、内、外侧转向轮的侧偏角 $\beta = 5°$ 和 α_{12}。

8) 汽车的行驶速度每增加5km/h，重复一次上面所述的试验，直至汽车所能达到的最高安全车速。记录各种试验车速下所测得的各参数 v_{1i}、v_{y1i}、γ_{1i} 和 α_{1i}（$i = 1, 2, \cdots, n$）。如此便可得到内侧转向轮偏转角 $\beta = 5°$ 时，各种不同车速下的试验结果。

9) 改变内侧转向轮的偏转角 β，重复上述6)~8)步试验过程。β 每增加5°重复一次上述试验，直至 β 达到最大值 β_{max}。

10) 将 $\beta = 5, 10, 15, \cdots, \beta_{max}$ 所进行的各种不同车速下的试验结果列入表13-2中。

11) 上面是汽车左转时的试验结果，按照上述相同的方法可以得到汽车右转时的试验结果。

12) 两辆车、三种载荷状态、左右两个转弯方向的试验便有12组表13-2中所示的数据。

13) 试验数据的处理。

① 计算汽车转向时的横摆角速度，将测试结果汇总表（表13-2）中的侧向速度 v_{ymn} 代入式（13-5）便可得到汽车的横摆角速度 ω_{mn}。

② 计算汽车的转弯半径，汽车横摆角速度 ω 与纵向速度 v 的关系为：

$$v = \omega R \tag{13-6}$$

将前面计算得到的汽车横摆角速度 ω_{mn} 和试验测得的汽车纵向速度 v_{mn} 代入式（13-6）得到汽车的转弯半径 R_{mn}。

表 13-2　汽车左转时两转向轮偏转角和车身侧倾角的测试结果

$\beta = 5°$	汽车行驶速度 v	v_{11}	v_{12}	v_{13}	…	v_{1n}
	汽车侧向速度 v_y	v_{y1}	v_{y2}	v_{y3}	…	v_{yn}
	外侧转向轮偏转角 α	α_{11}	α_{12}	α_{13}	…	α_{1n}
	车身侧偏角 γ	γ_{11}	γ_{12}	γ_{13}	…	γ_{1n}
$\beta = 10°$	汽车行驶速度 v	v_{21}	v_{22}	v_{23}	…	v_{2n}
	汽车侧向速度 v_y	v_{y21}	v_{y22}	v_{y23}	…	v_{y2n}
	外侧转向轮偏转角 α	α_{21}	α_{22}	α_{23}	…	α_{2n}
	车身侧偏角 γ	γ_{21}	γ_{22}	γ_{23}	…	γ_{2n}
$\beta = 15°$	汽车行驶速度 v	v_{31}	v_{32}	v_{33}	…	v_{3n}
	汽车侧向速度 v_y	v_{y31}	v_{y32}	v_{y33}	…	v_{y3n}
	外侧转向轮偏转角 α	α_{31}	α_{32}	α_{33}	…	α_{3n}
	车身侧偏角 γ	γ_{31}	γ_{32}	γ_{33}	…	γ_{3n}
…	…	…	…	…	…	…
$\beta = \beta_{max}$	汽车行驶速度 v	v_{m1}	v_{m2}	v_{m3}	…	v_{mn}
	汽车侧向速度 v_y	v_{ym1}	v_{ym2}	v_{ym3}	…	v_{ymn}
	外侧转向轮偏转角 α	α_{m1}	α_{m2}	α_{m3}	…	α_{mn}
	车身侧偏角 γ	γ_{m1}	γ_{m2}	γ_{m3}	…	γ_{mn}

③ 绘制两种特征车速（如 $v = 10km/h$ 和 $v = 45km/h$）的 $R-\beta$ 曲线。分析曲线 $R-\beta$ 的变化规律。根据对 $R-\beta$ 曲线分析的结果确定转向盘转角 θ 与内侧转向轮偏转角 β 的关系，即 $\beta-\theta$ 曲线，其中：$\theta = 0$ 时，$\beta = 0$；$\theta = \pm\theta_{max}$ 时，$\beta = \pm\beta_{max}$（"±"表示汽车的转弯方向，若设汽车左转时为"+"，则右转时为"−"）。

④ 有了 $\beta-\theta$ 的变化规律，则可以利用计算机绘制 $\alpha = f(\theta, v)$ 的三维曲线 $\beta = f(\theta, v)$ 和 $\alpha = f(\theta, v)$ 曲线就是此项试验所需得到的最终结果。

5. 传统转向系统汽车的路感试验

在自动控制系统中有一个十分重要的环节，那就是反馈。控制结果通过反馈环节传给控制系统，控制系统将其与被控参量的目标值进行比较，以便实时对控制结果进行修正，以提高控制的精度。对于汽车的转向操纵系统，若将驾驶人置于其中，那么就是一个闭环的自动控制系统。驾驶人就是其中的控制器。要想驾驶人能有效地控制汽车行驶，就必须要有"反馈"。该自动控制系统中的反馈就是我们通常所说的路感。没有路感就无法实现对汽车转向操纵的有效控制。由此可见，适当的路感是汽车安全驾驶的重要保证。

所谓路感，其实质就是汽车在行驶过程中，驾驶人的两只手在转向盘上所感受到的路面对转向轮的作用通过转向系统逆向传过来的力矩和转角。路感通常由两部分组成，其一是，汽车转向行驶时的回正力矩；二是路面凹凸不平对转向轮的侧向冲击。由此可见，转向操纵过分轻便的汽车，其路感往往较差，这就是高速赛车几乎都不采用动力转向系统的根本原因。

对于线控转向系统中的路感模拟器，要解决的核心问题就是要确定路感的目标值。如何才能获得路感的目标值呢？在现阶段，可能唯一仅有的方法就是试验，即取两辆路感良好的汽车进行路感测试。

从某种意义上讲，路感就是汽车转向盘反作用到驾驶人双手上的力矩和转角。但在此需要特别指出的是，对此两参数进行测量不足以满足路感模拟器开发的需要，因为路感模拟器尚缺少产生路感的依据。因此，我们还需要对产生路感的原始量进行测量。经过大量的分析研究发现，汽车在行驶过程中转向轮的横摆加速度包含有路感原始量的全部信息。此外，路感还与汽车的行驶速度有关。因此，该项试验的内容至少应包括转向盘的反作用力矩 M、转角 θ、转向轮横摆加速度 a_y 和汽车的行驶速度 v。

以上分析包括了试验设计一般程序中的第一项全面了解被测对象、第二项充分了解试验的要求、第五项明确试验目的、第六项根据试验目的确定试验内容等部分。下面再来讨论相关的试验标准和试验规范。

路感模拟器是一个全新的装置，似乎不会有可参考的相关标准。但经过深入研究发现，已有现成的国家标准可以参考。汽车行驶平顺性试验是测量汽车特征点上的垂直、侧向和纵向加速度；汽车操纵稳定性试验中，转向盘力矩和转角的测量是两项重要的测试指标。由此可见试验如何进行、试验仪器如何选用，在 GB 4970—1996《汽车平顺性随机输入行驶试验方法》和 GB/T 6323—1994《汽车操纵稳定性试验方法》可以找到准确的答案。

试验设计的最后一个环节是：厘定试验规程。此项试验中，试验规程的大部分内容均可直接照搬 GB 4970—1996 和 GB/T 6323—1994 中的相关条款，因此，在此仅介绍本试验设计所特有的内容。

1）试验车的载荷状态有空载、半载、满载三种，每种载荷状态均应进行全部内容的试验。

2）传感器的安装：

① 汽车纵向速度传感器的安装和上述试验相同。

② 转向力、转向角传感器按仪器使用说明书的要求安装。

③ 转向轮横摆加速度传感器安装在两转向轮的转向节臂上。

3）直线行驶，直线行驶试验在汽车性能试验专用道和比利时砌石路两种路面上进行。

① 性能试验专用道上的直线试验：汽车原地起步缓慢加速（加速度 $a \leqslant 0.1g$）到 80km/h，保持 80km/h 的车速匀速行驶 200m。试验往返各进行一次。记录两次试验左、右转向轮横摆加速度 $a'_{yz1}(t)$、$a'_{yz2}(t)$ 和 $a''_{yz1}(t)$、$a''_{yz2}(t)$、转向盘转矩 $M'_z(t)$ 和 $M''_z(t)$、转向盘转角 $\theta'_z(t)$ 和 $\theta''_z(t)$。正常情况下，上述参数应均接近于零，否则说明汽车车轮定位参数或悬架系统调整不当，应对其进行调整，直至本试验所得到的上述各参数均接近于零

时，才进行下一项试验。

② 在比利时砌石路面上的直线试验：汽车原地起步缓慢加速（加速度 $a\leqslant 0.1g$）到 45km/h，保持 45km/h 的车速匀速行驶 200m。试验往返各进行一次。记录的内容和在性能专用道上的试验相同，即 $a'_{yb1}(t)$、$a'_{yb2}(t)$、$M'_b(t)$、$\theta'_b(t)$ 和 $a''_{yb1}(t)$、$a''_{yb2}(t)$、$M''_b(t)$、$\theta''_b(t)$。

4) 稳态回转试验。试验方法参照 GB/T 6323.6—1994《汽车操纵稳定性试验方法——稳态回转试验》中的连续加速法进行试验，试验过程中，侧向加速度的最大值为 $0.4g$。试验左转、右转各进行一次，记录左、右转试验的转向力 $M'_u(t)$、$M''_u(t)$。

5) 试验数据处理

① 对 $a'_{yb1}(t)$、$a'_{yb2}(t)$、$M'_b(t)$、$\theta'_b(t)$ 和 $a''_{yb1}(t)$、$a''_{yb2}(t)$、$M''_b(t)$、$\theta''_b(t)$ 进行平滑处理，然后再取往返试验的平均值，即 $a_{yb1}(t)$、$a_{yb2}(t)$、$M_b(t)$ 和 $\theta_b(t)$。再对左、右转向轮的 $a_{yb1}(t)$ 和 $a_{yb2}(t)$ 进行平均，其值

$$a_{yb}(t) = \frac{1}{2}[a_{yb1}(t) + a_{yb2}(t)] \tag{13-7}$$

② 绘制 $M_b(t) - a_{yb}(t)$ 和 $\varphi_b(t) - a_{yb}(t)$ 曲线。

③ 对稳态回转两次试验所得到的参数分别进行时间平均，即

$$M'_u = \frac{1}{t}\int_0^t M'_u(t)\mathrm{d}t$$

$$M''_u = \frac{1}{t}\int_0^t M''_u(t)\mathrm{d}t$$

再对 M'_u 和 M''_u 进行算术平均，得到稳态回转试验的平均转向力矩

$$M_u = \begin{cases} 0 & \varphi = 0 \\ \frac{1}{2}(M'_u + M''_u) & \varphi \neq 0 \end{cases}$$

④ 将 M_u 和 $M_b(t)$ 相加所得到的 $[M_u + M_b(t)] - a_{yb}(t)$ 曲线就是我们所需要的路感目标曲线。而 $\varphi_b(t) - a_{yb}(t)$ 是路感目标曲线的参考曲线。$\varphi_b(t)/i$（i 是试验车转向盘的最大转角与线控系统转向舵的最大转角比）是路感模拟器施加在转向盘上的力矩 $[M_u + M_b(t)]$ 所允许产生的最大偏角，在 $\varphi_b(t)/i$ 的转角范围内，转向盘在 $[M_u + M_b(t)]$ 的作用下能产生多大的转角则产生多大的转角。

前面所进行的试验有空载、半载和满载三组数据，在对此 3 组数据进行认真分析研究的基础上，编辑出一套合适的控制模式，然后由有经验的专业试验工程师对其给出一个主观评价。若主观评价的结果不够理想，则应对控制模式进行修改；若修改后的控制模式仍达不到要求，则应改进试验设计重新进行试验。

关于测试线控转向系统的转向控制特性和路感特性两项试验，由于其试验内容和方法与前述相关试验项目很接近，故在此不再重复。

第三节　试验新方法的探索与研究

不断地更新汽车试验技术，探索试验新方法，是汽车产业发展的客观需要，也是从事汽车试验工作的工程技术人员应尽的责任。近几年是我国汽车产业高速发展的时期，汽车试验技术的发展略显落后，有许多试验方法和技术有待更新，如汽车燃料经济性试验、汽车排放测试、

汽车车轮定位参数的快速测量等。下面就以此为例来讨论试验新方法的探索与研究问题。

一、汽车燃料经济性试验新方法的探索与研究

几乎各国都有汽车燃料经济性试验标准，我国国家标准 GB/T 12545.1—2008《轻型汽车燃料消耗量试验方法》中所规定的燃料消耗量试验内容是工况循环燃料消耗量试验，图 13-2 轻型汽车工况循环的运行图，图 13-3 和图 13-4 分别是试验运转循环 1 部循环单元示意图和试验运转循环 2 部循环单元示意图，与之对应的试验操作要求见表 13-3 和表 13-4。标准中明确规定工况循环燃料消耗量试验应在底盘测功机上进行。从图 13-2～图 13-4 和表 13-3、表 13-4 中不难看出，汽车工况循环燃料消耗量试验需要采用能准确模拟汽车惯量的汽车底盘测功机，不仅试验设备的投入大，而且由于汽车在底盘测功机上的运行状况与在实际道路上的运行状况存在较大的差异，因此对于不少的轻型汽车生产企业不具有该试验标准的执行条件，且试验结果与实际使用的燃油消耗量存在较大差异。因此，该燃料消耗量试验标准大多用于汽车产品公告，汽车生产企业用于评价汽车产品质量而进行的汽车燃油消耗量试验常采用道路试验方法。由此可见，有必要探索一种新的能较好反映汽车实际燃料消耗量的方法。当然，要想试验能较好地反映实际，最直接且最简单的方法是测量汽车实际使用的燃料消耗量，但汽车在实际使用过程中的可变因素太多，试验的可比性必然很差。如何解决可操作性与可比性之间的矛盾呢？通常需要从两个方面着手进行研究：一是要研究新的试验用仪器设备；二是探索新的试验方法。若能开发出利用汽车速度进行实时反馈控制的自动驾驶系统，则汽车多工况燃料消耗量试验就变得非常容易。然而若已经开发出了可根据目标函数进行跟踪操作的自动驾驶系统，那么就可以在典型时段到多种不同典型地区去采集汽车的实际运行工况，对所采集的工况进行组合编辑后，作为操控汽车的目标函数，来控制汽车燃料消耗量试验，显然，若能够做到这一点，汽车燃料消耗量试验技术就会上一个台阶。

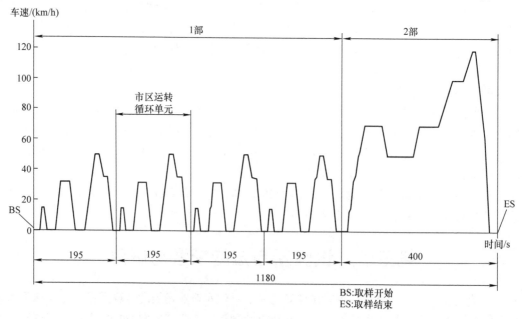

图 13-2　汽车燃油消耗量试验工况循环图

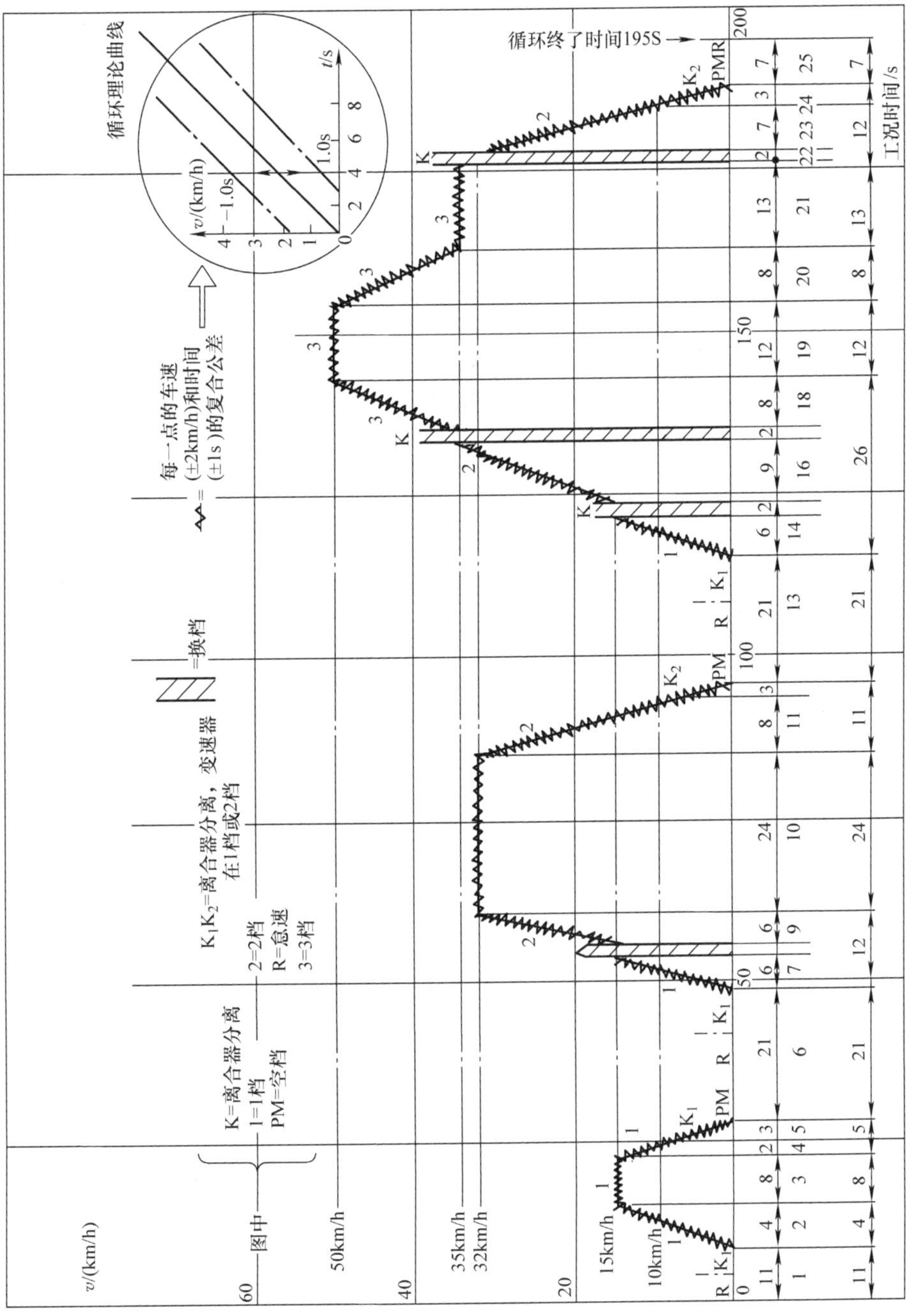

图 13-3 汽车燃油消耗量试验运转循环

a) 1部循环单元

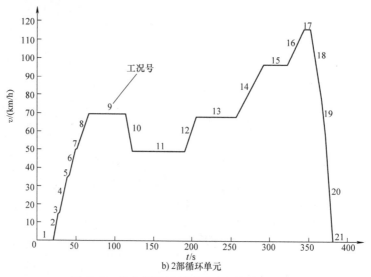

b) 2部循环单元

图 13-3 汽车燃油消耗量试验运转循环（续）

表 13-3 汽车燃油消耗量试验运转循环 1 部循环单元操作要求

操作序号	操作	工况	加速度 /(m/s²)	车速 /(km/h)	每次时间 操作/s	每次时间 工况/s	累计时间/s	手动换档时所使用的档位
1	怠速	1			11	11	11	$6s \cdot PM + 5s \cdot K_1^*$
2	加速	2	1.04	0—15	4	4	15	1
3	等速	3		15	8	8	23	1
4	减速		−0.69	15—10	2		25	1
5	减速/离合器分离	4	−0.92	10—0	3	5	28	K_1
6	怠速	5			21	21	49	$16s \cdot PM + 5s \cdot K_1$
7	加速		0.83	0—15	5		54	1
8	换档	6			2	12	56	
9	加速		0.94	15—32	5		61	2
10	等速	7		32	24	24	85	2
11	减速		−0.75	32—10	8	11	93	2
12	减速/离合器分离	8	−0.92	10—0	3		96	K_2
13	怠速	9			21	21	117	$16s \cdot PM + 5s \cdot K_1$
14	加速		0.83	0—15	5		122	1
15	换档				2		124	
16	加速	10	0.62	15—35	9	26	133	2
17	换档				2		135	
18	加速		0.52	35—50	8		143	3
19	等速	11		50	12	12	155	3
20	减速	12	−0.52	50—35	8	8	163	3
21	等速	13		35	13	13	176	3
22	换档				2		178	
23	减速	14	−0.86	35—10	7	12	185	2
24	减速/离合器分离		−0.92	10—0	3		188	K_2
25	怠速	15			7	7	195	$7s \cdot PM$

* PM……变速器置于空档，离合器接合。

K_1，K_2……变速器置于一档或二档，离合器分离。

表 13-4　汽车燃油消耗量试验运转循环 2 部循环单元操作要求

按工况分解	时间/s	占比（%）
怠速	60	30.8 ⎫ 35.4
怠速、车辆减速、离合器分离	9	4.6 ⎭
换档	8	4.1
加速	36	18.5
等速	57	29.2
减速	25	12.8
总计	195	100
按使用档位分解	时间/s	占比（%）
怠速	60	30.8 ⎫ 35.4
怠速、车辆减速、离合器分离	9	4.6 ⎭
换档	8	4.1
一档	24	12.3
二档	53	27.2
三档	41	21
总计	195	100

二、汽车排放试验新方法的探索研究

我国汽车排放试验有两类并行的标准，第 1 类为 GB 18352.6—2018《轻型汽车污染物排放限值及测试方法（中国第六阶段）》，第 2 类为 GB 18285—2018《汽油车污染物排放限值及测量方法（双怠速法及简易工况法）》和 GB 3847—2018《柴油车污染物排放限值及测量方法（自由加速法及加载减速法）》。第 1 类适用于汽车制造厂新开发的车型，试验内容有 7 项，即常温下冷起动后排气污染物排放试验（全球统一的轻型车测试循环（WLTC）的低速段、中速段、高速段和超高速段四部分），实际行驶污染物排放试验，曲轴箱污染物排放试验，蒸发污染物排放试验，污染控制装置耐久性试验，低温冷起动后排气中 CO、THC 和 NO_x 排放试验，加油过程污染物排放试验；第 2 类适用于汽车制造厂的出厂检验与在用车的检验。对于汽油机汽车，排放检测的内容有怠速、高怠速及简易工况的排气污染物浓度；对于柴油机汽车，排放检测的内容是发动机自由加速及加载减速过程的烟度。比较两类标准不难发现，在用车排气污染物试验标准中省掉了最重要的工况排放试验内容，而且在实际操作过程中，加速模拟工况的排放测试也常被省掉。GB 18285—2018 中没有将工况排放试验内容列入的原因是考虑到试验设备的投资太大、测试时间太长，汽车用户无力承受高额的试验费用。加速模拟工况排放测试在实际操作过程中常被省掉的原因则是国内的汽车检测线绝大多数尚没有相应的设备。在用车的数量至少是新车产量的数 10 倍，在用车的排放无法进行有效控制，欲改善人们赖以生存的大气环境可能比较困难。能否找到一种耗时短、设备投资不太大、可有效解决在用车排放检测的方法，显然是从事汽车排放技术研究人员的工作重点之一。可以设想，能快速检测汽车排气污染的设备应该是一种能连续检测汽车的排放流量及排气中有害气体浓度的废气分析仪和能模拟汽车运行工况的汽车底盘测功机所组成的仪器系统。由此可见，欲解决在用车排气污染的检测问题，应同时展开对试验用仪器设备和试验方法进行研究。

三、汽车车轮定位参数快速测量新方法的研究

汽车车轮定位参数是否正确、各参数的匹配是否合理，不仅会影响到汽车的操纵稳定

性，严重时还会危及汽车的行车安全。正因为如此，汽车检测线上均设有一个侧滑检测工位。不管汽车侧滑检测是否能对汽车车轮定位参数的正确与否给出一个判断，但它是为检测汽车车轮定位参数而设置，这是不可置疑的。

汽车车轮定位参数是否正确，彼此匹配是否合理，最终均反映在汽车是否易于控制、行驶是否稳定上，即在运行状态才能得到有效的体现。那么，汽车在运行时易于测到的物理量中，有哪几个物理量包含有汽车车轮定位参数的全部信息呢？若能找到这样的物理量，则该项试验的研究工作就完成了一半，因为剩下来的只不过是设计一套系统去测试这些参数。事实上，申克（SHENKCK）公司为乘用车生产企业开发的非接触式车轮定位测试系统已基本具备这种功能，它不便用于在用车检测的根本原因是太过昂贵。

以上以我们经常遇到的汽车试验为例，简要介绍了为什么要对汽车试验新方法展开研究、如何进行研究、研究哪些内容。事实上，需要我们展开研究的汽车试验技术方面问题很多，而且随着汽车技术和汽车产业的不断发展，还将会出现许多新的汽车试验问题有待于进行研究。

参 考 文 献

[1] 余志生. 汽车理论 [M]. 5版. 北京：机械工业出版社，2009.
[2] 孔德仁. 工程测控技术 [M]. 3版. 北京：北京航空航天大学出版社，2016.
[3] 王建辉. 自动控制原理 [M]. 5版. 北京：清华大学出版社，2007.
[4] 程佩青. 数字信号处理教程 [M]. 4版. 北京：清华大学出版社，2013.
[5] 叶湘滨，熊飞丽，张文娜，等. 传感器与测试技术 [M]. 北京：国防工业出版社，2007.
[6] 李敏. 夏继军. 传感器应用技术 [M]. 北京：人民邮电出版社，2012.
[7] 桑海峰，黄静，李飞，等. 非电量电测技术基础 [M]. 北京：清华大学出版社，2017.
[8] 付百学. 汽车电子控制技术 [M]. 北京：机械工业出版社，2010.

（续）

书号	书名	作者	定价（元）
9787111633815	汽车底盘设计（下卷）系统设计	（意）吉安卡洛·珍达等	188.00
9787111620075	赛车空气动力学	（美）约瑟夫·卡茨等	129.00
9787111658276	汽车轻量化技术手册	（德）霍斯特·E.弗里德里希	299.00
9787111538257	轻量化设计：计算基础与构件结构（原书第10版）（第2版）	（德）伯恩德·克莱恩	199.00
9787111685401	汽车工程中的氢：生产、存储与应用（原书第4版）	（奥）曼弗雷德·克莱尔等	169.00
9787111676324	混合动力电驱动系统工程与技术：建模、控制与仿真	（波兰）安东尼·苏马诺夫斯基等	159.00
9787111677123	燃料电池系统解析：原书第3版	（澳）安德鲁·L.迪克斯等	180.00
9787111672906	电驱动系统：混动、纯电动与燃料电池汽车的能量系统、功率电子和传动	（爱尔兰）约翰·G.海斯等	199.00
9787111664659	电动汽车动力电池热管理技术	（加）易卜拉欣·丁塞尔等	168.00
9787111655510	混合动力汽车能量管理策略	（美）西蒙娜·奥诺里等	89.00
9787111651598	插电式电动汽车及电网集成	（美）伊斯兰萨法克·拜勒姆等	99.00
9787111630203	车用氢燃料电池	（意）帕斯夸里·科尔沃等	99.00
9787111595366	锂离子电池手册	（德）赖纳·科特豪尔	180.00
9787111555056	混合动力汽车技术	（奥）彼得·霍夫曼	139.00
9787111704041	汽车功能安全	（德）汉斯-莱奥·罗斯	149.00
9787111693291	产品生命周期可靠性工程	（美）杨广斌	299.00
9787111662808	汽车软件架构	（瑞典）米罗斯拉夫·斯塔隆	149.00
9787111677970	汽车行业Automotive SPICE能力级别2和3实践应用教程	（德）皮埃尔·梅茨	139.00